——东南学术文库——
SOUTHEAST UNIVERSITY ACADEMIC LIBRARY

流动时代的老年生活质量

Quality of Life of Older People in the Age of Mobility

张晶晶 • 著

东南大学出版社
·南京·

图书在版编目(CIP)数据

流动时代的老年生活质量/张晶晶著. ——南京：东南大学出版社,2022.3
ISBN 978-7-5766-0053-7

Ⅰ.①流… Ⅱ.①张… Ⅲ.①老年人-移民-生活质量-研究-中国 Ⅳ.①D669.6

中国版本图书馆 CIP 数据核字(2022)第 043008 号

○ 本书是国家社会科学基金青年项目"老龄人口异地养老生活质量及其社会保障的实证研究"(15CSH077)的最终研究成果。

流 动 时 代 的 老 年 生 活 质 量
Liudong Shidai de Laonian Shenghuo Zhiliang

著　　者：	张晶晶
出版发行：	东南大学出版社
社　　址：	南京市四牌楼 2 号　邮编：210096　电话：025-83793330
网　　址：	http://www.seupress.com
经　　销：	全国各地新华书店
排　　版：	南京星光测绘科技有限公司
印　　刷：	南京工大印务有限责任公司
开　　本：	700 mm×1000 mm　1/16
印　　张：	15.25
字　　数：	290 千字
版　　次：	2022 年 3 月第 1 版
印　　次：	2022 年 3 月第 1 次印刷
书　　号：	ISBN 978-7-5766-0053-7
定　　价：	75.00 元

本社图书若有印装质量问题,请直接与营销部联系。电话：025-83791830
责任编辑：刘庆楚；责任印制：周荣虎；封面设计：企图书装

编委会名单

主 任 委 员：郭广银
副主任委员：周佑勇　樊和平
委　　　员：（以姓氏笔画为序）
　　　　　　王廷信　王　珏　龙迪勇　仲伟俊
　　　　　　刘艳红　刘　魁　江建中　李霄翔
　　　　　　邱　斌　汪小洋　陈志斌　陈美华
　　　　　　欧阳本祺　袁久红　徐子方　徐康宁
　　　　　　徐　嘉　董　群
秘　书　长：江建中
编 务 人 员：甘　锋　刘庆楚

身处南雍　心接学衡
——《东南学术文库》序

每到三月梧桐萌芽,东南大学四牌楼校区都会雾起一层新绿。若是有停放在路边的车辆,不消多久就和路面一起着上了颜色。从校园穿行而过,鬓后鬓前也免不了会沾上这些细密嫩屑。掸下细看,是五瓣的青芽。一直走出南门,植物的清香才淡下来。回首望去,质朴白石门内掩映的大礼堂,正衬着初春的朦胧图景。

细数其史,张之洞初建两江师范学堂,始启教习传统。后定名中央,蔚为亚洲之冠,一时英杰荟萃。可惜书生处所,终难避时运。待旧邦新造,工学院声名鹊起,恢复旧称东南,终成就今日学府。但凡游人来宁,此处都是值得一赏的好风景。短短数百米,却是大学魅力的极致诠释。治学处环境静谧,草木楼阁无言,但又似轻缓倾吐方寸之地上的往事。驻足回味,南雍余韵未散,学衡旧音绕梁。大学之道,大师之道矣。高等学府的底蕴,不在对楼堂物件继受,更要仰赖学养文脉传承。昔日柳诒徵、梅光迪、吴宓、胡先骕、韩忠谟、钱端升、梅仲协、史尚宽诸先贤大儒的所思所虑、求真求是的人文社科精气神,时至今日依然是东南大学的宝贵财富,给予后人滋养,勉励吾辈精进。

由于历史原因,东南大学一度以工科见长。但人文之脉未断,问道之志不泯。时值国家大力建设世界一流高校的宝贵契机,东南大学作为国内顶尖学府之一,自然不会缺席。学校现已建成人文学院、马克思主义学院、艺术学院、经济管理学院、法学院、外国语学院、体育系等成建制人文社科院系,共涉及6大学科门类、5个一级博士点学科、19个一级硕士点学科。人文社科专任教师800余人,其中教授近百位,"长江学者"、国家"万人计划"哲学社会科学领军人才、全国文化名家、"马克思主义理论研究和建设工程"首席专家等人文社科领域内顶尖人才济济一堂。院系建设、人才储备以及研究平台等方面多年来的铢积锱累,为东南大学人文社科的进一步发展奠定了坚实基础。

在深厚人文社科历史积淀传承基础上,立足国际一流科研型综合性大学之定位,东南大学力筹"强精优"、蕴含"东大气质"的一流精品文科,鼎力推动人文社科科研工作,成果喜人。近年来,承担了近三百项国家级、省部级人文社科项目课题研究工作,涌现出一大批高质量的优秀成果,获得省部级以上科研奖励近百项。人文社科科研发展之迅猛,不仅在理工科优势高校中名列前茅,更大有赶超传统人文社科优势院校之势。

东南学人深知治学路艰,人文社科建设需戒骄戒躁,忌好大喜功,宜勤勉耕耘。不积跬步,无以至千里;不积小流,无以成江海。唯有以辞藻文章的点滴推敲,方可成就百世流芳的绝句。适时出版东南大学人文社科研究成果,既是积极服务社会公众之举,也是提升东南大学的知名度和影响力,为东南大学建设国际知名高水平一流大学贡献心力的表现。而通观当今图书出版之态势,全国每年出版新书逾四十万种,零散单册发行极易淹埋于茫茫书海中,因此更需积聚力量、整体策划、持之以恒,通过出版系列学术丛书之形式,集中向社会展示、宣传东南大学和东南大学人文社科的形象与实力。秉持记录、分享、反思、共进的人文社科学科建设理念,我们郑重推出这套《东南学术文库》,将近些年来东南大学人文社科诸君的研究和思考,付之枣梨,以飨读者。知我罪我,留待社会评判!

是为序。

《东南学术文库》编委会
2016 年 1 月

内容简介

我们正处于人口流动与老龄化交叠的时代。比起劳动年龄人口的迁移和流动，发生在老年期的迁移现象还未引起学界过多的关注。如今，越来越多的老年人已经主动地或被动地加入到移民行列中来，为老年期的生活质量带来复杂、多元的影响。本书的作者历时近十年，跨越多地，持续关注着那些生活在我们身边的老年人的生活故事。他们中有为了照顾子女和孙辈而背井离乡的"随迁育童"型老人，也有想要追求自由生活理想的"候鸟安养"型老人。他们的迁移和流动充满了对个人、家庭，以及当下和未来的各种思考。

本书着眼于老年研究和移民研究的交叉视域，在中国社会转型期背景下探讨老年期的流动迁移与生活质量的互动关系。在梳理老年生活质量概念发展和研究方法转向的基础上，利用问卷调查和质性访谈等资料，描绘和展现当前中国老年人迁移和流动的动机、过程和经历，探讨他们的生活质量受哪些个体性和结构性因素影响，而他们对自己生活质量的理解和期待又如何进一步影响其未来的生活安排和养老方式选择。围绕"随迁育童"和"候鸟安养"两类老年移民群体，本书重点探讨了与他们日常生活密切关联的几个重要议题，包括隔代照料、代际交往、福利保障、社会参与以及社会融合等。中国老年人口的流动和迁移故事，不仅体现出全球化背景下国际移民的共性，更展示出现代中国社会经济发展、福利政策改革、代际权力关系变迁和老年价值观念转变对老年个体及其家庭生活的重塑。

目 录

第一章　导言：流动时代的老年移民及其生活质量 …………… （1）
　　一、流动与老龄化的交叠时代 ………………………………… （1）
　　二、中国语境下的流动与迁移 ………………………………… （7）
　　三、聚焦老年移民生活质量 …………………………………… （10）
　　四、质性研究范式下的"三角定位法" ………………………… （13）
　　五、本书章节安排 ……………………………………………… （26）

第二章　生活质量：理论的援引与对话 ……………………………… （27）
　　一、概念溯源和梳理 …………………………………………… （27）
　　二、两条研究路径：客观指标与主观感知 …………………… （30）
　　三、一个多维的概念 …………………………………………… （35）
　　四、老年生活质量 ……………………………………………… （37）

第三章　异地养老的"政策话语"与"本土实践" …………………… （42）
　　一、异地养老的概念梳理 ……………………………………… （42）
　　二、政策话语下的异地养老 …………………………………… （44）
　　三、老年人口迁移的本土实践 ………………………………… （51）

第四章　中国老年移民的群体特征及分类 …………………………… （55）
　　一、鲜明的两类：随迁育童与候鸟安养 ……………………… （55）

二、两类移民群体比较 …………………………………………… (59)
三、移居后的家庭及生活安排 …………………………………… (67)
四、养老方式与自评生活质量 …………………………………… (71)

第五章 跟着子女过？随迁育童类老年人的家庭代际关系 ……… (78)
一、移民家庭的代际合作与交换 ………………………………… (79)
二、中国父母的责任伦理与赡养期待 …………………………… (83)
三、育儿分工与代际权力关系 …………………………………… (92)
四、家庭与个体的利益冲突与整合 ……………………………… (95)

第六章 隐形的刚需：移民祖母的隔代照料实践 …………………… (99)
一、现代城市家庭中的移民祖母 ………………………………… (100)
二、老年女性：被理论忽视的群体 ……………………………… (102)
三、移民祖母的选择 ……………………………………………… (106)
四、当隔代照料成为"刚需" …………………………………… (110)
五、老年女性"主体性"的浮现 ………………………………… (112)

第七章 迁徙之"乐"与安居之"忧" ………………………………… (115)
一、银发候鸟与三亚之兴 ………………………………………… (116)
二、"洒脱"的迁徙生活 ………………………………………… (120)
三、异地养老的制度性制约 ……………………………………… (125)
四、异地养老协会：老年移民的社会参与 ……………………… (136)

第八章 空间与身份：老年移民的适应与融合 ……………………… (143)
一、移民的社会融合 ……………………………………………… (144)
二、何处是我家 …………………………………………………… (147)
三、城乡差别与身份建构 ………………………………………… (152)
四、养老空间与社会融合 ………………………………………… (156)

第九章 养老空间的延伸：互联网与老年生活 ……………………… (159)
一、银发数字鸿沟与老年网民崛起 ……………………………… (160)
二、互联网使用与老年生活质量 ………………………………… (163)

三、老年移民的网络生活 …………………………………………（165）
　　四、互联网话语权的代际失衡 ……………………………………（170）

第十章　结语：迁移、养老资源与生活质量 ………………………（174）
　　一、章节回顾 ………………………………………………………（174）
　　二、老年移民生活质量影响要素 …………………………………（176）
　　三、方法反思及未来研究展望 ……………………………………（179）

参考文献 ……………………………………………………………（182）

附录一：调查问卷、访谈提纲及样本概况 ………………………（200）

附录二：我国主要养老政策汇总（2011—2020） ………………（208）

**附录三：西方福利制度下新西兰华人新移民家庭的代际期待与伦理
　　　　　文化冲突** ……………………………………………………（215）

后记 …………………………………………………………………（230）

第一章

导言:流动时代的老年移民及其生活质量

> 我们不能忽视世界是移动的,也许和之前相比,现在的世界有所移动。我们甚至可以说移动性(mobility)无处不在:几乎在所有事件,我们所做的和所经历的一切都是移动的。
>
> ——阿迪,《移动性》,2020

一、流动与老龄化的交叠时代

对于当今的世界和中国而言,人口老龄化都不是一个陌生的概念。老年人口在总人口中的比例不断上升,是由出生率下降和寿命延长这两方面因素共同导致的结果,是一个动态过程。"二战"后,全球人口年龄结构发生迅速变化。欧洲发达国家最早认识到人口老龄化与老年人口问题将逐渐成为影响社会稳定与发展的重要问题,进而开始了各领域的研究[1]。根据联合国

---

[1] 1956年,联合国出版《人口老龄化及其社会经济后果》一书,系统总结了人口老龄化的成因与老年人口的构成状况,主要观点包括:(1)世界各国人口老龄化程度存在巨大差异;(2)确立划分年轻型(65岁及以上人口低于4%)、成年型(65岁及以上人口占4%—7%)和老年型(65岁及以上人口占7%以上)人口的数量标准;(3)人口老龄化与经济发展相联系(发达国家和很多发展中国家都已进入老龄社会);(4)年龄结果变动导致顶部老龄化(ageing at the apex)和底部老龄化(ageing from the base);(5)宏观的社会经济因素的作用主要通过生育、死亡和迁移三个因素来影响人口结构,生育率下降是最主要因素;(6)各国人口老龄化进程存在多方面差异,包括性别、民族、城乡差异等。

和世界卫生组织的定义,当一个地区或国家65岁及以上人口占总人口的比重达到7%,就可以被称为"老龄化社会"(ageing society)。当这一比例达到14%时,就被称为"老龄社会"(aged society)。如果年龄在65岁及以上人口比例超过20%,就可以被称作"超老龄社会"(super-aged society)。

目前,全球人口老龄化的速度比过去更快。以法国为例,其60岁以上人口的比例由10%上升到20%经历了大约150年的时间;而同样的人口结构转变过程在中国、巴西和印度等发展中国家只经过了20余年。《世界人口展望(2019)》报告称,自2002年以来,65岁及以上老年人在全球人口中的比例已超过7%。预计2040年将达到14.14%,2079年将达到20.04%,21世纪末将达到22.59%。

中国对于人口年龄结构的关注大概从20世纪70年代开始。在那之前,中国在相当长的时期内维持着高出生率、高增长率,人口结构属于年轻型,没有认识到会出现人口老龄化的情况。直至20世纪80年代开始,在社会经济发展、卫生水平提高和计划生育政策等因素的影响下,我国人口预期寿命大幅延长,人口出生率显著下降,共同加快了人口老龄化的进程(表1-1、图1-1)。

《中华人民共和国2019年国民经济和社会发展统计公报》显示,到2019年底,全国内地总人口140 005万人,其中,0—15岁(含不满16周岁)占17.8%,16—59岁(含不满60周岁)占64.0%,60周岁及以上占18.1%,65周岁及以上占12.6%。按照联合国和世界卫生组织的定义,我国正在由"老龄化社会"向"老龄社会"快速迈进。

表1-1 中国六次人口普查各年龄段占比

单位:%

年份	0—14岁	15—64岁	60岁及以上	65岁及以上
1953	36.28	56.40	7.32	4.41
1964	40.69	53.18	6.13	3.56
1982	33.59	58.79	7.62	4.91
1990	27.69	63.74	8.57	5.57
2000	22.89	66.78	10.33	6.96
2010	16.60	70.14	13.26	8.87

数据来源:国家统计局历次人口普查资料。

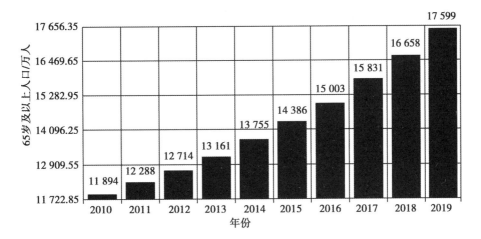

图1-1 2010—2019年中国65岁及以上人口数

数据来源：国家统计局，2010年数据为当年人口普查数据推算数，其余年份数据采用年度人口抽样调查数据推算所得。

近二三十年来，中国人口老龄化不断发展并呈现出结构性变化。老年人口比重不断提高，人口老龄化速度加快。目前，我国老年人口中有超过一半是60—69岁低龄老年人口，但随着时间推移，人口高龄化趋势逐渐明显（表1-2）。从世界范围看，老龄化程度高的国家主要可以分为两大类：一种是目前处于世界经济发展前列的国家，如美国、日本，其老龄化处于较高水平，但不是最高水平；另一种是老龄化处于很高水平，但经济发展水平已经由原来的世界领先地位让位于后起的美国和日本，如法国、英国等西欧国家。相比之下，我国的人口快速老龄化意味着我们在应对人口年龄结构变化的过程中需要应对来自经济发展、社会转型、家庭文化变迁等多重挑战。

表1-2 中国老年人口年龄构成状况及其变化

单位：%

年份	60—69岁	70—79岁	80岁及以上	合计
2000	58.84	31.93	9.23	100.00
2010	56.18	32.00	11.82	100.00

数据来源：国家统计局第四、五、六次人口普查资料。

人口迁移和流动是影响一个地区人口年龄结构的另一个重要因素。例如，比起一些老牌资本主义国家，美国、加拿大、澳大利亚等移民国家在大约半个世纪前也不太担心人口老龄化的问题。依靠移民政策的不断调整，他们从世界上许多发展中国家吸引大量中青年劳工和技术移民,极大地缓解了人口老龄化的进程。在中国,改革开放以来的人口流动也对各地区的人口年龄结构产生日趋明显的影响。以 2018 年全国老龄工作委员会办公室(简称"全国老龄办")统计数据为例,一线城市北京、上海和广州 65 岁以上人口占比分别为 10.06%、12.0% 和 7.90%;相比之下,位于东北地区的辽宁省沈阳市和吉林省长春市 65 岁以上人口比例高达 19.0% 和 18.13%。可见,劳动年龄人口的迁移对一个地区人口老龄化会产生直接和显著的影响。

比起劳动年龄人口的迁移和流动,发生在老年期的迁移现象是个容易被忽视的新现象。中国素来有安土重迁的文化传统,老年人更受到"落叶归根"思想的影响,很少在晚年期离开故土,因此,中国的移民研究也不曾关注老年人。在 21 世纪的第一个十年里,当学者研究中国流动人口时,他们依然将重点放在劳动力人口及其家庭(这里当然主要是指由父母和未成年子女构成的核心家庭)的迁移模式上,老年父母主要以"留守老人"的方式出现在研究语境中(杜鹏、张航空,2011)。然而,很快地,在之后的几年里,流动人口的年龄结构变化逐渐被学界和社会察觉,即流动人口的总体规模趋降,而老年流动人口的数量却在上升。这个现象被媒体零星捕捉,一些新闻报道中开始出现"老漂族""候鸟老人""正在老去的农民工""异地养老"等新名词,用来指代新出现的群体以及他们的新生活。这一切都表明,在现代中国,安土重迁的传统正在悄然变化,各年龄、各阶层的人都可能被卷入某种形式的迁移和流动,在时间和空间两个维度上感受因变动而带来的生活新体验和人生新感受。即便如此,老年移民依然未能成为一个"群体"引起关注。直到 2015 年,官方的流动人口统计才开始针对流动老年人开展首次专题调查(国家卫生和计划生育委员会流动人口司,2015)。

忽视老年人口的流动和迁移并非中国特有。事实上,世界各地的移民研究都是以劳动力人口为重点,关注老年群体也都是近些年才出现。传统的国际移民研究关注移民动因、移民过程与移民结果三大研究领域(周敏、黎相宜,2012)。在研究移民动因的领域里,经济学理论占据主导地位,从劳动力市场供求关系来解释流入地和流出地的经济发展水平、产业结构和劳动力市场状况对人口流动的影响。关于移民过程的研究,主要关注移民网络、移民服务组织以及移民个人的迁移经历对移民行动的更多影响。移民结果方面的研究,既关注人口迁移对相关地区经济和社会人文环境的影响,也关注移民本人在迁移过程中的社会适应状况。从上述三个研究领域来看,劳动力人口很显然是传统移民研究关注的重点人群。老年人,因为被认为已经退出了经济生产的领域,且因为身体健康状况等因素,迁移能力和意愿都不及年轻人,因此在传统的移民研究中并未受到多少关注。

王世斌和申群喜(2015)把我国老年人口的流动和迁移情况概括为几个历史阶段:1949—1966年是我国城镇老年迁移人口的封闭期,由于我国在那段时期实行计划经济管理,户籍管理制度也非常严格,因此全国各年龄段的流动人口数量都极少。在几个特大城市和少数中等城市可以见到少量老年人口迁入,除此之外,其他城镇的老年人口鲜见流动和迁移现象。1967—1978年间,我国老年人口迁移流动以"文化大革命"政策性迁移流动为主,我国城镇老年人口的迁移流动有所增长。十一届三中全会召开以后,我国户籍和人口流动管制政策逐步放开,人口流动速度明显加快。离退休制度、社会各项福利政策和规章制度也逐渐完善,曾经因为工作关系发生迁移的老干部、老工人离退休后出现再次迁移。因此,在1978—1988年间,城镇老年人口迁移开始急剧增长,但总数依然较低。1990年,第四次人口普查显示有近38.4万老年人(60岁以上)发生省际迁移,占当时全国老年人口数的0.39%;这一数字至2000年第五次人口普查时增加至52.4万人。

根据2010年第六次全国人口普查估算,老年人口迁移的数量和比例均出现非常明显的变化。全国60岁及以上人口为1.78亿人,其中,户籍不在原地且离开户口登记地半年以上的老人数量为1060.8万人(其中65岁以上的流动老人为638.3万人),占全国60岁及以上老年总人口的比例为5.96%,占全部流动人口的4.80%。国家卫生计生委(2018年3年撤销,现为国家卫健委)在2015年5月开展过全国流动人口动态监测调查,调查数据显示,60岁及以上老年流动人口数量达到1800万人,占全国老年人口总量的8.41%,占全国流动人口总数的7.29%(国家卫生和计划生育委员会流动人口司,2016)。可见,我国老年迁移人口在2010—2015年这五年里有持续增加的趋势(表1-3),这种现象不仅为中国家庭结构和家庭关系带来新的样态,也对老年人的生活方式和养老观念带来新的影响。

表1-3 2010—2015年我国老年人口迁移状况

年份	60岁及以上人口数/亿人	60岁及以上流动人口数/万人	占比/%
2010	1.78	1060.80	5.96
2015	2.14	1800.00	8.41

2016年,国家卫生计生委继续开展全国流动人口动态监测调查,调查对象是在流入地居住一个月及以上的、非本区(县、市)户口的15周岁及以上流入人口。调查共访问169 000位流动人口,其中60岁及以上的老年流动人口的有效样本为5 264人。与60岁及以上人口相关的调查内容主要包括家庭成员基本情况、流动趋势和居留意愿、就业特征、健康管理等方面(杨菊华,2018)。笔者在这里引用这次调查的数据和几项主要发现来呈现我国老年流动人口的总体情况和基本特征。

如表1-4和表1-5数据所示,我国老年流动人口相对较年轻,平均年龄约为66岁,60—64岁年龄组的老年人超过50%。从户籍上看,约59%的老年流动人口来自农村,其余41%来自城镇,这个城乡配比与同年调查中60岁以下流动人口的城乡分布明显不同(分别是84%和16%)。这可能主要是由于不同年龄群体迁移原因不同而导致的。从迁移的区域和距离来看,跨省迁移占老年人口迁移的近一半。随迁是老年人流动的首要原因,其次是务工、照料子女和孙辈。调查显示,相当数量的老年人并未退出劳动力市场,务工经商也是老年人流动的一个重要原因。与其他流动人口相比,更多的老年人选择与配偶同行,在迁入地的居留稳定性更强。总体而言,影响老年人迁移的原因日趋多元,既受自身发展需求的驱动,也受家庭养老抚幼等传统功能的影响。

表1-4 老年流动人口的人口学特征

人口学特征	全部	户籍		年龄		
		城镇	农村	60—64岁	65—69岁	70岁及以上
平均年龄/岁	66.03	66.94	65.38	61.85	66.70	74.76
年龄占比/%						
60—64岁	51.12	44.18	56.04	—	—	—
65—69岁	26.48	27.59	25.70	—	—	—
70岁及以上	22.40	28.23	18.27	—	—	—
女性/%	41.87	42.58	41.37	42.25	42.32	40.46
汉族/%	92.23	92.85	91.79	93.68	90.60	90.84
目前在婚/%	81.72	84.42	79.82	85.92	83.21	70.40
农村户籍/%	58.55	—	—	64.18	56.81	47.75
中共党员/%	14.42	26.63	5.78	12.08	14.92	19.17

数据来源:2016年流动人口动态监测调查(转引自杨菊华,2018)。

表 1-5 老年流动人口的流动特征

流动特征	全部	户籍		年龄		
		城镇	农村	60—64 岁	65—69 岁	70 岁及以上
流动原因占比/%						
务工	28.59	15.63	37.77	37.87	25.04	11.62
经商	8.95	3.67	12.69	12.60	6.74	3.22
随迁	35.43	40.15	32.09	26.27	38.67	52.50
婚姻	0.59	0.50	0.65	0.52	0.86	0.42
照料	13.30	17.87	10.06	12.67	15.35	12.30
其他	13.15	22.18	6.75	10.07	13.34	19.93
流动跨越范围占比/%						
跨省	40.77	42.60	39.47	42.51	40.78	36.79
跨市	38.03	38.74	37.52	37.23	37.54	40.44
跨县	21.20	18.66	23.00	20.27	21.68	22.77
居留年数/年	8.05	7.76	8.26	7.70	8.08	8.80

数据来源：2016 年流动人口动态监测调查(转引自杨菊华,2018)。

二、中国语境下的流动与迁移

在国际学界关于老年人口迁移的研究中,"流动"与"迁移"通常被视作具有相同意义的概念,都可以用 migrant 及其同词根的词表达。但是,在中国语境中,"流动"的概念及其所附带的政治和文化意义却是复杂且独特的。因此,有必要在这里花一点篇幅厘清这两个词的含义。正如布尔迪厄、福柯等一些学者所指出的,将事务条分缕析的分类工作是明确社会意义和秩序的重要机制。命名与分类不单是描述、反映、再现社会秩序,它还可以形塑或重塑各个不同群体之间的权力关系(Bourdieu,1991;Foucault,1972)。

在 1958 年之前,中国尚未开始实施户籍制度,20 世纪 50 年代初期由乡村向城市流动的人口数量快速增长。到 20 世纪 50 年代中期,劳动力向城市的自发流动已成为国家的一个棘手难题,于是政府开始出台管理措施以避免其他发展中国家所经历的大都市的病态增长。在接下来的 20 年中,非官方主导的人口迁移在中国的社会景观中几乎被全部清除(张鹏,2014)[26-28]。户籍制度造成了一种类似柯塞勒克所说的"二元对立概念之间非对称性的结构关系"(Koselleck,1985),使得"流动"成为在两种制度环境中穿梭的行动和情境。"流动人口"的含义也已然超越空间上的移动,被用来特指那些背井离乡来到城市却在现行制度下无法更改其户口身份的人。由于这些人常常处于国家管控之外,又远离自己的家庭,因此,在中国社会秩序中,流动与一种无序和异类的感觉联系起来(张鹂,2014)[27][1]。

1978年之后,在改革开放的浪潮下,中国流动人口增长至前所未有的规模。他们虽然为中国经济腾飞和城市发展做出了巨大的贡献,但也给城市资源和基础设施带来巨大压力。流动人口在社会结构中常常没有一个清晰的位置,看上去脱离了现有社会体制,成为进入持久阈限(liminality)状态的群体——既不属于乡村也不属于城市(张鹂,2014)[29]。作为城市管理的对象,围绕流动人口产生出大量的知识话语和议题。例如,由于中国长期将一种稳定的人—地关系看作正常的生活方式以及社会稳定的基础,因此流动人口常被看作不稳定的、对现存城市秩序带有威胁性的群体。通过以人口普查、调查和社会分析为基础的知识生产,流动人口也被一体化和单一化为在本质上有别于城市人口的社会实体,以及亟待解决的社会问题。

时至今日,由于户籍管理制度在我国仍是一项基本的国家行政管理制度和人口管理方式,人口"流动"与"迁移"存在本质区分,是两种不同的行为。流动抑或迁移,以是否办理户口转移为判断标准:在人迁移的同时将户口一并迁往目的地的,无论户籍发生变动的时间长或短,一律可以被称为"迁移";而人迁移但户口不发生变动的,则通常被视作"流动",统计时,也被作为流动人口来对待(宋健,2005)。周皓(2002)研究迁入北京市的老年人口及其家庭时,将户籍登记随着居住地的改变而发生变化的迁移情况对应于"永久性迁移",而户籍登记地未发生变化的对应于"暂时性迁移"。

流动人口和迁移人口在迁入地的生活中常面临差别性的待遇:其一,迁移人口随着户口关系的转移,成为当地行政上有所属的名正言顺的新居民,享受迁入地规定的福利待遇;而流动人口则无论其停留时间长短,对当地经济贡献大小,都被流入地差异化对待,不仅存在福利差异,许多公共服务也无

---

[1] 张鹂(2014)主张要对"人口流动"和"流动人口"这两个看似相像的概念加以区分。"人口流动"是无所不包的人口学术语,涵盖各种空间和社会性移动;而"流动人口"则特指那些背井离乡、无法改变户口身份的人。这种区别也能看出文化语义学的影响。汉语中的"流"常与人组合在一起形成带有贬义的词语,体现出漂泊无定且充满危险的含义。例如,有学者提出"老漂族"一词,专门指那些因给子女带孩子,而进入大城市的老年移民。这种表述使得这一群体自带悲情色彩,在研究中也掩盖了对该群体生活的全面分析。本书在后面的章节中(如第六章、第八章)还有更多的分析和讨论。

法享受。其二,福利待遇的差别化更加强化了流动人口的"外人"身份,对所生活的新城市新环境缺少认同感和归属感,这对于长远的社会融合和生活规划也有复杂影响。

学者们在中国语境中研究流动与迁移的区别,很多时候是在城乡二元对立的概念框架下,将农民群体作为主要的思考对象。事实上,因人口流动而带来的问题远非局限于城乡之间、农村人和城市人之间。中国幅员辽阔,地区间发展明显不平衡,即便是在城—城之间流动,也会面临社会福利待遇、文化适应和社会融合等问题。此外,正如上一节已经提到的,以往对于人口流动的研究主要关注劳动力人口,其研究框架和发现也显然无法解释老年人口所遇到的新问题和新现象。未来,随着老年人健康晚年期的不断延长和养老观念的逐渐开放,老年人口迁移将成为更加普遍的现象。杨菊华(2018)指出,当前针对老年流动人口的关注要么淹没在"流动人口"研究中,要么淹没在"人口老龄化"的视域中,真正把"老年"和"流动"这两个属性联合起来,突出老年流动人口的本体性,多方位、多角度、综合性地描画其基本特征的研究几乎缺失。正因为他们容易淹没在"流动人口"或者"人口老龄化"的研究中,导致该群体作为研究本体的地位缺失。在老年人眼中,迁移意味着什么?空间变动为生活带来哪些新变化?这也正是本书为什么强调要从老年人的主体地位出发,从他们的生活经历出发,思考和讨论所有人都正身处其中的流动时代。

为了避免"流动人口"这种表述所带来的消极感受,本书使用"老年移民"这个宽泛的概念来指代所有进入老年期(以60岁为标志)以后居住地发生变化的老年人。在具体的定义上,我们可以参照学界对异地养老这个概念的界定和讨论。学界普遍认为异地养老包含短期的和长期的所有移动式养老方式。异地养老者既包含那些短期或长期离开现有住宅到外地居住的老年人,例如旅游度假、探亲访友、安养等"流动人口",也包含那些将户口迁入他地的老年人,例如,投靠亲友,或退休后离开工作地回到原籍养老的"迁移人口"。关于何处是"异地",学界的观点大致包含几点,即不同于"原居住地的另外的地方"(刘爽 等,2006),或者是"非出生地、非户籍所在地"的地方(穆光宗,2010)。至于"异地"生活的时长,学者们大多主张必须是离开较长时间(如1年之内至少累计3个月以上或长期)或者季节性迁居才算是异地养老。也有一些调查和统计,采用更短的时间定义,例如,前面提到的由原国家卫生计生委开展的全国流动人口动态监测调查,对调查对象的定义是在流入地居住一个月及以上的非本区(县、市)户籍人口。

事实上,本研究起初是计划用"异地养老"这个概念来囊括所有老年移民的,但是在研究的过程中,笔者逐渐发现这个概念太过狭窄,既容易引起误解,也不利于和国际老年移民研究展开学术对话。正如笔者在第三章里会详细提到,异地养老自提出以来就被视为特定的养老模式,这意味着老年人自身已经退出生产和劳动领域,将生活的重心转移到安享晚年生活上。而这一点在田野调查中恰恰受到了很多老年人的质疑。笔者的一些受访对象常反驳道:他们的生活充实忙碌,哪里算得上养老?事实也确实如此,很多老年人的迁移是个人健康、子女需要甚至家庭经济状况等多种原因的重叠混杂所致,他们依然忙碌于生活中的各种事务,为家人,为社会。因此,养老这个说法,让一些受访者觉得自己被说老了。他们甚至会特意强调,自己现在的生活安排是怎样怎样,等到以后老了,需要养老的时候,再如何如何。研究中的这些细节对笔者如同当头棒喝,笔者一再地提醒自己,要摒弃"研究者中心主义"。有意义的研究问题不光是对研究者有意义,更是要符合当事人的生活现实和关切(陈向明,2000)。所以,本书统一采用"老年移民"这个概念,并将老年移民定义为,因各种原因在进入老年期后离开原先的长期居住地到异地生活较长时间(1年之内至少累计3个月以上、长期居住,或者季节性迁居)的老年人。具体的分类和描述将在本书第四章里做详细阐释。

三、聚焦老年移民生活质量

曾经的移民研究主要关注年轻人的迁移对其老年父母的生活质量会产生怎样的影响。但正如前文所述,流动和迁移已经不再是年轻人的专属,越来越多的老年人主动地或被动地加入移民行列,感受生活的新变化。那么,迁移究竟会给他们的生活质量带来怎样的影响呢?欧美发达国家对老年移民生活质量的研究有很大一部分关注退休者的迁居模式,将提升生活质量视为迁移的主要动机和目的。这种迁居模式的本质是一种生活方式移民(lifestyle migration)。迁居者通常身体状况较好,在退休后依据自身经济情况移居到其他国家或地区以追求更好的生活质量(Benson and O'Reilly,2009)。例如,美国的老年人退休后移居至阳光海岸,英国和北欧的一些退休者移居至西班牙,或长期定居,或依据季节在两地之间往返(seasonal migration),目的在于以较低的生活成本享受宜人的气候、舒适的自然环境和休闲自由的生活方式(Gustafson,2001)。可见,生活质量是影响这些老年人迁移计划和迁移行动的一个非常重要的因素。

时间倒回到 20 世纪,在大多数中国人眼中,退休后离开故土,奔向蓝天碧海,过上无忧无虑的洒脱生活,显得非常遥远。可大约从 2000 年开始,越来越多的中国老年人也开始加入这种季节性迁移的行列。三亚,作为一个典型的迁入地,见证了中国"候鸟老人"队伍的崛起与兴盛。2016 年《中国新闻周刊》刊登了一篇关于中国候鸟老人的长篇报道,文中提道:"自 1999 年全国首列'夕阳红旅游专列'从哈尔滨驶出开始,哈尔滨老人便开始了异地旅居养老的旅程。如今,一到冬季,三亚街头巷尾都是外地老人,这些老人每年冬季南迁,春夏北归,他们中绝大部分仅在三亚市居住 3 至 5 个月,呈典型的候鸟特征,被喻为'候鸟老人'。"

以候鸟老人为代表的季节性迁移者,是一种典型的老年移民类型。追求生活质量很显然在这种模式中发挥主导力量。那么其他的老年移民呢?那些和家人团聚的,那些为照料子孙生活而整日忙碌的,还有那些为了多赚点钱,在含饴弄孙的年纪依然客居他乡打工经商的,生活质量对他们来说重要吗?答案自然也是肯定的!笔者开始思考老年移民的生活质量问题就是受到了那些因为家庭原因移居的老年人的启发。

2010 年的 10 月的一天,笔者坐在新西兰奥克兰市的一辆公交车上。车到站了,车门打开,上来几位六七十岁的中国女性,她们拖着装满蔬菜的小购物车,熟练地刷公交卡,用带有一点家乡方言的中文彼此交谈。如果不是听到她们用蹩脚的英语和公交车司机说"Thank you",我简直不会想到我正生活在异国他乡。在之后的一段时间里,我试图观察老年华人移民的生活方式,并试着和他们聊天,以及和我的外国同学朋友聊起他们。笔者发现,在大多数欧洲裔居民眼中,中国老人内敛、保守,在中国孝道文化的力量下,他们客居他国,生活在自己的家庭和华人社群圈子里,过着单调闭塞的小日子。而在那些老人自己眼中,他们似乎自得其乐,因迁移所带来的"空间"变化,成为一种特殊的力量,为他们的生活带来有好有坏的新变化和新体验,也为他们权衡自己生活得失、规划自己晚年生活提供一把新的量尺。自此,我开始系统地思考老年移民的生活质量议题。

生活质量是一个复杂多维的概念。老年人对当下生活质量的感知和对未来生活的期待更是一个连续性的概念,基于其对以往的和当前的生活经历的总体感受和评估(Bowling,2005a)。与孩童或青年人不同,老年人对其后期生命价值和生活质量的理解,既关涉到其当下的生活体验,也来源于其早年的生命历程,以及基于这些实践反思而对未来生活的进一步设想。简言之,老年生活质量中隐含"时""空"两个维度的要素。

当我们关注老年移民的生活质量时,时空变化所带来的影响就显得更为重要。他们曾经生活在哪里?有过怎样的生活经历?经过了怎样的迁居过程?现在过着怎样的生活?这些因素都会影响他们现在对自己生活质量的感受和评价。故而不能采用单一的、横向剖面式的研究方法,仅看老年人当前的生活状态,而是需要在横向与纵向相结合的谱系中,以动态的视角研究他们曾经的生活经历、当前的生活状态和未来的养老走向,并在纵向的动态过程中研究他们对养老方式的选择和对生活质量的综合感受。

在这本书里,笔者主要探究移居经历和老年生活质量的互动关系,从老年人视角理解其迁移的原因及经历,在对其生活状况有深入了解的基础上,思考老年移民的生活质量主要受哪些个体性和结构性因素影响,而他们对自己生活质量的感知又如何进一步影响其未来的生活安排和养老方式的选择。具体来说,研究内容主要包括三个部分:

第一,利用官方统计资料和社会调查了解我国老年人移居的原因、类型和特点。包括:老年移居有哪些形式和类型?它们呈现出何种社会人口学特征?它们受何种原因驱动?

第二,通过对老年移民家庭生活、代际交往、社会参与等方面的描述和分析,呈现当前我国老年移民的生活样态,力图在"流动的"情境下探讨移居所触发的诸要素变动对老年生活质量的影响。包括:老年人的生活质量受哪些个体性和结构性因素影响?这些因素在跨地迁移过程中如何影响老年人的社会保障和社会支持,进而影响其生活质量?厘清这些问题,有助于我们更好地了解老年移民群体在养老和生活质量上的特殊需求。

第三,在经验描述和理论探讨的基础上,本书还试图分析在人口流动的大背景下,我国当前的社会保障体系和养老服务存在哪些特点和不足,并结合我国老年人对移居生活的实际感受和评价,提出相应的思考及对策建议。

基于上述关于老年移民各个生活面向的研究,本书希望读者们能对老年人和老年生活产生新的认识和思考。老年群体不应被看作一个具有内在一致性的社会群体,而只能是一个具有相当程度的异质性的社会类别。他们不仅处在个体的生命变化和空间运动之中,还要同其他社会现象发生联系并相互作用。类似地,生活质量也是动态的概念。对于老年生活质量的理解要采用横向和纵向相结合的视角:在横向上,理解"流动的"语境下与老年生活密切相关的主客观要素;在纵向上,强调老年人过去的经历和未来的预期对其当下生活质量的影响。我国未来养老政策和养老服务的顶层设计也必须直面日渐"多元"和"流动"的老年群体,兼顾不同养老模式下老年人的养老服务需求。

选取主观生活质量为研究主线,旨在直接深刻地理解老年人眼中的流动和迁移、他们的养老经历、对晚年生活的计划及期待,并据此为完善老年社会保障政策提供充分的理论和实证依据。这项研究的重点在于突出老年移民的群体特征,阐明老年移民有别于其他老年人对养老服务的特殊需求,探究影响其生活质量的主要因素,并在此基础上,构建适应老年移居生活方式的社会保障模式,着重解决异地就医和利用公共服务的问题。本研究始终把握"流动性"这一要素,剖析生活质量如何被迁移的"流动性"影响,而老年移民的生活质量又如何反向影响他们对养老方式的选择和调整。

四、质性研究范式下的"三角定位法"

关于生活质量究竟是什么,以及如何评估一个人的生活质量,这本身就是备受争议的研究议题。在本书的第二章,笔者将系统地梳理生活质量的概念及研究脉络,追溯学界对于生活质量的研究方法和纷争,并专门回顾有关老年生活质量的研究发现和进展。在这里,我们暂把这些讨论的过程跳过,直奔结论,那就是:

> 生活质量是一个多维构造……对所有人而言,生活质量的基本要素是共同的。但是这些共同的要素在不同人那里却具有不同的意义,对每个人生活质量的影响程度也有所不同。这是因为人们受其生活境遇和条件的约束,不同的个体对生活质量各个构成要素的重视程度不同。(Renwick et al.,1996)[10-11]

学界在生活质量测量方法上的争议,归根结底在于是否把生活质量看作一个客观的事物、一种客观的现实,是否可以从实证主义的角度以科学的手段进行测量。正是由于这个议题本身的复杂性,不论是定量手段,还是质性方法都能大有作为。笔者欣赏定量研究通过客观指标来展示哪些要素能够提升人们的生活质量,而哪些会降低人们的幸福感。但是,除了捕捉这些核心要素之外,笔者更加主张和认同的观点是,对生活质量的评估是综合性的,不仅包含对客观的基本生活构成要素的考察,更重要的是,人作为驾驭生活、体验生活的主体,如何在生活事件中做决策,如何理解生活中的方方面面,以及如何从这些具体的生活事件中体会到生活的价值、意义和幸福。荷兰学者维恩霍芬毕生都在研究哪个国家的人生活得最幸福,他指出,人们对自己生活质量的理解和评估往往不是一个简单的数学计算(Veenhoven,2000; Veenhoven,2007)。线性的、分值加总的方法未必能绘制出生活质量不同方面之间的功能关系。当我们用质性研究方法时,就能够更充分地呈现"个体感受到什么,如何感受,且为什么会有这种感受"(Veenhoven,2008)。

此外,对于老年移民这种平常却又独特的群体而言,我们都更想知道他们生活中因迁居所带来的各种变动情况会如何影响他们对自己生活的看法。这些变化所带来的微妙感受常常很难通过定量的研究设计来操作化。如果使用质性研究方法,就可以更好地针对一个人生活中正在发生的总体性经验和感知进行深入考察。虽然人们可能会具体地评价他们生活的各个方面,但这些方面在时间上是连贯的,并且相互关联(Argyle et al.,1989;Chappell,2007),这与笔者前面所提到的关注老年生活质量的纵向视角相契合。因此,采用质性研究的方法能够更好地研究老年人如何描述自己的生活,如何归纳自己的重要生活事件,并在这些事件和经历中如何建构起自己的生活意义(郇建立、考夫曼,2014)。

社会科学研究不能脱离方法,但也不是方法的单纯竞技场。我们使用这种而不是那种方法,除了理论导向的偏好和所受的训练外,更重要的是某种方法对我们所研究的课题是否具有更强的适用性。本项研究虽强调从研究者视角出发的理性观察和科学分析,希冀采用特定的测量方法和指标以反映生活质量中的客观部分,但是更加关注被研究者的主体性地位和主体的解释视角,重视从研究对象那里获得的叙事和故事。因为生活质量归根结底取决于行动主体的主观经验和知觉,是人们在日常生活的自然情景中通过主观意念建构的产物。如此一来,为了实现这一研究目的,在质性研究范式下采用多种数据采集策略就更为合适。

具体而言,这项研究所采用的方法是由问卷调查、半结构式深度访谈和二手资料分析组成的三角定位法(triangulation),力图从三个角度三个层面获取可相互支撑的研究数据。"三角定位法",也叫"三角测量法",这种方法在定量研究领域使用较多,其目的是采用不同的方法来测量同一研究对象,以此来检测所使用测量工具的效度问题。在质性研究领域运用三角测量法,更主要的目的是通过多种研究手段来调整和拓展研究者的观察视角和分析维度,加强研究的深度。邓津和林肯对三角测量法的定义还特别提出,这是一种可以将不同研究资料、研究者、研究理论和研究方法结合起来使用的研究测量。在三角测量法的指引下,采用量化手段分析质性资料,或将两类资料做交叉分析和补充完善,更有助于提升定量研究的准确性和质性研究的深度,归纳出更具解释力的规律,形成全面完整的研究结论(徐建平 等,2019)。

可见,三角测量法是一种将定性研究和定量研究相整合的综合性研究模式,强调研究策略的多元化(孙进,2006)。采用这种方法的目的是消除定量和定性的二元分类,从探究问题的需要出发,将一般化的定量测量和深入的定性解释有效地结合起来(Bryman,2008)。本项研究运用三角测量法,不仅是为了增加收集研究资料的渠道,交叉比较各项资料,以增强研究结果的可信度,更是要强调研究理论和视角的多元结合,在理论和经验资料之间保持一种张力,在试图用多元理论解释研究现象的同时,剔除不具解释力的理论,最终建构起系统性、融合性的理论框架。

三角定位法(三角测量法)作为混合研究方法的一种策略,其目标是冲破量化实证研究的"代表性"和质性研究的"典型性"之间的高墙,在承认和理解对方阵营认识论根基的基础上,对研究发现相互补充,以期加强对研究议题的理解。本研究之所以将问卷、访谈和文献研究都纳入质性研究范式下,不仅是因为受到抽样方法和调查方法的局限,不敢虚称研究结论在多大的范围内具有代表性,具有更广泛推论的可能,更主要的是希望通过对受访者生命历程的叙述和深挖,让读者和笔者一起来理解老年人个体、家庭和社会互动中的情理故事。

(一) 广州—南京—三亚三地问卷调查

采用问卷调查主要是为了了解我国当前老年移民群体的社会人口学特征、家庭状况、迁移的原因、方式、当前移居生活安排、社会交往,以及他们对自身生活质量的总体评价。问卷设计的主体包括三部分(具体见附录一):第一部分旨在了解被调查者决定迁移的原因、社会人口学特征和生活概况。第二部分针对被调查者的社会保障和可获得的养老资源、社会支持进行调查,了解老年人的社会保障水平及其满意度,便于在群体间和地区间进行比较。第三部分借鉴美国心理学家埃德·迪纳团队设计的生活满意度量表(Satisfaction with Life Scale,简称 SWLS)和世界卫生组织的生活质量量表(World Health Organization's Quality of Life-BREF),让被调查者对其生活状况做出自我评价(self-reported quality of life),这两道问题均采用李克特量表的形式,在分析时通过分值加总后得出被调查者的总体生活质量指数。选用具有广泛认可度的国际通用量表,一方面便于将本研究的发现与其他国家的统计数据进行比对,另一方面,也为未来的老年生活质量跨国跨文化比较研究做积累和铺垫。从抽样方法上看,由于很难界定一个清晰的样本框进行抽样,所以在调研对象的选取上,主要采用目的抽样的方法,在大体可掌握的研究群体中寻找具体的研究对象。

这项调查受国家社会科学基金资助,主要是在 2017—2019 年间利用假期完成的。调查的地点设定为广州、南京和三亚三地,每年选取一地完成问卷调查和深度访谈。广州—南京—三亚三地调查将研究对象设定为 60 周岁及以上[1],离开原来的长期居住地,在现居住地生活 3 个月以上(或者季节性迁居),并预计将会有更长时间生活在该地的老年人[2]。

---

[1] 为什么要把 60 岁作为研究参与者的年龄门槛呢?事实上,我们没有任何逻辑上的理由来解释为什么 60 岁会被认为是老年的开始。在很多西方发达国家,这个年龄标记被设定为 65 岁。很显然,年龄标记很大程度上是由社会构建的,是对衰老的一种粗糙的衡量依据。从科学研究、政策实施和社会管理的角度来说,以特定年龄作为老年期的标记主要是出于方便、易操作的考虑(Bordone, et al., 2019)。在这里,不妨分享一则历史故事来帮助我们更好地理解政策设定对年龄标记的影响。早在 19 世纪末,俾斯麦根据精算顾问的建议,将 65 岁设定为军人有资格领取养老金的年龄。这一决定取决于两个因素。首先,俾斯麦相信设定养老金制度会提高军人的忠诚度和战斗力。其次,将领取养老金的年龄设定为 65 岁对俾斯麦的财政预算来说也非常划算,因为参照当时的人口预期寿命,大多数人都很可能会在 65 岁之前去世,即便活过 65 岁,也不会活得太久。自此之后,65 岁逐渐成为标准,在西方国家被一些私人养老金计划采纳,后来在政府养老金和其他政策中也按照这个年龄标准来实施。值得注意的是,把 65 岁社会化地建构为老年的起点与衰老和老年本身没有丝毫关联,完全是为了提高雇员对雇主的忠诚度,促进劳动力更迭以提高劳动效率。当下,鉴于人口预期寿命的增加和健康状况的改善,一些国家正在考虑延迟退休年龄,相应地,进入老年的起点年龄也会相应发生变化(Chappell et al., 2003)[3]。回到最初的问题,本研究将 60 岁设定为年龄门槛也是参照了我国当前退休政策以及官方统计所惯常采用的年龄。在本书后面的一些章节里,读者们会逐渐发现,60 岁以上的老年人口其实至少包含两代人,他们对于衰老的理解,对于老年生活以及迁移的看法也存在明显差别。

[2] 由于本研究所关注的重点群体是在老年期或初老期有迁移行动的老年人,因此那些在更早时候因工作、家庭等原因移居到他地的人,不在调查范围内。在田野调查时发现,尽管很多人在他地已经生活十余年甚至数十年,但依然将自己视作外地人,这其中牵涉到移民身份认同的诸多议题,在本书中虽提及一二,但不做重点讨论。

考虑到老年移民群体居住分散，构成多元，样本框模糊，在实地调查中无法采取随机抽样的方法确定样本。与面向全体居民或特定年龄段人口的调查不同，老年移民群体调查在寻找受访者和实施调查中面临更多的不可控因素，耗时长。三地调查都采用目的抽样的方式，先由访问员开展广泛的前期调研和摸底，大致知晓这些老年人经常活动的公共空间（如老年公寓、城市广场、小区花园等）和活动内容（如外出购物、结伴聊天带孩子、跳广场舞、社区活动、集体出游等），再通过与社区街道居委会、老年服务机构和活动中心的联络，与潜在的研究对象建立起联系和活动交集，之后再选择合适的时机开展问卷调查和一对一访谈。三地调查共获得有效问卷 841 份，其中广州市 287 份、南京市 294 份、三亚市 260 份。之所以选取广州、南京和三亚作为调研地点，主要基于以下几点考虑：

广东省作为我国改革开放的前沿阵地，经济发展起步早，速度快，对全国劳动力人口形成虹吸效应，因此，从全国范围来看，广东省是省际人口流动最活跃的省份，珠江三角洲更是迁移流动人口最集中的地区之一。2000 年全国第五次人口普查数据显示，广东省跨乡镇流动半年以上的常住人口占全国总迁移人口的比重为 14.11%，居全国各省区市之首。到 2010 年全国第六次人口普查时，广东省的流动人口进一步增加，省外流动人口已达 2 149.78 万人，继续成为广东省流动人口的主体，规模为省内流动人口的 2.17 倍。由于中国的老年人口迁移总体上与劳动年龄人口流动一致，受子女带动效应明显（张伊娜、周双海，2013），因此广东省也成为老年移民的主要迁居地，占全国老年流动人口的五分之一以上。广州调查于 2017 年 3—7 月间完成。笔者在学界同仁的帮助下从广州大学招募到几位访问员志愿者，选取广州市的白云区、天河区、荔湾区和海珠区等地区，在老年人常去的医院、学校、菜场、公园、市民广场等地，以偶遇的方式接触调查对象，共获得有效问卷 287 份。

南京市作为江苏省的省会，经济发展水平优于苏北，地理位置靠近安徽，不仅吸引了大量的省内人口迁移，也受到外省经济发展相对落后地区居民的青睐，跨省迁入南京的外来人口较多，对南京市常住人口结构产生重要影响。《江苏省 2017 老年人口信息和老龄事业发展状况报告》显示，截至 2017 年底，江苏省 60 周岁以上老年人口达到 1 756.21 万人，占户籍人口总数的 22.51%，比全国高出 5.21 个百分点；65 周岁以上老年人口达到 1 199.9 万人，占户籍人口总数的 15.38%，比全国高出 3.98 个百分点。江苏省老龄化率仅次于一线城市上海和北京，位居全国各省第三位。

《2017年南京市老年人口信息和老龄事业发展状况报告》也首次提及常住人口抚养负担变动情况,可见,政府已经开始关注除了户籍人口之外的城市常住人口结构,及其对包括老龄事业在内的各项公共服务的供给、社会保障、社会交往等关系居民日常生活的关键要素所产生的重要影响。这种人口统计中的变动也进一步呼应了本研究的切入点——在人口流动的大背景下探讨老年人口的家庭关系、社会保障、养老资源和生活质量。因此,选取南京市作为调研地点,可以较好地了解省内和短距离跨省迁移老年人口的迁移原因及其家庭基本情况。调查在2017—2018学年展开,笔者以"质性研究方法"和"老年社会工作"两门硕士研究生课程为依托,经学生、部分街道社区以及居家养老服务中心的协助,在南京市玄武区、江宁区、江北新区和雨花区等地开展问卷调查,共计获得有效问卷294份。

海南省三亚市因其得天独厚的气候地理条件,在2000年之后逐渐成为外地老年人,尤其是北方老人冬季养老的首选目的地。北方老人通常冬季南迁,春夏返乡,平均每年在三亚市居住3至5个月,呈现典型的季节移民的特征,被称为"候鸟老人"。由于这一群体的规模不断壮大,公众舆论、官方政策和学术研究的关注度近年来不断提高。三亚市政府2012年提供的不完全统计数据显示,每年冬天到三亚养老的"候鸟老人"超过40万人,实际的数字可能远高过预估[1]。

2019年4—5月,笔者在三亚学院几位师生和三亚市流动人口服务管理办公室的协助下开展调研。调研的对象不仅包括三亚市最具典型性的"候鸟老人",还包括其他因为子女、家庭和个人健康等原因来到三亚的老年人。访问员在三亚河、白鹭公园、海月广场等公共空间,三亚市悠岚湖小区,万科森林度假公园小区等地开展问卷调查,共计收回有效问卷260份。

综上所述,在广州、南京和三亚三地开展的问卷调查,涵盖了我国老年移民中比较典型的群体,既兼顾了典型城市中跨省迁移和省内迁移人口的不同情况,也包含了随迁、照顾子女、候鸟安养等不同迁移原因的群体,调查结果能够较为客观全面地反映我国当前老年移民的生活状况、迁移原因、迁移意愿以及生活质量。样本总体概况在本书第四章中有具体说明。

---

[1]《三亚成养老首选 每年40余万老人到三亚过冬》,http://www.sanya.gov.cn/sanyasite/syyw/201708/1a65215425bb4d3baeec469088c6e13f.shtml,最后访问日期:2021年10月1日。

(二) 半结构式深度访谈法

在用问卷调查法掌握老年移民基本状况和生活质量之余,半结构式深度访谈旨在从老年人的视角深入理解他们迁移的原因及决定过程、迁移生活的经历、对移居生活的分析和评价、对个人生活质量的评估、对未来生活的计划和安排等,并且试图探究迁移经历如何影响他们对生活的理解。

与结构式访谈和无结构访谈相比,半结构式访谈既不像结构式访谈那样受限于研究者的理论框架和构想,也不像无结构访谈那样沿着受访者的思路漫谈。半结构式深度访谈重视研究者和被研究者的互动和主客体视域的融合,希冀围绕研究者所关心的研究主题展开交流,但同时重视受访者的主体性地位在研究中的重要性,重视受访者对研究主题的理解和阐释。因此,半结构式深度访谈的问题通常是事先准备好的(详见附录一),在访谈的过程中根据话题的演进和问题的展开由访问员做出相应改进和调整,以期深入事实内部挖掘本质。可以说,每一份访谈都是访问员和受访者共同完成的作品。

本研究之所以采用半结构式深度访谈,更是基于对研究者与研究对象身份关系的考虑,试图把自己置于"局内人"与"局外人"之间。尽管笔者已经从事老年移民研究多年,对老年人的心理心态、家庭故事、主要移民背景和模式等具有一定的知识储备,能够从研究的立场出发,用学术理性思维把握研究问题、展开理论分析,但是从年龄和经历的角度来看,笔者对于老年受访者而言仍是"局外人"。能在研究时"跳出"自己的年龄层面对于理性地分析研究议题是必要且有益处的。将老龄问题看作一个客体,在研究者与研究对象之间形成明确的主客体关系,以审视者的身份客观地评价所研究的对象,以"审视"的态度关注整个老年社会群体,有助于增加老年研究的客观性(王红漫、祖国平,2000)。

与此同时,正如现象学社会学家舒茨所述,社会行动只能具有一种主观意义,即行动者本人的主观意义;现象学分析的是处于生活世界之中、具有自然态度(人们对生活所持的最初的、朴素的、未经批判反思的态度)的社会行动者的主观意识,力求从生活世界及其内部出发阐明其意义结构(杨善华、刘小京,2000)。年轻的研究者,在探究老年问题时,如何悬置自己对研究问题的"成见"和"预设",重视老年受访者叙述故事的逻辑和所述故事的意义,避免用自己的主观意识来代替社会行动者的主观意识又显得非常必要。

访谈与问卷调查在具体的实施过程中以双线的方式进行,偶有交叠。例如,在日常生活和田野调查中笔者有时会遇到合适的访谈对象,热情健谈,对自己的移居生活有想法和见解,在这种情况下,笔者会尝试邀请对方参与课题研究,展开更深入的一对一访谈。另外一部分访谈对象是在访问员开展问卷调查时招募到的,受访者或在问卷调查时表达出对研究的浓厚兴趣,或在填答问卷时对题目有许多的想法,更愿意分享和讲述自己的经历和故事,这些受访者在参与问卷调查的同时也被作为访谈对象,进行一对一的深度访谈。

邀请受访者的背后,其实隐含着质性研究的目的抽样原则(陈向明,2000)[103]。在定量研究中非常重视的代表性或者结论在更大范围内的推论意义,在质性研究中并非首要考虑的要素。在这方面,布迪厄(又译为"布尔迪厄")和华康德的一段论述表达得非常清晰:

> 一旦我不从表面意义来看待"专门职业"这个观念,而是着重探讨产生这个观念所必需的聚类工作与符号强加过程,我把它看成一个场域,即一个具有结构并充斥着各种社会力量和争斗的空间……在这个场域里,你怎么去抽取样本?如果你按照方法论教科书所规定的教条,做一个随机抽样,就会肢解了你想要去建构的对象。比如说,在研究司法场域时,你没有抽选最高法院的大法官,或者在考察50年代法官知识场域时,你漏掉了萨特,或者在研究美国学术界时,你忽略了普林斯顿大学。但只要这些人物类型或制度机构还在独当一面,占据着一个举足轻重的位置,你的场域就是个残缺不全的场域。某种场域或许有不少位置,但它却允许一个位置的占据者控制整个结构。(布迪厄、华康德,1998)[367-368]

因此,相比起随机抽样方法所追求的研究结果的代表性,我们更关心的是,受访者是否有丰富的生活体验以及讲述自己经历的能力,研究者与受访者的交流是否能够建构出新的知识,以解释正在研究的议题的社会现象。

在2017—2019年期间,笔者借助出差、田野调查和指导学生课题的契机,在全国多地共计访谈了43位符合条件的研究对象(基本情况表详见附录一)。受时间和研究条件的限制,一半以上的访谈是在南京完成的,其余城市的访谈人员数目虽相对较少,但是从样本的多样性角度上看,丰富和补充了南京访谈的内容。例如,与南京的受访者相比,郑州的受访者更多地来自河南本省的其他城市,他们的子女数普遍比其他几个城市的受访者多。黄山、北京、广州和三亚的几位受访者身为候鸟和安养类型的异地养老者,他们的故事展示了不同的养老理念和养老经历。

  本研究的43位受访者中女性有24位,男性19位。他们大多数(37位)属于低龄老年人,年龄在60—69岁之间,4位年龄在70—79岁之间,其余2位年龄在80岁及以上。从户籍上看,26位拥有农村户籍,17位是城镇户籍。从婚姻状况上看,36位受访者已婚,6位丧偶,1位离异,但是,在访谈中有多位受访者提到他们近年因孙辈照料或务工等原因,大多数时间与配偶分居,移民家庭中的这种现象也很值得关注和分析。43位受访者中有15位是独生子女父母,16位有2个子女,12位有3个或者更多子女。考虑到受访者的年龄和户籍,独生子女父母受访者多为城镇户籍,且年龄相对更轻,其生育选择可能受计划生育政策影响较大。子女数以及子女性别构成也会影响老年父母的迁移意愿和迁移生活安排,在全面二孩政策实行之后[1],这甚至会影响他们对自己子女生育行为的干预。

  从迁移原因上看,帮助子女照料孙辈有22位,占大多数,其余有6位是随迁,4位是住在子女家中养病养老,4位是候鸟老人,还有7位是因工作或务工原因与子女共同移居到现居住地。正如笔者在前面已经提到的,中国老年人的迁移常常是多原因并存或相互转换的,与子女共同进城务工的老年人通常在闲时打零工或者做小本生意,当遇到子女生育需要帮助的时候,就辞掉工作转为在家育童,例如,受访者NJ09、NJ10就是这种情况。与那些单纯育童的老人相比,他们需要在经济收入和家务安排上与子女有更多的协商。也有受访者因为帮子女带孩子来到现居住地,在小孩稍能脱手或送幼儿园之后开始打零工补贴全家的生活,或为实现经济自立,例如,受访者NJ12、NJ14就是这种情况。此外,先是帮忙育童,后来决定正式随迁或安养的情况更是常见。访谈资料更能在故事叙述中抓住时间维度,从生命历程视角对老年移民及其家庭的故事有更加深入的挖掘。

---

[1] 正当本书定稿之际,中共中央政治局于2021年5月31日召开会议,提出进一步优化生育政策,实施一对夫妻可以生育三个子女政策及配套支持措施。全面三孩时代的到来可能让老年父母背负起更重的隔代照料"任务"。不论在家庭还是社会层面,有关养老和抚幼的资源分配问题,都值得更多的政策和理论思考。

绝大多数访谈是经与受访者提前联系之后在公园、广场、社区花园等公共场所完成的,也有少量访谈考虑到受访者行动不便、无时间出门等因素,约定在受访者家中完成。访谈经受访者同意留有访谈录音,以便确保信息的完整性和分析的准确性,同时也向受访者做出匿名性和保密性承诺。访谈基本在1个小时之内结束,也有小部分访谈对象时间宽裕,想法多、擅表达,访谈持续2个小时以上。本研究采用一次性访谈的方式,对于访谈中出现的模糊信息,事后主要通过电话再次确认补充。

所有访谈录音均被完全转录成文字稿,配以研究者的访谈笔记,一并导入质性分析软件NVivo 12做进一步分析。在本项研究中,为了更加清晰、方便地写作和表述,也为了遵循社会科学研究中所强调的匿名化原则,我们用BJ、GZ、HS、NJ、SY、ZZ分别代表北京、广州、黄山、南京、三亚和郑州这几个主要的访问地点,再用阿拉伯数字编号来表明访谈的先后顺序。本书的后面几章会在叙述事件和论证观点时引用这些受访者的访谈摘录来加以佐证,访谈摘录会标明受访者编号,便于读者与附录一中的访谈对象信息采集表对照,进一步理解受访者的个人和家庭背景,理解他们的移民经历和生活故事。当然,笔者更希望读者能将这些叙述和小故事与我们日常的所见所闻联系起来,因为这些故事就发生在我们身边,可能是邻居家的老人、自己家的长辈,抑或是若干年后的我们自己。

(三)二手资料分析法

除了问卷和访谈得到的一手资料外,本书还大量使用了二手资料分析法,收集整理国内外与老年移民和老年人口迁移相关的统计数据、政策文本、媒体报道,以及其他相关的研究项目资料与数据。在本书中,为了尽可能全面丰富地展现老年移民群体的特征,或对与老年移民相关的专题给予更加深入和充分的论证,笔者还适时地引用了其他一些调研资料。后面在具体章节中,笔者会对资料来源给出具体的交代。不论怎样,资料使用的最终目的都是更好地促进该议题的探讨,呈现老年移民的相关经验研究资料,深化老年生活质量的相关理论探讨。

不同的研究范式有其不同的本体论和方法论。质性研究中所说的"效度",不论是在概念界定、分类方式还是在具体的使用范畴上都和定量研究有很大区别。归根结底,质性研究所关心的不是定量研究强调的所谓的"客观现实"的"真实性"本身,而是经由研究者观察、分析和挖掘而得到的"真实"。

学者的研究视角、分析范式以及研究者和研究对象之间的研究关系都会对这种"真实"的生成过程有影响。从这个角度上说,质性研究的效度更加强调不同类型的研究资料、研究者、研究方法、所涉及的情境等之间是否达成某种一致,使得研究的发现和结论更加具有解释力和说服力。因此,将二手资料分析法引入本项研究,也是希望能够获得更多资料来源,在不同研究视角的激发下达到学术观点碰撞和交流的目的。

此外,从本研究的抽样方式和研究样本上看,不论是问卷调查还是访谈法都很难论证其代表性问题。作为一项质性研究,我们也没有必要讨论其在更大范围内的推论意义,但笔者相信,在老龄化程度日益加深的中国,本书中呈现的资料和故事具有或普遍,或典型的意义,对我们未来生活具有启发。比起"代表性",笔者更关注这些数据和资料能否丰富地呈现老年移民的生活选择和养老心态,能否相对准确地解释流动时代的老年移民这一全新的社会现象。

(四) NVivo 辅助质性资料分析

上述"三角定位法"主要介绍了本项研究获取研究资料的过程。接下来再具体谈谈质性资料的处理和分析方法。不少质性研究在写作和呈现研究发现的阶段都缺少具体方法的说明,这不仅会招致定量研究学者们对于研究可靠性和真实性的怀疑,也会影响读者对某些内容的理解。此外,身为一名质性研究者和研究方法教学者,笔者也将方法贡献视为一种学术责任,因此,这里着重介绍笔者是如何运用 NVivo 12 软件来辅助本项研究的资料分析的。

NVivo 是近几年在国内学界大受欢迎的资料分析软件。这个软件由澳大利亚的学者开发,其前身是一款名为 NUD*IST 的分析软件。从这个名称的缩写,我们能清楚地看到这个软件的功能,即非数据化(Non-numerical)、非结构化(Unstructured)的资料索引(Indexing)、检索(Searching)、理论化(Theorizing)系统的缩写。可见,与定量研究中所使用的统计分析软件不同,NVivo 软件最受研究者关注的是资料整理和文本编码功能,可以进行资料索引、编码、检索编码结果等技术的便捷化操作,帮助研究者将原始资料层层梳理提炼为更精确的类型、主题和概念等,再通过词频统计、节点分析、关系模型等功能进行深度阐释和理论挖掘。

运用计算机软件辅助质性资料分析在规模较大的研究项目中具有明

显的优势。大量的访谈资料、田野调查的图片，以及研究备忘录可以更好地被整理起来，并且利用软件自身强大的超链接功能，在不同类型的资料之间建立起联系，协助研究者实现对资料的整体性把握，避免在长时期的分析过程中遗漏原始资料，并为分析的不断更新和理论建构提供持续性支持。

在混合研究中，NVivo 的优势还体现在建立关联性分析和可视化方面。例如，在 NVivo 软件中，访谈资料不仅被作为文字性的文本资料在内容层面加以分析，还可以在添加受访者"属性"（例如，社会人口学特征）后被处理成鲜活的案例，更深入地思考具有何种社会人口学属性的群体会更倾向于持有何种观点和态度，以及拥有何种生活经历。很显然，这种资料处理的方法类似于定量研究的思路，以类型化的方式探索研究对象中的差异性，为分析访谈资料提供另外一种思路。

NVivo 12 软件在本研究中的运用主要包含三部分：编码、探索和可视化。所谓编码，是指对访谈资料进行字、词、句、行和段落的分割，并在"打散"这些资料的过程中重新进行分析概括和归纳。不论是用斯特劳斯和科尔宾（Strauss and Corbin，1998）"扎根理论"的说法，将编码分为开放编码、主轴编码和选择编码，还是按照其他一些学者的做法，直观地将编码过程称为一级编码、二级编码和三级编码，编码的过程实则都是尽可能地在原始资料中发现并提炼概念、属性和类别，厘清各概念及其之间的相关关系，整合出更高抽象层次的范畴和维度，进而建构理论或与现有理论形成互动。在 NVivo 中，这些具有分析价值的概念被称为"节点"（node），并且可以通过设定"父节点"和"子节点"的方式将这些概念依照特定逻辑建立起层级关系。因此，编码的过程既是梳理资料、在资料中理清故事线的过程，也是提炼理论概念、建构概念关系，并确定解释框架的过程。图 1-2 是从 NVivo 中导出的编码层次图，每个方框代表这个概念或主题在访谈中被提及的情况。方框面积越大，说明它在访谈中被谈论的次数越多，也就意味着受访者关于该主题有更多的想法或认知。

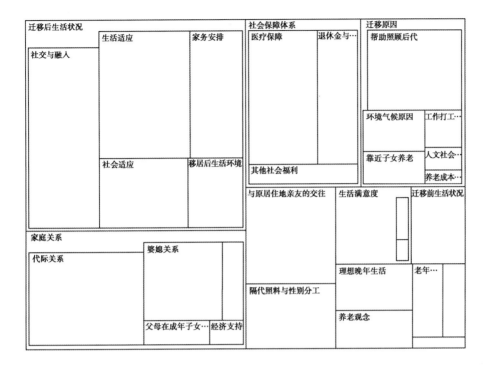

图 1-2 NVivo 编码层次图

本研究的编码过程经历了"自上而下"和"自下而上"双重路径的多次互动,这也说明 NVivo 并非仅适用于扎根理论研究。半结构式深入访谈意味着访谈在一定程度上是遵照既定的研究逻辑和框架推进的,待分析的访谈文字稿也自然地被归纳到几大问题或几个类属中,例如,迁移原因、代际关系、社会适应等等。在这种情况下,编码常常是先有较高级别的"父节点",在资料不断丰富的过程中,其"子节点"数量也不断增加,对"父节点"构成丰富的阐释和说明,此谓"自上而下"的编码。与此相对应的"自下而上"的编码过程主要是遵循扎根理论的研究逻辑,从研究对象的视角和叙事出发,在原始的资料中体悟其蕴含的意义,再提炼出理论概念,抽象出理论命题。在本书中,笔者会时不时地展现在 NVivo 软件助力下所得到的研究发现。当然,更多的时候,这个软件的助力是隐含在文字和观点背后的。它帮助笔者记录研究过程中的点滴,成为一位"不健忘"的质性研究者,在一手资料、分析笔记、二手文本和学术文献之间找到关联。

五、本书章节安排

本书共有十章。第一章导言主要介绍研究的主题和方法，引出两个最核心的概念——老年移民和生活质量，力图让读者对这个议题在当前中国的意义和价值有初步的了解。考虑到研究和论证的严谨性，笔者在第一章里还详细交代了本书所依托的研究项目所采用的调研方法以及数据资料的基本情况，这样做也是希望读者能更加清楚后面核心章节所引用资料的来源和背景。第二章是文献综述和理论框架，梳理了生活质量的概念发展，以及国内外学者评估生活质量的方法。通过对客观和主观两条研究路径的比较来进一步说明本研究为什么要采用混合研究方法来考察中国老年移民的生活质量。第三章是背景介绍，通过比较我国关于异地养老的官方呼吁和民众实践来思考中西方背景下老年移民的模式差别及其社会文化归因。第四章主要以本项研究中的量化数据为依据，展现我国两类老年移民群体的基本特征，包括他们的社会人口学概况、家庭结构及居住安排，自评健康和生活质量等等。

第五章至第九章分不同主题，详细介绍和讨论了老年移民的迁移经历和生活故事。其中，第五章和第六章主要关注那些因为家庭原因移居的老年人。家庭代际关系是他们移居后生活中的核心问题。在第五章深度探讨代际合作与互惠的基础上，第六章引入性别和年龄的交叉性视角，专门讨论移民祖母在参与隔代照料中所面临的自我和家庭的困境。第七章主要关注那些为了追求自身健康和理想生活方式而移居的老年人，思考社会和政策环境对他们生活质量所产生的影响。第八章则是从社会空间的视角切入，探讨老年移民的社会适应和融合问题，指出因迁移所带来的物理空间的改变对老年移民身份建构和养老资源整合的影响。第九章将空间由现实延伸至虚拟，讨论互联网使用对老年移民生活质量所带来的积极贡献和潜在挑战。第十章总结本书的主要发现，并对未来的研究提出建议和展望。

第二章

生活质量：理论的援引与对话

> 我爱春天，但是太年轻。我爱夏天，但是太气傲。所以我最爱秋天，因为秋天的叶子的颜色金黄，成熟，丰富，但是略带忧伤与死亡的预兆。其金黄色的丰富并不表示春季纯洁的无知，也不表示夏季强盛的威力，而表示老年的成熟与蔼然可亲的智慧。
>
> ——林语堂，《人生自然的节奏》

一、概念溯源和梳理

人们对于生活质量的关注和重视最早可以追溯到古代哲学家们对于什么是幸福（happiness）、什么是好的生活（good life）以及什么是好的社会（good society）的思考（Chung et al.，1997）。在西方，自古希腊时代起，哲学家们就产生了关于"快乐论"（hedonic）幸福观和"完善论"（eudaimonic）幸福观的争论[1]，说明

---

[1] 快乐论幸福观认为人们除了能够感觉到快乐和痛苦之外，再也没有什么可感觉的东西了，因此，追求快乐是人的最大幸福。例如，古希腊哲学家伊壁鸠鲁提出，"快乐是幸福生活的开始和目的，幸福生活是我们天生的最高的善，我们的一切取舍都从快乐出发，最终目的是得到快乐"。与快乐论幸福观相对立，完善论幸福观的支持者更关注除肉体和物质之外的精神和心理层面在实现幸福中的重要性。亚里士多德在《尼各马可伦理学》中将幸福界定为"灵魂的一种合乎德性的现实活动"。这两种主要的幸福观长期以来对西方社会如何理解和追求幸福产生了重要影响（邢占军、黄立清，2004）。

从那时起人类对于幸福的终极来源和含义就有不同路径的解读（Ryan and Deci，2001）。当代以来西方国家对生活质量和主观幸福感的研究更多地受到快乐主义幸福观的影响，认为人们能否体验到幸福，取决于他们的需求是否得到满足，衡量人们某些方面需求满足程度的满意感被作为主观幸福感的重要指标。与此同时，以完善论幸福观为依据的对人生价值和自我实现的追求也在生活质量研究中得到一定程度的关注（邢占军、黄立清，2004）。

关于快乐或幸福的探讨在中英文中涉及很多相近的却又不完全相同的词语，最常见的有福祉（well-being）、生活满意度（life satisfaction）和生活质量（quality of life）。在汉语里，quality of life 也被翻译为生命质量。这几个概念在探讨主观幸福感问题中起到了重要的理论延续和概念深入的作用。

在社会科学的研究语境中，快乐和幸福主要是指与愉悦、满意、高兴等相类似的心理状态和个体感觉。福祉是心理学常用的概念，用来指代个体目前的快乐或悲痛的程度，以及他对生活的满意程度。这两组概念都更倾向于强调主观感受。从 20 世纪 70 年代开始，越来越多的西方社会科学家们开始使用"quality of life"这一概念来探讨类似的问题，并且开始关注影响幸福的客观要素。

这种概念使用上的转向可以归因于两个方面。首先，医学观念的变化是推动生活质量研究的一股重要力量。学者们逐渐认识到医疗手段并不能治愈所有的疾病，而对于那些"无药可救"的人来说，有什么方式能让病患活得更加独立、有尊严，实现自我生命的价值，就变得至关重要。在这些研究中，单纯讨论快乐和幸福往往显得"科学性"不够，而如果把关注的重点放到提高生活质量上来，从评估治疗效果和医疗干预效果的角度上进行测量，则显得更有说服力。相较而言，生活质量更加被看作可操作和评估的概念，可以与更加广泛的生活要素建立研究关联。由此可见，生活质量研究从发展之初就与健康研究紧密关联，健康也一直被视作影响个体生活质量的一个基本要素。

其次，促使学界从倾向于主观的幸福和生活满意度研究转向相对客观的生活质量研究的另一股力量来自对社会不平等的关注。学者们指出，社会政策和社会福利的不断改善虽然很难直接地作用于个人的快乐和幸福，但是政策和福利可以改善和提高住房质量、就业状况、生活环境、公民教育水平等影响生活质量的社会指标。因此，在公共政策和社会治理研究语境下，生活质量成为一个重要的概念（Walker，2005a）[16-17]。

我国对于生活质量的研究也始于20世纪80年代初期对社会指标的研究。1983年,国家统计局起草《社会统计指标体系(草案)》,综合测评全国社会发展水平。1988—1992年,中国社会科学院在"社会发展与社会指标"课题中,明确将"生活质量"纳入我国小康社会的指标体系进行系统研究。1992年,在冯立天主编的《中国人口生活质量研究》中,生活质量被定位为"作为社会成员满足自身生存与发展的各方面情况的综合反映,社会成员的认同感及满意度是建立在一定基础条件上的,这个基础条件一般指的是物质条件"。与此同时,美国社会学家林南与国内学者合作,将西方,尤其是美国当时新近的生活质量研究中关注主观评价和关注生活满意度的研究视角引入国内,至此,国内的生活质量研究也基本形成了两种不同视角、不同内涵的研究方向。20世纪90年代中期以后,北京大学卢淑华和南京大学风笑天等人集中探讨生活质量主、客观指标之间的关系,进一步推动了生活质量研究领域的发展(风笑天,2007)。

从生活质量研究发展过程以及相关概念的演变过程我们似乎可以大致感受到生活质量、快乐、福祉、生活满意度等概念之间的微小区别,但是学界至今仍未对这些概念的使用和区分达成共识。通常它们被作为近似的概念,在研究和写作中相互替代使用,不做区分;但有些时候,例如在想要区分主观和客观,或者想要强调某个概念的特殊含义的时候,又会加以区别。这种概念界定上的复杂性在涉及跨语言翻译和使用的时候又会带来更加复杂的意义解读。例如,在中文里,quality of life 可以被翻译为生活质量或者生命质量,后者具有更高的价值和意义导向,而前者则更加强调具体的生活经验和感知。国内使用较多的"主观生活质量",与国外的生活质量(quality of life)和生活满意度(life satisfaction)较为接近;而国内所说的"客观生活质量"意义上的生活质量研究则与国外的社会指标(social indicator)研究较为接近。这种翻译上的差别,为生活质量研究带来更多的复杂性。

考虑到本书所讨论的研究重点,本书不再花篇幅对这些概念的区别做更深入的考证和辨析。本研究之所以选用生活质量,主要是因为从社会科学研究视角来看,它是一个综合性更强的术语,既能从质性的解释层面加以研究,也可以使用量化手段测量。这种概念上的包容性可以更好地与方法设计上的混合性相契合,更好地完成研究目的。

二、两条研究路径：客观指标与主观感知

要厘清什么是生活质量，离不开对其测量方式的讨论。换言之，如何定义生活质量和如何测量生活质量是一体两面的。现有的生活质量测量方法主要遵循两条研究路径：客观路径和主观路径。客观生活质量研究倾向于将生活质量视为生活条件的综合反映，通过测量包括收入、住房、健康、教育和社会整合等在内的一系列社会指标的方式来评估生活质量（Erikson，1993）。总体生活质量就是将每一个测量指标所得分数通过相应的权重加总。客观生活质量的测量方法受到了不少质性研究者的批评，称这种测量方法忽略了个体的生活体验和主观感知。许多学者指出人们的主观生活满意度并不总是与客观的生活状况呈正相关关系（Myers，2000；Walker，2005a）。关于生活质量，总是生活于其中的人，才最有发言权。因此，与客观指标测量的方法不同，遵循主观路径的学者将生活质量定义为人们对生活及其各个方面的主观评价和总结，主张评价人们的生活质量应该使用主观指标，直接考察个体对其生活的体验和感知（Campbell，1972；Fry，2000）。

生活质量研究的两条路径反映了两种不同的方法论和价值观：一种采取宏观视角，以社会为中心，以衡量社会发展程度为主要研究目标；另一种重视微观的个体或群体体验，以社会中的人为中心，以衡量人们的生活水平、生活状况、生活满意度为主要研究目标。

（一）客观路径

研究生活质量的客观路径起源于20世纪60年代。这种研究思路的理论出发点是：社会存在基本需求，而这些基本需求的满足程度决定了人们的生活质量（Delhey et al.，2002）[168]。在这种观念的引导下，学者们提出了一系列的社会指标，用以评估人们在特定文化和地理环境中的客观境况。这些社会指标包括收入、住房、健康、教育、就业、社会整合和社会支持。对这些指标的客观测量则被认为是考察人们生活质量水平的科学方法（Diener and Suh，1997）。

从20世纪70年代开始，许多生活质量研究都是通过分析社会指标的方式来开展的。这种通过量化统计测量社会指标的方法将个人在生活中的主观体验看作不相关因素。正如埃里克森所说的那样，"我们对个体生活水平

的测量要尽可能地避免个人主观评估的影响"(Erikson,1993)。换言之,生活质量测量要摒弃个体主观感受。在这种研究思路的引导下,大量的研究都聚焦在发掘客观指标和生活质量的关系上。例如,埃德·迪纳和他的团队在20世纪90年代研究出一套测量人们生活质量的指标体系,包括人均医生数量、收入公平、自杀率等等(Diener and Diener,1995)。此外,财富和收入一直都被视作影响人们生活质量的重要因素。有学者指出,富裕国家的居民比生活在贫穷国家的人生活质量更高。也有学者认为,相对富裕程度对生活质量的影响力更大,与周围人相比更富裕的人,其生活质量更高,尤其是在经济水平总体较低的国家(Myers,2000;Ouweneel and Veenhoven,1991)。

通过客观路径研究生活质量有其特定的优势。总体上看,社会指标能够相对容易地定义和分类,也能更精确地被测量出来。考虑到技术上的可操作性,许多从事比较研究的学者更愿意采用客观指标的方法来研究生活质量,尤其是在国家、地区、人口群体和不同时期之间的比较研究中,其研究结果不仅可以用于衡量社会整体发展水平,评估国家、地区和城市的发展状况,更在反思社会政策和福利实践方面具有重要意义和价值。

当然,也有不少学者对客观研究路径提出反思。例如,挪威社会心理学家达特兰认为,将"好的生活"预设性地分解为若干个要素并分别加以研究,只是研究生活质量的间接方法。事实上,这种方法并没有关注生活质量本身,而是在研究"好的生活"的组成部分,或者说某些方面(Daatland,2005)。如此一来,生活质量的定义会与其影响因素相混淆。希格斯等人从理论建构的角度提出批评,强调客观指标的研究路径使得有关生活质量的理论和经验知识都以碎片化的方式呈现,缺少系统和完整的理论框架(Higgs et al.,2003)。此外,从研究方法上看,鲍林强调,关注生活质量构成要素的方法会让生活质量研究陷入"专家中心主义"(professional centrism)的困境,研究者更倾向于关注那些具有普遍学术价值的社会要素,而忽视了研究对象的主体性话语(Bowling,2005a)[42]。这种研究方法上的不足尤其会对弱势群体和边缘群体研究带来不利影响。基于这些批评,一些学者提出应当给予生活质量的主观方面以更多的学术关注。

(二) 主观路径

与研究客观社会指标的方法不同,主观路径聚焦于个体的生活经验和生活感知。这种研究路径的理论依据在于,具有主观能动性的人是通过意识体验、感知和理性认知来评估其生活质量的(Diener and Suh, 1997)。因此,对于理性人而言,我们是可以通过直接的方式来考察人是如何评价其总体生活质量和生活的各个方面的。尤其是在后工业时代,人们对于物质生活和经济条件的关注方式已经发生了根本性变化,人们越来越关注生活体验和主观感受(Inglehart, 1997)。这种变化趋势也使得通过主观研究路径研究生活质量的方式更受重视。

主观生活质量研究路径和方法主要来源于主观福祉(subjective well-being,也有翻译为幸福感)研究。迪纳和苏强调,个体对其生活总体以及生活各个部分的认知和情感反应是衡量生活质量的主要依据(Diener and Suh, 1997)。主观福祉中包含了生活满意度,而生活满意度就成了测量主观福祉的一个指标。因此,国内有研究者将生活满意度归为"生活质量意义上的主观幸福感"(邢占军,2005)[13]。引用风笑天(2007)的说法,客观指标是从产生生活质量的"成因"方面来进行操作的,是生活质量的"投入",而主观指标是从生活质量的"结果"方面来进行操作的,是生活质量的产出。维恩霍芬也主张,人们总是通过两方面信息源来评估其总体生活质量的:一方面是人们在大部分时间里对自我感受的感性的评价(快乐程度);另一方面是将自己的生活和美好生活标准进行认知比较而形成的评价(满足程度)(Veenhoven, 2008)。

以上定义均表明主观生活质量包含两个方面:对生活的情感/感性评价和认知/理性评价。情感评价是指快乐和痛苦的总和。主观生活质量高意味着积极的情感体验很多,而消极的感受很少甚至没有(Diener et al., 1997)。一些学者认为,人们的情感评价在评估他们的生活质量中起着主导作用(Schwarz and Strack, 1991);也有一些学者指出,一个人的个性和乐观/悲观的观点也是一个主观品质的稳定决定因素(Diener and Suh, 1997;Sirgy, 2012)。

认知评价指的是一个人对其生活的整体满意度,或者从不同领域,比如家庭、朋友、收入和工作,对其生活满意程度所做出的理性评估。认知评价基于"生活质量是社会建构的"这样一个理论基础,人们对于美好生活的看法具有共通性并且相互影响(Veenhoven, 2008)。因此,评估生活质量是一个比较的过程:人们把自己的实际生活和理想生活进行比较,把自己实际拥有的和他们觉得自己应该拥有的以及其他人拥有的进行比较。比较的结果差距越小,主观生活质量越高(Michalos, 1985)。此外,人们对自己生活质量的感知还会受到"反映评价"(reflected appraisal)机制的影响(Veenhoven,2008)[48]。当我们的生活在别人眼里看起来很好的时候,我们对自己生活的评价也会很正面;但如果别人觉得我们活得很失败,我们对自己生活的评价也会很消极(Veenhoven,2008)。

大量的实证研究已经证明了社会比较机制对人们生活质量的影响。例如,研究表明,由于老年人的期望值相对较低,他们的主观生活质量往往比年轻人更高(Campbell et al., 1976; Tsang et al., 2004)。研究还发现,老年人倾向于把自己和境况更差的人进行向下比较。这种"比下有余"的策略也有助于保持自己的满意度(Bowling,2005a; Ryff,1989)。

情感/感性评价和认知/理性评价是路径不同但是紧密相关的两个方面,共同解释了人们如何评估自己的生活质量。与使用客观指标来衡量生活质量不同,主观的研究方法不仅可以显示"人们对哪些东西有什么样的感受",而且还可以解释"为什么会有这种感受"(Veenhoven,2008)[46]。因此,个体的生活质量不仅是其客观生存环境的反映,而且是由其社会参与和人际交往所决定的。

(三) 对客观路径的批评与反思

近年来,基于客观路径的研究受到越来越多来自主观研究方法的挑战和反思。主观方法指出,生活质量不能通过收入(Diener et al., 1993)和医疗诊断健康(Okun and George, 1984)等指标直接地反映出来。例如,在孟加拉国进行的一项质性研究表明,尽管这个国家的客观/物质生活条件普遍较低,但人们的主观生活质量普遍很高(Camfield et al., 2009)。这种积极的评价很大程度上是由于社会比较机制在发挥作用:当人们认为自己的社会经济地位与同一社区的其他人相比差不多甚至更好时,他们就觉得自己的生活质量很高。因此,生活质量和收入等客观指标之间的关系并不像看起来那样简单。强调主观路径并不是说收入与生活质量无关,或者收入多少对生活质量不重要,而是强调人们主观评价的重要性,这比客观指标测量更有助于理解"当事人眼中"的生活质量。加拿大的一项研究发现,在参与研究的老年人中,超过75%的老年人患有至少一种慢性疾病,大约三分之一的人患有某些功能残疾;但是,他们对自己的身体健康以及整体生活质量的主观感知并没有随着年龄的增长而下降。与年轻人相比,更高比例的老年人觉得自己的生活有意义(Chappell et al., 2003)[252-254]。

其他学者也指出,使用社会指标研究生活质量的一个主要局限性是这些指标可能不能准确反映人们有关幸福感的体验(Andrews and Withey, 1976;Campbell et al.,1976)。虽然对社会指标的研究意义和价值有广泛的共识,但很难确定的是,这些指标在多大程度上会影响个人的生活质量。如前所述,富人或穷人可能是一个相对的和主观的概念,取决于人们的生活环境和境遇,以及人们如何评价它们。经济条件非常富裕的人并不比一般人甚至是低收入的人更幸福(Myers,2000)。英国著名学者艾伦·沃克对老年人生活质量做过大量研究,他指出,在老年人中存在着一种"明显的悖论",很多的老年人尽管客观生活条件贫苦,住房条件也不理想,但是他们的主观生活质量评价却很积极(Walker,2005)[4]。这个悖论表明,采用客观指标的测量方法很难综合地说明各指标之间是如何相互作用的,以及这些相互作用如何影响人们的生活质量。

客观的方法还忽略了一点,生活质量本身是一个连续统一体。客观方法使用选定的指标,评估某一特定时期生活质量的各个方面,然后,把各个分指标的得分加权,以反映整体的生活质量。然而,维恩霍芬认为,人们的整体生活质量并不是一个简单的数学计算。他们对生活各个部分的满意程度并不一定与总体的幸福程度相符。线性的、分值加总的方法未能绘制出生活质量不同方面之间的功能关系(Veenhoven,2000;Veenhoven,2007)。相较而言,主观的方法通常使用质性方法,针对一个人生活中正在发生的总体性经验和感知。虽然人们可能会具体地评价他们生活的各个方面,但这些方面在时间上是一致的、连贯的,并且相互关联(Argyle et al.,1989;Chappell,2007)。因此,主观的方法本质上能够更好地理解整个生活质量以及生活质量的不同方面之间的相互关系。

最后,主观路径的方法主要关注受访者自身对生活质量的判断,而不是决策者、学者或其他人认为重要的东西(Daatland,2005;Diener and Suh,1997)。近年来,有一些国际研究项目专门针对老年人的生活质量开展研究,旨在了解从老年人视角出发,生活质量意味着什么,以及哪些因素与他们对生活质量的评价和感知有关(Mollenkopf and Walker,2007;Ring et al.,2010;Walker,2005c)。在研究中,都在极力避免这种"专家中心主义"的影响,即从研究者的"他者"视角出发来建构有关老年人生活质量的核心要素和框架。在老年研究中,避免"专家中心主义"体现了研究范式的转变。老年人在研究中的地位也逐渐由被评估、被理解的客体转为自我评估、主动建构意义的主体。人们对于衰老、老年、老年人以及老年人生活的研究由消极到积极，由问题导向（problem oriented）转向积极建构。

在本节中，笔者虽然对客观方法有相当多的批评，但必须要指出，重视人们对自己生活的感知和体验并不意味着生活质量可以被视为一个纯粹的主观问题（Walker, 2005a）。相反地，对生活质量的主观感知也常常是客观情况的反映。因此，在这两条截然不同却又彼此关联的研究思路的影响下，本书中有关老年移民生活质量的讨论，强调从老年人的主体性视角出发，关注他们眼中的生活各要素以及他们对于生活质量的评价。本书对于生活质量的探讨主要遵循质性研究范式，将生活质量定义为人们对其总体生活及其构成部分的主观评估，包括健康、社会经济状况、家庭关系、社会支持等，既承认主观生活质量是对客观生活条件的基本反映，也重视人们对其生活经历的主观感知和理解。

三、一个多维的概念

正如上一节中所讨论的，研究生活质量的客观方法主要使用社会指标（如收入、健康、教育、就业等）来衡量人们的生活条件和生活质量，而不考虑个人自身的经验。然而，正如一些学者所争论的，个人的声音不应该被湮没。对生活质量的评价只有通过人们自己的经验和感知才有意义。当我们研究特定群体的生活质量及其影响要素时，我们应当重视他们的生活经历，以及他们自己对于生活事件、生活经历和生活各构成部分的感受、理解和评价。用德尔希等人的话来说，客观的生活条件和对个人生活环境的主观评价实则是一枚硬币的两面（Delhey et al., 2002）。

如今，许多研究者都主张，对生活质量的研究不仅要考查社会/客观和个人/主观因素，更要关注两者之间的相互作用（Bowling, 2005a; Cummins, 2005; Walker, 2005b）。前者包括健康、收入、住房、社会支助以及其他生活和环境情况，后者包括个人在这些方面的经验和价值观，以及他们对整体生活质量的看法。生活质量的每个组成部分也会影响其他部分（Bowling, 2005b）。基于这些观点，本研究中的生活质量是指人们对其整体生活及其社会/客观组成部分的主观评价，如健康、社会经济条件和社会支持。

世界卫生组织在1997年发布的生活质量测评量表中，将生活质量定义为：

个体在其所处的文化和价值体系背景下对自己地位的主观感知,涉及生活目标、预期、标准和担忧等。这是一个涵盖面广泛的概念,受到个人身体健康、心理状态、独立程度、社会关系、个人信仰以及与生活环境中其他显著特征的复杂影响(World Health Organization Quality of Life Group,1997)[1]。

这个定义已经在学界得到较为广泛的认可。近几十年,学界对生活质量的定义也基本达成共识,并显示出向重视人的主观感受和生活体验转向的趋势:生活质量是一个多重维度的(multidimensional)、无定形的(amorphous)概念(Bowling,2007;Ferriss,2004;Walker,2005a)。

鉴于生活质量概念的复杂性,在任何一项研究中都不太可能对这个问题进行彻底详尽的研究。大多数实证研究选择关注生活质量的特定要素或特定的层面,以达到从总体上理解生活质量的目的。因此,研究生活质量的关键组成部分被认为是理解这个复杂概念的最可行的方法(Cummins,2005;Schalock and Siperstein,1996)。但是,一些学者指出,不同的组成部分常常以不同的方式、不同的水平和不同的程度影响整体生活质量(Renwick et al.,1996;Cummins,2005)。正如伦威克等人强调的:"生活质量是一个多维构造……对所有人而言,生活质量的基本要素是共同的。但是这些共同的要素在不同人那里却具有不同的意义,对每个人生活质量的影响程度也有所不同。这是因为人们受其生活境遇和条件的约束,不同的个体对生活质量各个构成要素的重视程度不同。"(Renwick et al.,1996)[10-11]

卡明斯提出,生活质量的构成要素既包含一般的,也包含特定的(Cummins,2005)。所谓"一般的"构成要素是所有个体不论其文化和社会经济地位如何,都共同享有的整体生活质量的核心、基本组成部分,例如个人健康。相较而言,某些"特定的"组成部分,比如友谊,可能只对某些人的生活质量重要。许多实证研究支持了卡明斯的这一观点,即人们对生活质量的组成部分评价不同。对于有些人来说,某些特定的要素更重要或更有意义。例如,许多老年人认为社会关系对他们的生活质量很重要(Farquhar,1995),健康往往比财富更重要(Higgs et al.,2003)。这些研究表明,同样的构成要素可能会被不同的群体赋予不同的意义和价值。这更加说明评价和感知在生活质量中所起的重要作用,也更进一步地确立了通过主观方法研究生活质量的意义和必要性。

有很多原因会导致人们对生活质量的具体组成部分的评价存在差异。例如，人们的观念很大程度上是由文化和环境塑造的。日本学者内田有纪等人在一项比较研究中发现，来自西方文化背景（如欧洲、美国）和东亚文化背景的人对哪些因素对于生活质量而言更加重要有明显不同的看法。在欧美文化背景中，对幸福和生活质量的感知与个人成就密切相关；而在东亚环境中，人们的幸福更多地依赖于积极社会关系的实现，自我是这种积极社会关系的一部分（Uchida et al., 2004）。因此，想要设计一个普遍适用的框架来衡量来自不同文化和社会背景的人们的生活质量是不可能的，也是不合理的。

基于以上分析，本书主张，研究老年人的生活质量要从他们的主观视角出发，关注他们的生活经历，理解他们眼中的生活质量核心要素及其对生活所造成的影响。具体来说，当研究流动时代的老年人在异地的生活时，使用主观研究路径可以更好地理解由移居所造成的文化和社会生活环境的变化会如何影响老年移民的生活，如何影响他们自己对生活的理解。那么，与其他人群相比，老年人的生活质量研究有何特别之处呢？

四、老年生活质量

（一）由消极到积极的范式转变

很多学者认为，影响生活质量的基本要素对于各个群体都是适用的，不存在群体间的差异。但是，正如前文所提到的，由于生活质量本身也是主观的，受个体成长经历、生活境遇、社会地位等因素的影响，人们对生活质量的感知存在差别，各影响因素对于不同群体生活质量的影响程度，或者说对生活质量的贡献度也有所不同。从年龄的角度出发，老年人对生活质量的理解可能与其他年龄群体的感知不同。影响老年人生活质量的核心要素也有其独特性。其中，关注健康对老年人生活质量的影响，在该研究领域中具有普遍性。

美国社会老年学界很早以前就开始关注老年人生活满意度研究，研究内容包括老龄化过程中的积极和消极方面，及其与"好的生活"之间的相互关系[1]。相比而言，欧洲关于老年人的研究则深受功能主义和实证主义的影

---

[1] 值得注意的是，当讨论何种生活是好的生活（good life）的时候，价值判断就被带入研究中，使得我们对生活质量的理解和定义带有更多的建构色彩。

响(Phillipson and Walker,1986),因而更多地将注意力放在衰老过程中的消极方面,认为年龄的增加必然会导致生理功能的逐渐丧失,衰老的过程总是伴生各种"问题",身心健康水平下降、依赖性增强、经受贫困、需要更多服务等,都是不可避免的。因此,维持健康是老年人生活的重心,老年人最主要的需求集中在康复、预防和治疗领域,而健康也理所当然地被看作其生活质量的核心要素(Roos and Havens,1991)。

对于老年人健康的关注源于"医学取向"的传统。这样的思路和研究框架在中国学界也同样盛行。例如,刘渝林(2005)将老年生活质量定义为社会提高老年健康的供给程度和老年健康需求的满足程度,是建立在一定物质条件基础上的老年人口对生命及社会环境的认同感。具体说来,包括健康质量、物质条件、养老保障、精神需求、社会参与、自然环境等六个方面。与其他群体相比,老年人的生活质量除了具有一般人的共性之外,还具有自身的独特性。如图2-1所示,在进入老年期之前,生活质量和实际福利与自我实现密切相关,而老年期之后的生活质量更重视健康以及支撑健康的保障体系和生活条件。老年人生活质量的特殊性被概括成为以健康质量为首的一套指标体系。

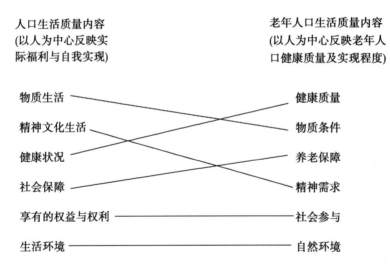

图 2-1 从人口生活质量到老年人口生活质量的演变

资料来源:刘渝林,2005。

随着人类预期寿命的不断延长,退休后的老年期也在相应增加。曾经以退休为标志的衰老期渐渐地被区分为两个阶段,先是相对健康活跃的低龄老年期,随后才可能是开始较多地需要和使用健康资源的老年期[1]。在这种情况下,过多地关注老年阶段的消极方面显然不能适应人口老龄化的大趋势,也无法满足很多老年人对美好生活的向往和提高生活质量的需要。此外,现代医学技术的发展,在延长寿命,提高老年人健康水平的同时,还扩展了我们对身体寿命和"正常"健康的看法,改变了我们对晚年生活的安排和设想(Gabriel and Bowling,2004)。因此,老年研究的理论范式已经由消极的以治疗疾病为重心的研究,转变为中立的或积极的以提高老年生活质量为重心的研究(Gabriel and Bowling,2004);关于老年生活质量的理解,也由消极向积极的范式转变,将老年期视作能继续实现个人成长和满足的生命的自然组成部分。

除了侧重健康视角,国内有关老年人的生活质量研究尤其侧重客观指标的研究路径,例如,陈耀辉、陈万琳(2013)通过问卷调查的方式研究了江苏省21个城镇共计2 097个城镇居民的养老生活满意度,结果显示经济收入、社会交往、家庭成员关系、健康以及社会公共服务等因子对江苏省城镇居民的生活满意度影响显著。刘艺敏等人(2004)在对上海市老年人生活满意度及影响因素的调查研究中指出,健康自评、婚姻状况、家庭关系、经济收入、负性事件、孤独感是影响生活满意度的主要因素。

(二) 由专家视角到外行人模型

研究范式的积极转变也促使人们认识到个人的主观认知对于生活质量研究的重要性。很多实证研究都探讨了老年期生活质量的影响要素,正如上一节中所提到的,生活质量是一个多维的概念,身体健康和身体功能、社会和个人资源、自我掌握和控制生活的能力、自主性和独立性等都被认为是重要的影响要素。但是,生活质量的定义和测量应体现个体的主体性,兼顾多层次、多领域的社会环境以及生命历程的时间维度。国际学界对于老年生活质量的研究重心已由对客观社会指数(如收入水平、医疗条件)的测量转向对个体主观生活质量的评估(Walker,2005a)。遵循这样的研究思路,有学者主

---

[1] 关于老年期,学界有多种划分方式,有的称之为第三纪(the Third Age)和第四纪(the Fourth Age),也有的直接按年龄划分为低龄老年(60—70岁)、中龄老年(70—80岁)和高龄老年(80岁以上),或者以75岁为界加以区分。不管怎么样,实足年龄(chroonological age)往往是为了在研究操作层面或政策层面提供便利,而年龄与生活质量之间的关联远超过实足年龄和生理年龄的层面,更多地还受到社会要素的影响。

张生活质量的定义和衡量应当跳出"专家中心主义",立足于普通民众的生活经历和观念,在考虑广泛的社会环境的同时,体现个体的主体性和概念上的差异性。

老年生活质量的"外行人模型"(Lay Model)[1]最早是由艾伦·沃克和安·鲍林等一批学者在英国和欧洲老年生活质量课题研究中得出的(Walker, 2005b; Bowling, 2007;王昶 等,2019)。在这里,笔者将"Lay Model"翻译为"外行人模型",是指在相较于专家和研究者而言的普通人视角下所建构的模型。在老年研究中,普通的老年人作为研究参与者,外行以"客观对象"的身份出现。外行人视角的引入,正是主张从老年人主体视角出发,通过描述和叙述日常生活经历和人生关键事件的方式,探讨老年人对于生活质量(作为一个整体概念)的理解,以及在他们眼中哪些因素会提高生活质量,而哪些会降低生活质量。

"外行人模型"将影响老年人生活质量的核心要素概括为八个主要方面,按照影响力由强到弱依次是:社会关系(social relationships)、社会角色与社会活动[social roles and social (group) activities]、独处活动(other activities enjoyed alone)、健康(health)、心理健康(psychological well-being)、家和邻里社区(home and neighbourhood)、经济状况(financial circumstances),以及独立性(independence)。

我们可以看到,在这个以英国和欧洲研究为依据所产生的模型中,健康对生活质量的重要性并没有被置于首位,非常重要的原因在于,健康是以反向的方式对生活质量产生影响的,即好的健康常常不被看作生活质量的加分项,但是健康出了问题就会成为生活质量的减分项。在积极老龄化的范式下,我们会发现大量的老年人都能在老年期保持很长时间的健康状态,因此,健康对生活质量的影响效应并不明显。相比较而言,其他的一些因素,例如社会关系、社会角色与社会活动等就变得更加重要。

首先,社会关系主要指与家人、朋友和邻居的关系,被放在最重要的位置。例如,定期与家人面对面接触、与亲戚保持良好的情感支持和关爱、与子孙保持互惠关系等都被视作拥有良好的社会关系的表现,这些社会关系对提高老年人的生活质量非常重要。其次,"保持忙碌"很重要,不论是参加集体

---

[1] 在医疗健康领域,近年来也特别关注将非专业观点纳入卫生服务研究,反映出卫生保健领域的一个重要发展趋势,突破了传统的医疗专业人员与其他人之间的界限。

的社会活动,还是进行基于个人兴趣的独处活动,都会产生自我价值和被需要感,对老年人保持身心健康也很重要。此外,金钱对生活质量很重要,不仅仅是为了确保生活的基本需求,而且是为了让老年人有经济能力维持社交,保持社会参与,以避免社会隔离。保持独立性也具有相似的价值,可以让老年人不受限于他人,能够自主地安排自己的生活。

通过外行人模型我们不难发现,国外老年生活质量研究更倾向于以积极视角看待老年人及其生活,因而更加重视老年人的主体能力体系,包括社会参与能力、生活独立能力、健康参与能力、心理接受能力及劳动参与能力对老年生活质量的影响(Walker,2005b;王昶 等,2019)。这个模型的产生有其特定的社会文化背景,一些欧美国家的养老福利体系相对成熟使得老年人的养老需求可以基本得到满足,而不再需要过多依赖家庭。个体主义价值观的盛行也让老年人对独立自主的晚年生活有更多期待。

虽然我们国家近些年人口老龄化的程度越来越高,对于老年生活质量的重视程度也在增强,但是老年研究的视角依然带有消极范式的烙印。不论在社会公共舆论中,还是学术研究中,从养老政策制定到家庭生活安排,都缺少老年主体性话语。正因为如此,将"外行人"方法或视角引入中国老年移民生活质量的研究中,具有重要的现实意义和学术启发。

第三章

异地养老的"政策话语"与"本土实践"

> 在中文中,无论是在严格的词汇意义上,还是从百姓的日常口语中,都找不到一个能够与英文"emigrant"完全准确对应的词语。英文"emigrant"意味着"一个人离开本地而(长久地)居住于另一地";但中文的"移民"的语义虽然指人的流动,却无法在词中判断出他们未来的迁移或定居意愿。……中英文语义上的不同,恰恰是中西文化差异的折射。事情的本质不是"分离",而是"联系"。既"守"又"走",地域上的分离与情感和经济上的相连并存,这就是中国迁移文化的基本特征。
>
> ——孔力飞,2016

一、异地养老的概念梳理

异地养老的理念源自欧美发达国家,其本质是一种生活方式移民(lifestyle migration)。选择异地养老的老年人通常身体状况较好,在退休后依据自身经济情况移居到其他国家或地区以追求更好的生活质量(Benson and O'Reilly, 2009)。国外对于退休后迁移现象的研究主要关注老年移居者的迁移意愿、迁移方式以及迁移模式,提出运用老年迁移发展模型或生命周期理论解释该群体的迁移特点(Ciobanu et al., 2017)。例如,英国和北欧的一些老人在退休后移居西班牙,或长期定居,或依据季节在两国间往返(seasonal migration),目的在于以较低的生活成本享受宜人的气候、舒适的自然环境和休闲自由的生活方式(Gustafson,2001)。在美国,不少老人退休后往南部的阳光地带迁移,在身体状况不佳、自理能力下降或配偶离世之后可能会再次迁移,选择靠近可提供照料的家人居住,或者搬进专门的养老机构,形成迁移行为的一个完整周期(Litwak and Longino,1987;Longino and Bradley,2003)。在研究中,异地养老虽然与就地安养(ageing in places)、机构养老(institutional ageing)和家庭照料(family care)等养老类型区别开来加以论述,但也并未被视作一种单独的养老模式加以研究或推广。国外的异地养老研究更多的是从移民研究的角度切入,考察老年退休者在退休后的迁移行为、迁移原因及其对迁出地和迁入地的社会经济影响等。

对于异地养老的选择,是老年人基于个人、家庭和社会经济因素的综合考量(丁志宏,2012)。学界普遍认为异地养老包含短期的和长期的所有移动式养老方式。异地养老者既包含那些短期或长期离开现有住宅,到外地居住的老年人,例如旅游度假、探亲访友、安养等"流动人口",也包含那些将户口迁入他地的老年人,例如投靠亲友,或退休后离开工作地回到原籍养老的"迁移人口"。关于何处是"异地",学界的观点大致包含几点,即不同于"原居住地的另外的地方"(刘爽 等,2006),或者是"非出生地、非户籍所在地"的地方(穆光宗,2010)。穆光宗(2010)认为"异地"的说法是相对的,是养老现居住地和外居住地的比较,原点可能是自己的家,也可能是养老院。至于"异地"生活的时长,学者们大多主张必须是离开较长时间(如1年之内至少累计3个月以上或长期)或者季节性迁居才算是异地养老。也有一些调查和统计,采用更短的时间定义,例如,前面提到的由原国家卫生计生委开展的全国流动人口动态监测调查,对调查对象的定义是在流入地居住一个月及以上的非本区(县、市)户籍人口。

综上所述,有些学者对于"异地养老"的界定和研究,体现出跳出以户籍制度为基础的人口管理思维,但更多的定义只是专注到"移动"的行为及其特征,而没有思考因"移动"而伴生的各种影响和后果。而本书中主要采用移民研究的概念框架和思路来考察老年人口迁移行为对老年人及其家庭的影响,主张对异地养老采取更加宽泛的理解,所有在老年期后离开原先的长期居住地到异地生活较长时间(1年之内至少累计3个月以上、长期居住,或者季节性迁居)的情况都被视作异地养老。

正如第一章第二节中已经谈到的,笔者并不将户籍看作对研究对象进行类型化区分的重要因素,而是可能对老年人迁移过程以及对迁移后生活产生影响的制度性要素之一来加以考察和分析。因此,本研究使用"老年移民"这个包容性更强的概念,主张从老年人的主体性地位出发,从老年人养老需求的角度着手,研究老年人在晚年迁居的原因、方式,以及现行的各项社会政策(包括户籍制度)对移居老年人所带来的影响,进而展开相应的政策研究,以适应越来越多的老年移居人口的养老需求,提高他们的生活质量。

二、政策话语下的异地养老

(一) 异地养老的提出和发展

异地养老在中国提出时就带有很明显的问题应对和政府推动色彩。进入 2000 年以后,老龄人口绝对数量的快速增加引起学界、政府和社会对养老问题的普遍关注。在机构养老、家庭养老和居家养老三大基本类型的基础上,我国政府提出发展多元养老模式,以满足不同老年群体的养老需求。

对异地养老的关注,绝非单纯对老年群体养老需求的考虑,更多地还涉及政府对社会化养老资源的整合。因为从异地养老的宣传推广上看,主要凸显的是休闲、度假、旅游、观光,目标群体是身体健康的中高收入老年人,从组织方式看,异地养老多为互动共享型。互动共享是指各地的养老机构互动联系,通过让老年人"走出去"和"请进来",共享资源,共谋发展(穆光宗,2010)。2004 年 8 月,中国社会工作(者)协会在大连举办了首届全国养老机构院长高级论坛暨全国异地养老推介大会。会上,北京、上海、广东等地 100 多家养老机构负责人针对"异地养老"话题展开深入对话。大连市民政局从养老机构经营的角度出发,以老年人旅游休闲为依托,提出"互动式异地养老",鼓励不同地区的养老机构和医疗部门建立合作关系,通过养老机构建立联盟、互换客源的方式,盘活养老机构的闲置养老资源,实现养老资源的互惠共享,应对人口老龄化对中国社会带来的压力和挑战。同时,在物质生活水平不断提高的背景下,发展多元的养老模式也可以满足部分老年人以流动的方式休闲养老的愿望和需求。由此可见,"异地养老"最早在中国提出时主要被视作与养老机构密切关联的一种新型养老方式。

随着研究的不断深入,异地养老逐渐突破机构养老的框架和限制,成为一个集合概念,包含短期和长期的所有移动式养老方式(陈谊、黄慧,2006;刘爽等,2006;穆光宗,2010)。由于异地养老模式有助于整合养老资源,缓解部分地区的养老压力,异地养老群体也能带动当地消费,北京、上海、广东、海南、辽宁、浙江等省市都将异地养老纳入养老服务和城市发展规划中,给予政策上的推动。例如,在制定"十一五"城市发展规划时,北京就有专家提出要在北京周边地区建立适宜老年人居住的城镇,形成"环京养老带",目的是将北京城区的老年人口分流到周边地区养老。类似地,长三角地区也大力发展异地养老带,江苏老年大学协会和扬州市温馨旅居养老服务中心联合开发了"中国异地养老网",旨在整合全国旅居养老的各项资源。此外,市场化资本的力量也在试图抓住异地养老的政策机遇,大力发展"环沪养老房产带"。2006年10月,上海市政府出台《关于进一步促进上海市养老服务事业发展的意见》,该意见鼓励居住在中心城区的老年人迁移到乡村去养老,鼓励的主要措施是为入住到郊区养老机构的老年人提供补贴。香港特区政府也推出"广东计划"和"福建计划"鼓励65岁以上居民返乡养老。

在民间层面,也有越来越多元的方式丰富异地养老的实践,鼓励城镇老人在退休之后,移居到附近的农村养老,具体的方式包括:把高龄老人寄养在农村家庭中的寄养养老;以共同兴趣爱好和生活方式为基础,租住在农村的互助抱团养老(陈颖、王红姝,2018)。这些下乡养老通常是以自发的形式,居住在他人、亲属或自己家中,利用农村亲近自然环境、物价低、人力成本低等优点,满足部分老年人在养老过程中的特殊需求。以上诸种养老实践,不论是出于政策引导,还是市场导向的作用,都使得"异地养老"开始跳出机构养老的框架,成为更宽泛意义上的移居至他地养老。因此,异地养老研究与老年移民研究的关注群体和研究视域开始不断交叉整合。笔者接下来罗列几项异地养老的案例来展示在我国政府和学界是如何共同推进异地养老模式的理念推广、模式设计以及发展规划的。

(二)异地养老尝试

国际上,有很多国家都曾尝试使用异地养老的方式缓解个别地区的老龄化压力,或者鼓励老年居民选择适合自己的迁移方式来提升晚年生活质量。这里以日本、英国和加拿大为例,对它们的异地养老做简要介绍。

作为超高龄社会,日本政府为缓解国内养老压力在东南亚(如新加坡、泰国等)积极发展养老社区。这些社区充分考虑老年人口的生活和娱乐需求,建立完善的适老生活设施,把日本国内的老年人口迁移到国外养老社区去生活。日本政府通过这种做法希望可以缓解本土人口老龄化和养老服务人力资源短缺的压力,提高老年移居者的养老服务质量。2015年,为了应对日本东京都市圈老年人口激增所带来的影响,日本政府宣布增设地方性补贴,鼓励东京老年人移居到东京都以外的其他地区,以缓解东京都市圈在医疗和养老资源方面的压力。关于这项政策,日本国民看法不一。有人认为,这种方式对于在首都生活确实有经济压力的老年人来说,可以起到缓解他们经济压力的作用;也有一些人认为,这种做法带有年龄歧视,目的是将老年人口赶出首都圈。

英语国家的老年人,在退休后选择迁居地时,常有更多选择。在英国,不少老年人在退休后离开潮湿阴霾的英国,将自己的养老地点选在西班牙、印度和南非等国家。这种迁居主要考虑经济和气候两方面因素。在经济方面,西班牙和印度等地的生活成本明显低于英国,他们以英国的退休收入和积蓄,可以得到更好的住房条件、物质生活条件和养老服务。在气候方面,阳光充足和温暖的自然条件也对老年人有更多吸引力。

与英国老年居民的迁移动机类似,加拿大受地理位置影响,寒冷冬季时间漫长且极寒天气常见,对老年人,尤其是有一些疾病的老年人的健康,影响明显,老年人的户外活动也受限,对生活质量产生不小的负面影响。因此,有些老年人在退休后迁居到气候适宜的美国东南部地区,或者移居到同属于英联邦的澳大利亚或新西兰,享受更加温暖的海洋气候。他们有的选择长期迁移,也有的以季节性迁移的方式在母国和他国之间往返,成为候鸟老人。

中国的异地养老尝试在2000年之后开始出现,并被作为一种养老模式来宣传和介绍。以地区来划分,这里介绍京津冀地区、香港地区、长三角地区的几个典型案例。

1. 环京养老带

2005年8月,为了解决"首都人口问题",北京市"十一五"规划工作领导小组办公室等单位首次组织了面向市民的座谈会,会上有数十位市民建言献策。主要意见有三点:第一,北京周边建立与北京市医疗保障、工资发放接轨的老年宜居城市,吸引第三产业落地,实现北京城区的人口分流;第二,通过经济补贴等优惠政策,鼓励离退休人员离京养老;第三,建立便利的异地医疗报销制度体系,试行异地养老。

2015年,京津冀三地民政部门正式签署《京津冀民政事业协同发展合作框架协议》(以下简称《协议》),开启了对三地跨区域养老新模式的探索,引导鼓励养老服务业向京外转移。根据《协议》，京津冀三地重点在社会保障、养老保险、救助补贴等方面做好政策制度对接，渐进融合三地制度体系，逐步推进基本公共服务的均等化发展，合力破解"身份和户籍"导致的跨区域老年福利和养老服务的障碍。在养老服务产业方面，发挥政府推动、市场主导和社会参与的多主体作用，合力撬动社会资本和资源，支持探索政府和社会资本合作（PPP）模式，围绕京津冀打造互补互利的养老服务集群，鼓励实力强的养老企业走跨区域的品牌化、连锁化发展道路，聚力打造养老服务新模式、新业态。

2. 香港"广东计划"和"福建计划"

为缓解香港社会的老龄化危机，香港特区政府设计并出台"自愿回广东养老计划"。该计划由香港特区政府社会福利署于2013年10月1日正式推行。65岁或以上且符合资格的香港长者如选择移居广东，则无须每年返港，只要在每个付款年度内居住在广东满60天，每月可领取高龄津贴1 135港元。继"广东计划"之后，香港特区政府又推出类似的"福建计划"。2020年，普通长者生活津贴增加至每月2 675港元，高额长者生活津贴为每月3 585港元。

3. 长三角异地养老带

浙江省湖州市是长三角地区发展异地养老产业的起源地。位于南浔镇的"久安老年公寓"是浙江省老年公益事业深化改革的试点单位。该老年公寓由浙江久安公益事业有限公司于1997年投资5 000万元兴建，占地面积近百亩，建筑面积3万平方米，服务设施包括老年公寓、老年俱乐部、老年医疗康复中心。在选址上，该公寓毗邻著名的江南水乡一条街和文园，有效利用了南浔的旅游文化资源。截至2008年，先后已有140多位来自长三角各地的老人到此城安居。根据穆光宗（2010）提供的资料，当时的每户老人只需支付6万元的住房使用押金和每月300元的管理费，即可在久安老年公寓拥有一套35平方米公寓的永久入住权，押金将在老人搬离或去世后如数归还本人或其家人。

在南浔镇的探索之后，浙江省著名生态旅游地安吉县也开始打造异地养老品牌。凭借优越的自然条件和交通区位，安吉县将目标锁定在上海人身上。2007年11月，上海市浦东新区民政局曾组织千名上海老人试住安吉，这轮异地养老测评结果总体较为乐观，但也有需要克服的障碍，例如异地医疗报销等问题，而这个问题也是中国异地养老模式面临的最大困难之一。上海市人力资源和社会保障部门2012年积极推进与相关省市建立省级服务协作平台,医疗保险的异地使用、异地就医费用结算等问题将最终得到完美解决,成为全国的一个样板(王哲,2013)。

2008年以来,上海已经先后与长三角地区的嘉兴、杭州、湖州、宁波、南通、常州、镇江、马鞍山、扬州、大丰、连云港等地协商,签订了医疗保险经办服务协议,通过委托报销建立了参保人员异地就医医疗费用委托报销协作机制,方便在异地就医的参保人员特别是退休人员的医疗费用报销,上海市已与江苏省、浙江省、安徽省人社厅签订《长三角地区医疗保险经办管理服务合作协议》(王哲,2013)。

4."互动异地养老"项目

"互动异地养老"由民政部于2004年发起,是指老人们离开现居住地,到全国指定的外地养老院养老养生,享受特色养生、医疗保健、旅游观光等系列服务。"互动异地养老"已被中国老龄事业发展基金会列入推广计划。

国内异地养老模式提出的一个问题是老人们的养老需求如何与养老机构的资源有效地整合。这就需要一个网络互动的桥梁。2004年8月,中国社会工作(者)协会在大连举办的首届全国养老机构院长高级论坛暨全国异地养老推介大会上,来自北京、天津、上海等地100多家养老机构的负责人对"异地养老"发展的话题展开热烈讨论。其后,中国社会工作协会老年福利服务工作委员会计划协调试点单位成立异地养老网络服务中心,建立大型门户信息网站,交流老年旅游的资源,为异地养老的老人提供接待、度假、医疗康复、老年群体聚会、探亲访友等服务(连茜平、王世斌,2013)。

2005年,大连市成立了全国第一家互动式异地养老服务中心,通过分析市场需求整合各地养老机构和其他闲置资源实现全国养老机构的衔接,通过组织老年人休闲度假等方式实现各养老机构之间的置换性服务。试点单位经过软硬件设施、环境、交通、人性化服务等综合指标考核,同时确立统一的服务标准、统一的服务承诺、统一的安全保障,逐步建立和完善医疗、保险、法律服务等相关的配套服务体系(刘伟、陈鹏,2012)。通过一种有效机制与全国各养老机构对接,满足了部分老年人异地养老的需求。

"互动异地养老"一般设计最短15天,最长3个月。老人们住在异地养老机构,体会异地风情风俗。例如,山东全省首家异地养老中心——青岛四方区康乐异地养老咨询服务中心的理念是"让岛城的老人走出去,将外地的老人请进来"。大连互动式异地养老服务中心专门为老年人提供到外地进行中短期养老、旅游的中介服务。根据2004年10月统计，大连互动式异地养老服务中心与外省市的80多家养老院合作，推出养老院、老年公寓的协作网络。

2008年，民政部、全国老龄工作委员会、国家旅游局、中国社会工作（者）协会为30家全国首批异地养老定点单位颁发了相关证书，成为"全国异地养老互动式旅游定点单位"，从此拉开了异地养老规范发展的帷幕。首批授牌的30家定点养老机构分布在各大中城市及旅游胜地，经申报、考察、评审产生，既有公办也有民营。要想成为定点养老院，首先其周边要有旅游景区，满足老人边旅游边养老的目的；养老院所在地交通要便利，附近要有医院，便于老人紧急就诊；养老院本身要具备一定规模，床位在100张以上，具有一定接待条件，且院内的环境优美，卫生条件好，康复娱乐设施完备，服务质量高。各地参与接待老人异地游的单位都是经当地政府批准，由当地老龄工作部门推荐的老年公寓、老年服务中心、疗养院等老年福利服务机构，能为老年人提供符合标准的食宿、照料、医疗、保健、娱乐等配套服务（穆光宗，2010）。

"互动异地养老"由两地养老院互动共享养老资源，实现特色休闲养老与养老产业发展的双赢。旅游与养老"二合一"的做法对上了很多老年人的"胃口"。山东省首家康乐异地养老咨询服务中心陆续推出了"集体休闲养老""自助养老""陪护养老"等诸多"异地养老"方案，并抓住"休闲"这一老年人特有的优势，积极拓展"异地养老"市场，广泛联系当地养老机构，联合推出"互动养老"，实施特色有序的异地养老形式，扩大服务半径，建立安全、规范的"异地养老"网络服务，同时设立统一的服务承诺、统一的安全保障，逐步完善医疗、保险、法律服务等相关的配套服务，为老人的不同需求提供保障，并使老人们的需求与养老机构的资源有效地结合起来。老年人异地养老的需求是个性化、多样化的。除"旅游观光型"之外，异地养老需求还有"探亲访友型""疗养治病型""候鸟安居型""休闲度假型""探险体验型"和"学习采风型"等多种类型，每一种类型都代表了不同类型老年人的需求。

异地养老互动模式，多数是打造连锁品牌，同时政府决定放开政策，吸引民间资本，目前有许多异地养老网站。

5. 下乡养老

下乡养老主要是指户口在城镇的老年人在退休后，移居到附近的农村居住的一种养老方式。目前有多种具体的实践形式，包括寄养养老、租赁养老、互助养老等等。与前面提到的以机构为依托的异地养老方式不同，下乡养老通常是以自发的形式,居住在他人、亲属或自己家中,利用农村亲近自然环境、物价低、人力成本低等优点,满足部分老年人在养老过程中的特殊需求。

南京杨家村寄养家庭[1]:2013年,家住南京市雨花台区的盛文发老人跟着陪护员童道云搬到了她在江宁区杨家村的老家。对于生活不能自理的盛文发来说,由于没有子女照看,搬住到杨家村大大降低了他的生活费和照料费用的支出。对于陪护员童道云而言,把自己的家变成"养老家",让她守着自己家就能挣到稳定的收入。与常见的居家养老模式或家庭养老床位不同,"养老家"是指不具有血缘关系的城里老人寄养在乡村农户中的寄家式养老,是一种城乡联动养老模式。这种养老方式在满足一些特殊老人的养老需求之余,有利于盘活农村闲置房,促进劳动力就业,等等。但是,这种方式能否成为可推广的模式,还需要政府出台相应的政策、行业规范化标准以及服务监管措施来确保服务质量和相关人员的权益。

杭州余杭抱团养老[2]:2017年5月起,杭州一对老年夫妇招募志同道合的老年人在自建的别墅里抱团养老。老年人居住在一起共同生活,从当地聘请厨师、保洁员、园丁等工作人员提供基本的养老服务。此案例从被发现以来,受到不少媒体的关注,发现抱团养老在满足老年人情感和陪伴需求之余,也暴露出生活习惯磨合、养老服务规范、费用标准化等一些实际的问题,可否作为一种"模式"推广,值得商榷。

很显然,异地养老模式之所以能够出现,与我国逐渐放开的人口流动迁移政策密切相关。20世纪80年代以来,尽管在行政管理上还存在一些羁绊因素,阻碍人们进行随心所欲的地理空间上的流动,但是我国人口流动迁移的自由性整体上已经有了很大的提升。因此,包括老年人在内的各年龄人口都有可能根据工作和生活的需要,离开户口所在地,前往异地居住生活。

异地养老的概念在引入国内的初期,从政策话语中可以发现,这种养老模式主要是针对低龄、健康的老年人,以休闲为主要特色,强调老年人自主自愿地移居他地享受晚年生活以及养老资源和服务。异地养老模式的发展过程中掺杂着很多政策性和资本性要素,政府部门不仅参与指导,还鼓励民间资本投入养老地产、旅游业、养老服务业等领域。如此一来,营利可能成为异

---

[1] 张娟:《把老人寄养到毫无血缘关系的农户家中,这个养老模式很大胆啊》,https://www.sohu.com/a/132156798_350020,最后访问日期:2021年10月1日。

[2] 吴朝香:《杭州13位老人住500㎡别墅"抱团养老"!这种模式真可行?》,https://www.sohu.com/a/232084502_261796,最后访问日期:2021年10月1日。

地养老实践中的重要目的,而不是将老年人的切身利益和生活质量放在首位,以致违背了模式发展的初衷。此外,正如本书所强调的,受家庭价值观念和社会经济发展状况等因素的影响,这种以老年人的休闲和生活质量为动机的异地养老安排很难推广,中国老年人的晚年流动表现出更强的家庭导向的特点,因此,在接下来的一节里,我们从中国的本土实践出发,讨论中国老年人迁移的特点。

三、老年人口迁移的本土实践

尽管有政策上的鼓励和推动,但在过去十几年,异地养老的发展遇到不少制约和阻碍。首先,在制度层面,由于户籍制度仍是我国人口管理和社会保障资源分配的基本依据,地方政府在落实福利政策时主要考虑当地户籍人口,外地户籍居民就无法享受到当地的公共福利。虽然北京、上海等发达地区许多公用设施对老年人是免费的,但是在很多二三线及以下的城市里,情况则大有不同。有的地方要求,外地老年人必须办理本地的优待证方可享受公共服务或优惠待遇。其次,在观念层面,多地展开的异地养老意愿调研都显示,很多老年人并不希望离开家庭到他地生活,尤其是像前面环京养老带或长三角地区养老项目那样鼓励老年人居住到郊区或者外地的养老机构里,更是让不少老年人觉得与亲友之间的纽带被割裂。远离原本熟悉的社会环境,社会交往减少,反而会对老年人的心理健康造成负面影响。此外,还有人认为,有些老年人之所以选择"异地养老",很可能是因为他们与成年子女之间的关系不睦,或者是子女没能对父母履行赡养义务。这种偏见也让原本有异地养老意愿的老年人及其子女担心被污名化,进而放弃了对这种养老方式的尝试。

孟向京等人(2004)比较了中外老年人口迁移流动模式的差异后指出(图3-1),欧美发达国家老年人在决定迁移时考虑的主要因素是寻求更好的生活质量,同时兼顾对自身年龄、健康状况和经济能力等现实因素的考虑。在迁移模式上呈现出离开原住地、靠近子女生活、入住养老机构三个明显的迁移阶段。第一阶段考虑的最主要因素是自然环境,迁移者通常是退休后不久的低龄老年人,生活能够完全自理,与配偶共同迁移。第二阶段以逆向的回归迁移为主,迁移者比上一阶段的迁移者年龄更长,健康状况呈现下滑趋势,还有一些经历了丧偶,于是向靠近成年子女或其他亲属的地方迁移,以获得更多的养老支持,避免生活突发事件所带来的健康或生命风险。第三阶段是入住养老机构,迁移者主要是进入高龄阶段,或者健康问题导致的生活严重不能自理者。这三种迁移带有鲜明的生命历程的阶段性特点,既相互关联又相互独立,并不是所有的老年人都要经历这三个阶段的迁移(王世斌、申群喜,2015)[42]。

相较而言,中国模式更多地受成年子女迁移行为的影响,呈现出明显的家庭导向(图3-1)。具体而言,中国老年人的迁移行动带有明显的团聚和互惠逻辑,并且子女的决定起着更主要的作用。中国的异地养老模式之所以呈现出明显的家庭导向特征,一方面是因为中国在文化和伦理价值上尚未脱离家庭养老的理念框架,成年子女仍然是父母晚年生活照料和精神关怀的主要提供者(姜向群 等,2012);中青年人口的大规模流动,家庭结构的急剧变化,空巢老人数量增多,都可能导致老年人口出于自身照料需求和家庭团聚的目的迁徙意愿增强。另一方面,我国的老年人,尤其是身体健康状况较好的低龄老年人,往往在家庭中担任重要的照顾者角色,受责任伦理价值观的影响,他们的迁移行为常以迁就子女需要为目的。城市家庭对儿童照料的高需求也会使得更多老年人因照顾孙辈、帮忙做家务等而加入流动和迁移的行列。概括起来看,我国老年人口的迁移主要受子女带动,流动方向与子女一致;居留时间长;近距离流动为主,跨省也很多;投靠亲友和随迁家属等非经济原因为主(王世斌、申群喜,2015)[68-70]。

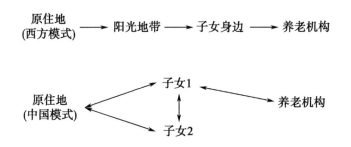

图3-1 中外老年人口迁移流动模式差异

资料来源:孟向京 等,2004。

中外老年人在迁移流动模式上的区别突出了成年子女对于中国老年人迁移意愿和迁移方式的影响。李珊(2014)在分析我国老年群体的多样性后进一步指出,上述孟向京等人的模型未能充分考虑到中国老年人日渐多元的、差异化的需求类型。以候鸟式迁移为例,中国的部分老年人也在生活的某些阶段里,做出类似西方模式中的迁移选择,到气候环境适宜的地方生活。因此,中国老年人的迁移模式也应当体现出多元化的特点,既考虑老年人自身的特点和选择,也考虑子女因素(图3-2)。

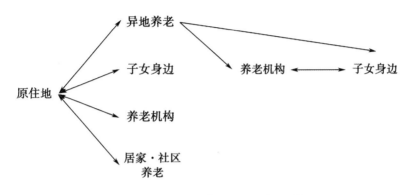

图3-2 老年人的养老安排和空间选择

资料来源:李珊,2014。

从中国老年人的迁移模式和迁移意愿中不难发现,家庭因素尽管可能对一些老年人口迁移形成阻碍作用,例如担心离开故土和熟悉的亲友圈;但是也会带来促进作用,例如子女移居对老年父母的吸引,以及同龄亲友对异地养老的尝试所形成的带动效应。张伊娜和周双海(2013)利用2005年全国1‰人口抽样调查数据研究了我国老年人口的迁移规律后发现,我国老年人口的迁入地与青壮年人口的迁入地基本一致,经济发达地区和大城市不仅吸引劳动力人口,也是很多老年移民偏爱的迁入地。这与发达国家的老年人口"从大城市移往小城镇、从生活成本高的地区移往生活成本低的地区"的迁移规律有明显区别。此外,从年龄分布上看,在劳动力人口中,农村户籍人口的迁移率明显高于非农户籍人口的迁移率,体现出城市经济的迅猛发展对农村剩余劳动力人口需求的不断增加。城乡在基本生活设施、医疗教育资源、生活方式等方面的差距,也对农村户籍人口产生吸引力。但是,在退休年龄之后,城乡的迁移率发生逆转,非农户籍人口的迁移率开始高于农村户籍人口的迁移率,这种趋势一直持续到80岁以后。他们的分析表明,步入老年阶段后,城市老年人口比农村老年人口的迁移活跃度更高。

中国的老年人口迁移主要表现为家庭导向型的另外一个关键原因是户籍政策。六十岁以上人口如果打算落户到某个城市,几乎只能靠投靠子女这种方式来实现。对于不打算迁户口的老年人而言,他们在中国的绝大多数城市里生活都会比本地户籍老年人的生活成本更高,例如,他们不具备买房或申请公租房的资格,许多养老院(包括公办和民营)只接收本地户籍老人,等等。除户籍政策所导致的差别之外,各城市对外地老人的政策性差异很少,即便有,也是通过对其子女提出要求的方式来实现。例如,广州市关于外地老年人投靠子女的落户政策要求就比南京更高,而三亚的相关政策要求则随着海南省被建设成为国际旅游岛后也随之提高。因此,不论从政策可行,还是从生活成本的角度上看,中国老年人口迁移受家庭导向影响都是必然结果。

中国人口迁移过程中所呈现出的家庭化的特点,不光体现在老年人口中,而且普遍地体现在中国家庭中。近年来对中国城市新移民的研究已经发现,与之前的农民工务工赚钱再返乡的模式不同,新移民越来越受到城市生活方式、人文环境、社会福利和教育资源等条件的吸引,思考更多家庭成员的更综合的利益和福利,进而寻求连锁的迁移路径,而这通常又是全家经过理性比较的结果。家庭化迁移的过程,最常见地会涉及配偶、子女、父母、岳父母或者公婆,甚至还包括祖父母、孙子女、兄弟姐妹以及其他直系亲属。与个人迁移相比,家庭迁移对流动人口迁移后的生活方式、住房状况和就业状况等方面会产生更加复杂和深远的影响,再次迁移决定会更加谨慎,因此,也常被学者视作反映流动人口定居意愿的重要指标(邵岑、张翼,2012)。

从异地养老的规划理念来看,其优点显而易见,但是许多研究也指出了异地养老所面临的阻碍和存在的问题。例如,我国户籍制度的隔离,社会保障体系的地区间壁垒,养老资源的地域性不平衡,都会影响老年人异地养老的生活体验和满意度(刘爽 等,2006)。此外,异地养老的"流动性"特点,也会成为老年生活质量的隐患。迁移很可能会破坏老年人原有的社会关系网络,弱化其可利用的养老资源和社会支持(Litwin,1995;Walker,2005a)。两地或多地间的频繁流动,不利于老年人建立起新的社交网络,还可能导致"家"与"归属感"的缺失(Bowling,2005a)。随着老年人口年龄的增长、生理机能的逐渐衰退,这些困难会被进一步放大,对生活质量产生深远的负面影响。目前学界对于我国异地养老群体的实证研究还很有限,对异地养老的需求和前景尚未全面把握,上述基于国外实证研究的发现对于中国是否具有同样的解释力尚未可知。因此,有必要在中国语境下针对老年移居现象和老年移民群体进行系统深入的经验研究,考察和理解"流动"状态下的生活质量。

第四章

中国老年移民的群体特征及分类

>老年没有固定的界限,只要你能担负起责任,将生死置之度外,你就是在非常恰当地利用老年。
>
>——西塞罗,《论老年》

一、鲜明的两类:随迁育童与候鸟安养

国内学者从不同的角度,将老年人异地养老概括为几种典型方式:第一,从发展形态看,老年移民包括迁移性居住和暂时性居住。所谓迁移性居住是指,从现居住地搬迁到其他居住地,通常以定居为目的,属于老年居住迁移;而暂时性居住则通常是出于休闲养生、旅游观光、疾病治疗等需要搬到另外一个地方短暂居住。第二,从养老目的看,异地养老主要是季节性的休闲观光,其特点是休闲、旅游、观光。这主要表现为长期居住地和临时度假地明显分离的季节性养老方式,身体健康的中高收入老年群体对这种方式有更多偏爱。第三,从组织方式看,异地养老带有明显的组织性,倡导各地养老机构结成互动联盟,共享养老服务的硬件和软件资源(穆光宗,2010;刘爽 等,2006)。

作为一种新兴的养老方式,学者还总结出异地养老的几个主要特点:第一,要体现自主自愿原则,不应强迫老年人流动和迁移;第二,异地养老的最

终目的是实现"老有所乐"和"老有所医";第三,异地养老的主要形态是短暂流动,而非永久迁移;第四,要考虑老年人迁移到他地之后在地理环境和文化环境上的双重适应性;第五,不同年龄、不同健康状况的老年人适合不同形式的养老方式,或侧重休闲,或强调医养。

关于异地养老群体究竟应当包含哪些类型的老年人,学者也有不同的分类方法。王树新根据不同年龄段老年人对养老服务需求的差异及其个体和家庭特征将异地养老划分为四种类型:生活享受型、投靠子女型、子女吸引型和移居到养老机构型(刘爽 等,2006)。具体来说,70岁以下的老年人在异地养老的选择上侧重于考虑个人生活享受,70至79岁的老年人倾向选择投靠子女或受到子女吸引而移居异地,而80岁以上的老年人则更多地会考虑个人健康状况选择移居到养老机构。李珊(2014)将移居老年人分为投靠子女型、支援子女型、追求生活品质型和落叶归根型四类。王世斌和申群喜(2015)[173]反对过于细致的划分方法,提出应当将异地养老笼统地分为休闲享受型和代际依恋型。

上述各种分类方式虽然有一定的依据和道理,但是在现实生活中,"投靠子女""子女吸引""支援子女"之间常常很难区分,许多老年人的迁移是几个因素共同作用的结果。他们既受子女吸引想要家庭团聚,又有家庭成员间相互支持彼此照料的需要,带着履行责任的目的和心态。在笔者的研究中,许多受访对象都认为自己的迁移具有多重目的性,他们也会从多个角度建构自己的身份、角色以及生活状态。例如,移居到海南省三亚市与子女共同生活的老人们常认为自己的迁移在实现家庭互助的同时,也带有旅居的色彩。虽然是给子女帮忙,但也是一种休闲。由此可见,对异地养老群体进行清晰的分类绝非易事。

本书在为老年移民群体做出分类之前,想就老年移民的核心问题做出几点阐述和梳理。首先,迁移的原因常常是复杂重叠的,对于迁移原因的阐述更可能包含主观的阐释和意义建构。以"帮子女带孩子而迁居"为例,既可以被理解为老年人基于责任伦理和社会压力而做出的牺牲和付出,也可以被理解成是实现代际团聚、共享天伦之乐的契机。每一个迁移的个案究竟是归于A或是B往往没有绝对的标准,不仅因人因事而异,还可能因研究者的视角和理论导向而有差别。因此,希冀从迁移原因的角度对老年移民群体做出特别清晰且彼此互斥的群体分类是存在很大困难的。

其次,老年群体迁移过程中的许多要素与其个体生命周期和家庭生命周期都有密切关系,生命周期内的各个阶段并非线性单向发展的,个体生命周期与家庭生命周期也常常存在矛盾。例如,老年个体在退休初期往往健康状况较好,也有闲暇时间,是享受生活的阶段,可以实现休闲式的异地养老;而在家庭生命周期中,这些低龄老年人却可能因为要照顾年幼的孙辈和年迈的父母而不堪重负,他们因此可能放弃个人休闲的需求,为满足家人的需要而迁移以尽其责任。此外,对于一些健康状况较好的老年人而言,他们迁居异地,在承担家庭照顾任务的同时还重新参加正式或半正式的劳动,以获取经济收入。这些情况都说明随着老年人迁移现象的盛行,老年移民群体本身呈现出多样性特征,也使得群体分类更加复杂。

基于上述这几点考虑,本研究不打算为老年群体给出明确的分类,而是主张从老年人的主要迁移目的和移居后生活安排上来理解老年人的迁移行为,尽量使用公众已经接受和熟悉的词,将老年人迁移的原因描述为"随迁""育童""候鸟"和"安养"。为了描述和研究上的方便,在后面具体的统计分析中,本书将研究对象归为"随迁育童"和"候鸟安养"两大类,相对而言,前者的迁移行为带有更多的利他动机,而后者更多是对自我需要的考虑和选择。

(一) 随迁育童

2015年全国老龄工作委员会开展的第四次调查显示,全国15.7%的老年人有子女在外省居住,2.9%的老年人全部子女都在外省居住。农村老年人子女跨省流动的比例要高于城市,有17.0%的农村老年人有子女在外省居住,3.0%的老年人的子女全部在外省居住(党俊武,2018)[76]。由于我国人口迁移已经呈现出家庭化的趋势,成年子女的流动状况对其老年父母有直接且重要的影响,以子女为目标导向的随迁是老年人口迁移的一种重要模式,因此未来我国老年人口流动发生的可能性和意愿将会继续提升。

对于"育童"老年移民的关注,目前主要集中在"老漂族"研究中。所谓"老漂族",是指那些年龄在50—70岁之间,出于自愿或者无奈,为抚养孙辈而离开农村老家到城市跟随子女共同生活的人(刘庆,2012;毕宏音,2015)。从严格的概念内涵和外延的角度上看,"育童"可以被看作老人随迁原因中一个重要的组成部分,他们追随子女前往他乡,抚养孙辈是其迁移的主要原因,甚至是唯一原因,并且迁移后的生活安排也以照料孙辈为重心。与更宽泛意义上的随迁老人不同,育童类老年人更可能在完成抚养孙辈的任务后回到原居住地居住,也更可能在原居住地和子女所在地之间来回迁移,形成类似"跨国主义移民"(transnational migrants)那样的在两地"同时"生活的新型家庭模式[1]。随着我国全面三孩政策的推进,"育童"极有可能成为老年人迁移的最主要原因,也为家庭结构转型带来新的影响。

(二) 候鸟安养

"候鸟式"异地养老是指老年人季节性前往气候和环境更舒适的其他地区居住的一种新型养老方式(李雨潼,2018)。与西方发达国家研究的退休后移民类似,中国的候鸟式迁移通常以追求更高的生活质量和更合适的生活方式为主要目的,因此,在对移居地的选择和迁移的时间安排上带有较强的主观意愿,属于主动型迁移。从社会人口学特征上看,"候鸟式"异地养老者以低龄老年人为主,身体相对健康、经济自主、受教育水平较高。与旅游养老有些许区别,候鸟老人更倾向于在固定的两地之间季节性往返,也更倾向于购买或长期租赁固定的居所。

与候鸟老人的季节性往返不同,安养型异地养老群体相对而言年龄更大、身体状况较差,不太希望频繁迁移,而更多的是寻找适合自己健康需求的地方安度晚年,既包含在异地的养老机构中疗养,也包含在亲友家中生活,或者退休后"告老还乡"回祖籍安养等。

很显然,对上述两大类群体的划分方式并不互斥,在方便分析之余,更多的是想表现出迁移目的的重叠性,例如,希望靠近子女生活的随迁式养老通常与帮助子女照顾家庭紧密关联,或者一些高龄老人随迁是为了获取更好的医疗资源和生活照料,属于安养的目的;也表现为移居与生命周期的互动性,例如,一些老人在完成育童任务后自然而然地过渡到安养型异地养老,在家庭生命周期的更迭中生成新的家庭照料模式。因此,应当采用开放的、发展的眼光来理解老年人迁移的原因和迁移后的生活安排,理解与迁移所伴生的居住安排、生活方式、社会网络、政策环节的变动对老年人及其家庭所产生的影响。

---

[1] 跨国移民理论是对传统移民分类(定居移民和短期移民)的颠覆,由国际移民学专家斯蒂芬·卡斯尔斯(Stephen Castles)提出。他强调,当代流动与信息的便捷性使许多人得以跨越边界,同时生活在两个甚至多个国家,他们跨越边界的意义可能是经济的、政治的、社会的或文化的,他们的活动领域是"跨国社会空间",他们的认同隶属于"跨国主义",这一群体因而也就被称为"跨国共同体"(李明欢,2014)。笔者在这里提出这个概念,无意对该理论做更深入的探讨,也不是要把这个理论套用在中国城市的老年移民身上,只希望提及一个思考国内移民迁移特征和迁移经历的理论维度以引起读者的思考。

二、两类移民群体比较

作为一项以质性方法论为框架的混合研究,笔者的研究数据和资料其实无法准确地为中国老年移民描绘群像。正如在前言中已经交代的,笔者不敢虚称研究结论在多大的范围内具有代表性,或具有更广泛推论的可能,更主要的是希望运用不同类型不同渠道来源的数据呈现我国老年移民的生活状况。因此,在这一章里的图表和数据资料主要来源于笔者在广州—南京—三亚三地调研所获得的数据。希望能为我国老年移民群体的实证研究做出一点贡献。

广州、南京和三亚三地调查于2017—2019年完成,调查采用目的抽样的方式选定调查对象,共获得有效问卷841份,其中广州市287份、南京市294份、三亚市260份。所有问卷信息录入SPSS统计软件做进一步分析。

表4-1 广州—南京—三亚老年移民的人口学特征

单位:%

人口学特征	全部	南京市	广州市	三亚市
男性	47.7	40.0	51.9	51.5
农村户籍	39.9	54.0	51.3	12.3
婚姻状况				
未婚	0.2	0.7	0.0	0.0
已婚	86.9	88.4	84.7	87.7
离婚	1.3	0.7	1.4	1.9
丧偶	10.8	9.2	13.2	10.0
年龄				
60—69岁	73.1	81.3	79.8	56.5
70—79岁	22.6	14.3	17.8	37.3
80岁及以上	1.2	1.0	0.3	2.3
受教育程度				
没上过学	15.3	21.8	18.5	4.6
小学	25.4	28.2	27.5	20.0
初中	25.4	23.5	26.5	26.5
高中、中专和高职	20.2	15.3	16.7	29.6

续表

人口学特征	全部	南京市	广州市	三亚市
大专	6.7	6.8	4.9	8.5
本科	5.9	4.1	4.5	9.6
研究生及以上	0.2	0.0	0.3	0.4
地区迁移类型				
省内迁移	33.1	54.8	38.3	2.7
跨省迁移	66.5	44.6	61.0	97.3
个人月收入				
无收入	24.0	28.2	36.2	5.8
1—999元	8.6	17.0	4.5	3.5
1 000—1 999元	10.6	12.6	11.5	7.3
2 000—3 999元	31.2	20.7	28.6	45.8
4 000—5 999元	18.1	15.6	11.8	27.7
6 000—8 999元	5.6	3.7	5.2	8.1
9 000—12 999元	1.5	1.4	1.4	1.9
13 000元以上	0.1	0.0	0.3	0.0
家庭年收入				
20 000元及以下	2.7	2.7	2.4	3.1
20 001—39 999元	5.2	5.1	2.4	8.5
40 000—59 999元	9.3	7.1	6.3	15.0
60 000—79 999元	10.1	5.8	7.0	18.5
80 000—99 999元	10.7	8.5	11.8	11.9
100 000—199 999元	22.2	22.8	20.9	23.1
200 000—299 999元	16.3	21.8	14.3	12.3
300 000元及以上	8.8	13.3	7.7	5.0

注：表中部分变量百分比相加总和少于百分之百是由于变量存在缺失值导致的。

在全部的841位受访者中，67.3%是因为随子女迁移和帮子女带孩子才离开老家到子女所在地生活，候鸟安养老年人所占比例为32.7%。从地区上看，南京和广州的外地老人以"随迁"和"育童"为主，分别占比85.6%、86.1%；而以候鸟老人"栖息地"著称的三亚，老年人迁移的主要原因为候鸟安养,累计占比达 73.8%(图 4-1)。我们接下来,通过一些数据来比较两类移民群体的差别。

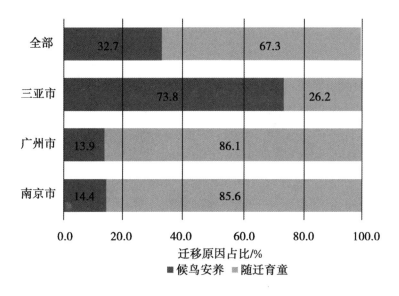

图 4-1 三地老年人迁移原因比较

(一) 社会人口学特征

三地调查结果显示,两类老年移民群体的社会人口学特征存在明显的差别。

首先,性别上,随迁育童类的老年移民群体中,女性所占比例明显高于男性;相对应地,候鸟安养类移民中男性的比例则高于女性(图 4-2)。这种性别上的区别,主要是受到传统的家庭劳动性别分工的影响,女性普遍地在隔代照料和家务劳动方面承担(或者说被认为应该承担)更多的责任。也正是因为这样的观念差别,男性和女性受访者在调查中可能形成关于自己迁移原因的不同表述。这在我们的访谈中体现得很明显,即便是同时迁移的老年夫妻,在单独受访时,女性往往直白地承认自己的迁移是为了"带孩子",而男性更倾向于将其表述为共享天伦以实现安养晚年的目的。

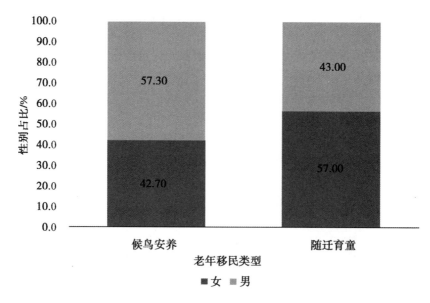

图4-2 两类老年移民群体的性别结构

其次,在年龄上,我们的统计数据与既往关于异地养老的调查发现一致,即老年移民群体以低龄老年人为主。我们从表4-2的数据中发现,老年移民中年龄在70岁以下的,总体占比达75.4%。与候鸟安养类的老年人相比,随迁育童类老年群体的年龄相对更低,70岁以下的占比83.2%。这种年龄分布符合中国家庭生命周期的整体需要,很多老年人在自己年龄相对较轻、身体状况较好的低龄老龄期帮助子女照顾孩子,履行身为祖辈的义务,直至孙子女所需的照顾减少,他们才算完成任务,有机会和可能按照自己的意愿安养晚年。这种以子代需求为核心的家庭模式决定了中国老年人的迁移和养老模式。这两类老年移民群体年龄分布的调查对象共计813人,其中候鸟安养类的261人,随迁育童类的552人。

表4-2 两类年老移民群体的年龄分布

单位:%

年龄	候鸟安养	随迁育童	全部
60—69岁	59.0	83.2	75.4
70—79岁	38.7	16.1	23.4
80岁及以上	2.3	0.7	1.2

注:卡方检验:df=2,卡方值为55.917,sig=0.000,表明不同年龄的人,其迁移原因存在显著差异。

关于受教育程度和收入(表4-3、表4-4),随迁育童类老年移民明显低于候鸟安养类老年移民。候鸟安养带有休闲和旅居特点,他们中有很大一部分需要在他地长期租房或购房,在日常消费和娱乐休闲方面的开销也相对更高。因此,通常是收入较好的老年人才会选择这种老年生活方式;而收入又往往和受教育程度之间存在密切关联。这两类老年移民群体受教育程度的调查对象共计833人,其中候鸟安养类的271人,随迁育童类的562人。这两类老年移民群体个人月收入的调查对象共计836人,其中候鸟安养类的273人,随迁育童类的563人。

表4-3 两类老年移民群体的受教育程度

单位:%

受教育程度	候鸟安养	随迁育童	全部
没上过学	7.4	19.2	15.4
小学	16.6	30.1	25.7
初中	28.8	24.2	25.7
高中、中专和高职	24.4	18.3	20.3
大专	10.7	4.8	6.7
本科	11.8	3.2	6.0
研究生及以上	0.4	0.2	0.2

注:卡方检验:df=6,卡方值为66.636,sig=0.000,表明不同受教育程度的人,其迁移原因存在显著差异。

表4-4 两类老年移民群体的个人月收入

单位:%

个人月收入	候鸟安养	随迁育童	全部
无收入	4.0	33.9	24.2
1—999元	2.6	11.4	8.5
1 000—1 999元	7.3	12.3	10.6
2 000—3 999元	42.1	25.9	31.2
4 000—5 999元	32.6	11.2	18.2
6 000—8 999元	8.4	4.3	5.6
9 000—12 999元	2.6	1.1	1.6
13 000元以上	0.4	0.0	0.1

注:卡方检验:df=7,卡方值为161.156,sig=0.000,表明个人月收入不同的人,其迁移原因存在显著差异。

(二) 自评健康

为了进一步了解老年移民群体的健康状况,问卷调查了他们的自评健康状况、迁移前后的健康变化,以及生活照料方式。如表 4-5 所示,两类老年移民群体的健康状况总体较好,随迁育童类老年人自评"很健康"和"比较健康"的水平略高于候鸟安养类老年人。候鸟安养类老年群体中有合计超过五分之一的受访者认为自己"不太健康"(20.4%)或"很不健康"(3.6%),这个比例高于随迁育童类老年人。这种自评健康状况上的差别很可能与两类移民群体的年龄差距有关,也与他们的迁移原因存在内在一致性。这两类老年移民群体自评健康状况的调查对象共计 837 人,其中候鸟安养类的 274 人,随迁育童类的 563 人。

表 4-5 两类老年移民群体的自评健康状况比较

单位:%

自评健康状况	候鸟安养	随迁育童	全部
很健康	24.5	29.1	27.6
比较健康	51.5	59.7	57.0
不太健康	20.4	10.5	13.7
很不健康	3.6	0.7	1.7

注:卡方检验:df=3,卡方值为 26.468,sig=0.000,表明迁移原因不同的人,其自评健康状况存在显著差异。

比起自评健康状况,迁移前后的健康状况变化(图 4-3)更能反映迁移对不同类型老年移民健康状况所产生的影响。总体上看,大多数老年人在迁移前后的健康状况没有发生变化,这个比例在 70% 左右。与随迁育童类的老年移民相比,更高比例的候鸟安养类老年移民觉得自己在移居后健康状况更好了。这在很大程度上说明寻求更好的生活环境以改善健康状况是这类老年人迁移的重要动机,影响他们的迁移决定和迁移地选择。生活在三亚的候鸟老人是这种状况的典型代表。迁移后健康状况下降可能是两类动态因素共同作用的结果:其一是老年期的不断加深所带来的健康状况的改变;其二是迁移后新的生活方式和生活状况对身体健康带来的影响。

韦晓丹和陆杰华(2017)曾利用 2015 年海南省候鸟人群抽样调查数据分析候鸟老人自评健康状况,他们的研究也强调了迁移对自评健康所产生的影响。首先迁移所带来的地理环境变化(如海南省新鲜的空气、充足的阳光、温

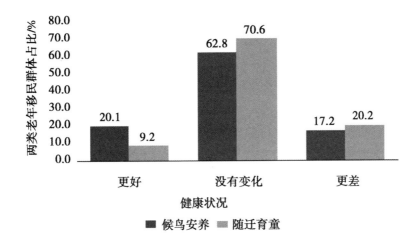

图 4-3 两类老年移民群体的迁移前后健康状况变化

暖的气候等)可能会缓解或降低原居住地气候条件或地理环境给老年人造成的健康风险和疾病困扰,提升他们的自评健康水平。其次,老年人迁移后社会生活环境发生变化,生活中面临很多新问题,因而对候鸟老人的适应能力有很高要求。如果老年人在迁移后感受到很大的移民压力,则会为其健康带来新的风险性因素,自评健康水平也越差。最后,迁移后所建立起来的社会支持对自评健康也是一项重要的保护性因素。除了家人的支持和陪伴之外,候鸟老人在新的迁入地建立社会网络的能力也对其自评健康有重要影响。良好的社会参与和社会融合能够为老年人带来实质性的社会支持和情感性支撑,帮助他们建立自我认同,提高自我效能感,进而寻找到生活意义。反之,有些老年人因为个体异质性或性格特点,不擅于社会交往,则可能需要更长的社会适应过程,其身心健康也可能会因此受到负面影响。

由于老年移民群体健康状况总体较好,大多数调查对象在日常生活中基本可以实现自我照料(表4-6)。总体来看,只有累计不到30%的受访者在日常生活中需要老伴或子女的照料。候鸟安养类的老年人中需要他人照顾的比例比随迁育童类的老年人更高。这与这两类群体的年龄特点和健康特点相关。此外,候鸟安养类老年人更多地依靠自己或老伴,这也与其迁移动机和迁移方式的差别相一致。这两类老年移民群体生活照料方式的调查对象共计837人,其中候鸟安养类的274人,随迁育童类的563人。

表 4-6 两类老年移民群体的生活照料方式

单位：%

生活照料方式	候鸟安养	随迁育童	全部
自我照料	73.7	83.1	80.0
老伴	23.4	9.4	14.0
儿子	1.1	5.5	4.1
女儿	1.8	2.0	1.9

注：卡方检验：df=3,卡方值为36.516,sig=0.000,表明迁移原因不同的人,其生活照料提供者存在显著差异。

（三）迁移动机

我们根据迁移的主要目的把老年移民群体总体上分作两大类,但是他们究竟基于哪些考虑才做出迁移决定的呢？问卷调查得出的结论显示(图 4-4),候鸟安养类的老年人决定迁移的原因依次是：满足个人心愿(43.6%),由个人身体状况决定(30.0%),家庭需要、对家人有益(14.3%),由经济条件决定(9.2%),以及其他(2.9%)。可见心愿满足和对自身健康的追求是迁移的主要动机。相较而言,随迁育童类老年人的迁移则主要是因为家庭驱动(74.6%)。值得注意的是,对于随迁育童类的老年人来说,家庭需要和满足个人心愿有时是一致的,而有时又存在冲突,在自我生活的理想和家庭责任之间产生矛盾。这种矛盾在我们的一些访谈中体现得很充分。在本书的第五章和第六章中有更多细致深入的呈现和讨论。

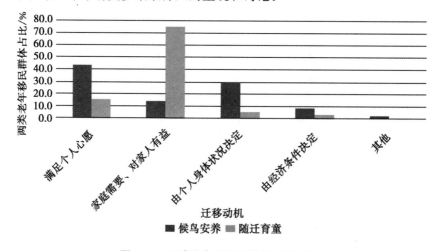

图 4-4 两类老年移民群体的迁移动机

三、移居后的家庭及生活安排

(一) 住房及居住安排

居住安排是影响老年人生活质量的一个重要方面,也是反映老年人家庭代际关系的重要指征。除了传统家庭观念之外,中国老年人的居住安排更主要地受到住房条件、自己及成年子女的经济状况以及情感联系等方面的影响。居住安排具体如何落实也常常是老年父母和成年子女之间共同协商的结果(陈皆明、陈奇,2016)。我们在广州—南京—三亚的问卷调查数据显示(图 4-5),独居(6.1%)和仅与老伴单独居住(27.4%)的老年人约占三分之一。这个比例低于 2016 年全国流动人口动态监测调查老年流动人口样本中夫妻二人同住的比例,介于 50%—55%(杨菊华,2018)。这与我们抽样的方式和样本结构有关(随迁育童类老人总体比重更高),所以与子女共同居住的比例也高于全国老年流动人口(包含务工、经商等更多的类别)的调查结果。

本项调查中,26.0%的老年人与儿子一起居住,22.2%与老伴、儿子同住,这两项的累计值远高于与女儿同住(9.6%)以及与老伴、女儿同住(5.3%)的比例。这表明在赡养老人和隔代照料的问题上依然体现出较强的父系家庭偏好和传统。

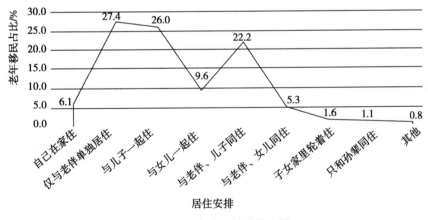

图 4-5 老年移民的居住安排

此外,如图 4-6 所示,两类不同类别的老年移民受访者的居住安排存在明显区别。随迁育童类的老年人主要是与子女同住;而候鸟安养类的老年人则有更高的比例是独居或与老伴单独居住的。这种差别在三个城市的对比数据中也体现得十分明显(图4-7)。在以候鸟老人聚居地著称的三亚市,受访者单独居住(10.4%)和仅与老伴单独居住(60.4%)的比例显著高于南京市和广州市。相反地,在南京市和广州市,与子女同住的比例则明显高于三亚市的样本。

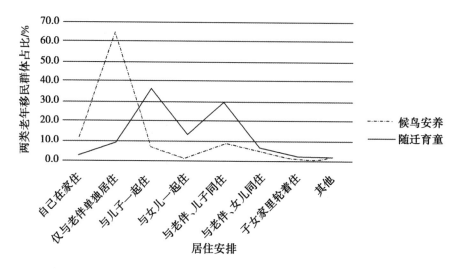

图4-6 两类老年移民群体的居住安排比较

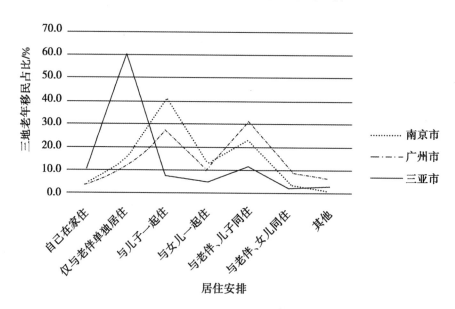

图4-7 广州—南京—三亚三地老年移民的居住安排比较

为了更深入地分析居住安排,以及共同居住家庭中的代际权力关系,本次调查还询问了受访者目前所居住房屋的所有权。总样本的数据显示,超过一半的受访者(52.7%)住在子女所有的房子里,16.2%的受访者住在自己所有的房子里,30.6%的受访者住在租赁房里。

与前文对居住安排的分析相关联,如图4-8所示,随迁育童类的老年人更多地住在子女所有的房子里,这主要是由其迁移目的决定的——共同居住更便于代际相互支持和隔代照料。候鸟安养类的老年人则更多的是租房住(47.4%),自己异地购房的比例也很高(35.1%),这主要反映出他们的经济能力和自主性普遍高于随迁育童类老年人。在访谈中,我们还进一步发现,在大多数城市家庭里,购房涉及两代人的共同投资。一种情况是父母为帮助成年子女尽快在城市安家而共同出资购房,这通常发生在父母的初老期,暂未考虑养老需求,家庭的投资重心在子代。另一种情况是经济状况较好的子女与父母共同出资在异地购房专门用于父母养老和家庭度假。成年子女参与购房,既出于投资目的,也是表达孝心,帮助父母实现异地养老。老年父母出资购房时,也考虑财富的代际流动,为子孙投资。

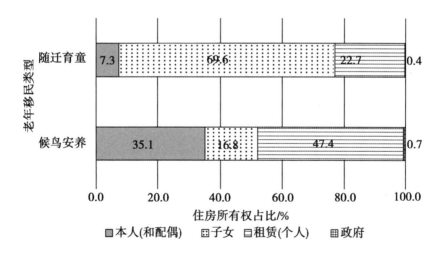

图4-8 两类老年移民群体的住房所有权比较

(二) 代际支持与交换

学界对社会支持的类型有多种划分方式。Lin(1981)将社会支持分为情感支持(如同情、关爱、理解等)与工具性支持(如家务、财务支持等)。李建新

(2007)在关于社会支持与老年人生活质量的研究中,从功能上将社会支持分为实质性支持与精神支持。实质性支持包括生活来源支持和日常照料两个方面;精神支持又称表达性支持,这种支持主要指与各种社会关系分享情感、寻求理解、宣泄焦虑、建立自尊。还有学者将社会支持分为正式社会支持与非正式社会支持。正式社会支持的主体是各级政府、机构、企业、社区等正式组织,它们主要提供社会保障制度等支持;而非正式社会支持的主体是家庭成员、邻里、朋辈等,他们提供情感、行为和信息支持等,其中,父母—子女关系是非正式社会支持中最有活力的支持性因素(杜旻,2017;陶裕春、申昱,2014;徐勤,1995)。不同来源的社会支持对老年人的生活有不同的帮助,如家庭可以提供日常照料、经济支持、情感支撑,而老年同辈朋友可以缓解孤独感、提供信息,并且可以交流健康的行为方式。

在社会学的研究中,家庭内的代际支持是家庭成员所拥有的广泛的社会支持的一部分。换言之,一个人能得到的社会支持通常来自各种不同类型的社会关系,而家庭内部的亲属关系,是个人获得社会支持的重要方面。有学者将代际支持所涉及的资源类型分为金钱、时间和空间资源三大类。代与代之间的"金钱"资源可以包括现金、实物、财产或遗产。"时间"方面的资源则主要包括两类:工具性支持、情感或心理支持。其中,工具性支持包括购物、家务、家庭外事务、个人照料、财务及机构交涉方面的帮助等;心理支持包括心理健康关爱、休闲活动和保持联系(Walker and Pratt,1991)。在中国家庭中,代际支持的内容和程度是代际关系的重要指征,是家庭内权力—协商、互惠—利他相互作用的结果(左冬梅 等,2014;Silverstein et al.,2007)。对于中国老年人而言,尤其是受家庭带动迁移的老年移民,代际支持与交换的模式更是对他们的生活质量有重要影响。

为了考察老年移民家庭代际间相互支持的情况,我们设计了两道多选题,询问受访者"在过去的一周里,您为您的子女做过以下哪些事情",以及"在过去的一周里,您的子女为您做过以下哪些事情",选项包含了日常生活中常见的几项事务,如带孩子、做家务、给钱、看望等。表4-7对老年移民和其成年子女之间代际支持的内容做了汇总并排序。我们发现,老年父母为成年子女做得最多的事情是"带孩子,接送上学""做家务"和"谈心聊天";作为反馈,成年子女为父母做得最多的事情是"打电话问候""谈心聊天"和"买东西"。这种代际支持模式体现了现代中国家庭明显的合作、互惠的特点。家庭内部成员依据资源差异提供不同的代际支持,家庭内部分工合理、明确,从而实现整体利益最大化的目标(李超 等,2015)。此外,从互惠的内容上看,与当前我国城市家庭代际互动的状况相似,老年移民及其子女在经济支持、生活照料和情感支持方面依然保持着亲密互动(杨菊华、李路路,2009)。

表 4-7 老年移民家庭代际支持的主要内容

排序	子女为父母做的事情			父母为子女做的事情		
	内容	人数/人	占比/%	内容	人数/人	占比/%
1	打电话问候	439	55.36	带孩子,接送上学	434	54.7
2	谈心聊天	423	53.34	做家务	375	47.3
3	买东西	399	50.32	谈心聊天	353	44.5
4	看望	256	32.28	打电话问候	331	41.7
5	给钱	231	29.13	买东西	164	20.7
6	做家务	176	22.19	看望	73	9.2
7	陪看病	83	10.47	无	33	4.2
8	带我出去旅游	77	9.71	给钱	17	2.1
9	护理	26	3.28	陪看病	8	1.0
10	无	20	2.52	护理	7	0.9

四、养老方式与自评生活质量

(一) 理想养老方式

考察老年人的理想养老方式,既可以作为评判他们当下生活方式满意与否的参照依据,也可以了解我国当前老年人的养老观念和养老意愿。在调查中,为了进一步检验老年移民对当前生活方式的满意程度,以及对未来养老的期望,受访者被问及"您觉得最理想,或者说,您最希望的养老方式是哪一种",结果如图 4-9 所示,与子女共同居住绝非理想的居住和养老方式,相比之下,回到老家养老受到更多受访者的青睐,与子女分开居住也是很多老年人的诉求。

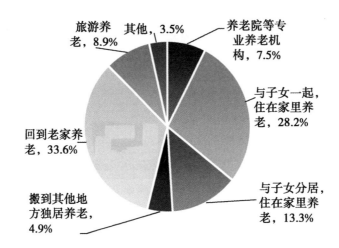

图 4-9 理想的养老方式

理想养老方式在不同类型的老年移民群体中体现出明显的差异性（图4-10）。随迁育童类老年人的理想养老方式主要集中在"回到老家养老"（42.3%）和"居家与子女同住"（35.4%）这两个选项上。候鸟安养类老年人的理想养老方式则显得更加多元,他们除了"回到老家养老"（15.8%）外,还有相对较高的"旅游养老"（22.7%）、"居家与子女分居"（15.8%）、"养老机构"（14.7%）的意愿。

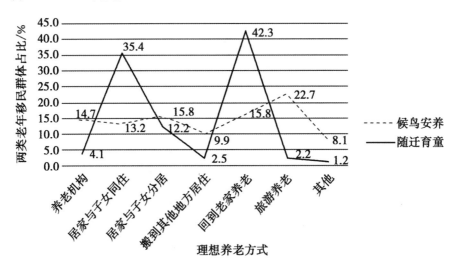

图 4-10 两类老年移民群体理想养老方式对比

关于两类老年移民群体理想养老方式的区别有多种解释。首先,老年移民群体在移民类型上的差别本身可能已经表明他们的代际间亲密程度有区别。随迁育童类老年移民的代际关系可能更加亲密,所以才愿意以随迁的方式共同居住。由于对子孙养育过程的投入更高,代际交往更加深入频繁,对于子代反哺的期望也更高,因此,有约三分之一的随迁育童类老年人希望与子女共同居住,而明确说明希望与子女分开居住的比例也低于候鸟安养类老年人。其次,正如我们在前面已经提到的,候鸟安养类老年人的社会经济地位总体上比随迁育童类老年人更高,经济独立性更强,受教育程度更高,因而对于晚年保持自主生活有更高的能力和期待。这些都有可能导致他们对于理想养老方式的期待更加多元。

笔者曾于2015年在南京市针对拆迁安置小区的老年人开展过有关代际关系和社区养老服务的研究,当时的调查结果发现,这类群体对于理想晚年生活的安排表现出很高的同质性,对于除居家养老以外的其他养老方式有明显的排斥心理,对子女提供晚年生活照料有更高的期待,并认为是最佳养老方式。在居住安排方面,有40.4%的老年受访者希望与子女住在一起在家养老,39.9%的受访者希望与子女分开居住,在家里养老[1]。如果我们以这项研究作为参照来思考老年移民的理想晚年生活,我们不难发现,移民群体的生活方式更加多元,养老观念更加开放。这背后体现出老年群体开始更有意识地追求个人幸福感和自由自主的生活方式。中国传统观念中所理解的"三代同堂"或"四世同堂"已经不再是养老的理想居住模式,分开居住成为主流。

虽然入住养老机构不是很主流的想法,但是随着养老观念的不断开放,以往对养老院的刻板印象也正在被打破。比如,笔者在广州调研时遇到的受访者陈婆婆(GZ01,女,88岁),她在接受访谈时已经在一家民办养老机构里住了三年多,对于为什么要住进养老院,她有自己的看法和理解:

> 我是自己找到养老院住进来的。我来之前曾住在女儿那里,在深圳。后来住在广州的儿子这里,他白天上班,他的小孩在上大学,我自己在家里儿子不放心,还说要雇人回来照看我,我觉得好麻烦,还不如住到老人院。在这里我很开心的,有几个老朋友,白天一起吃饭啊,聊天啊,

---

[1] 关于这项研究的更多具体信息可以参考张晶晶:2016,《双重风险:新城市老人养老资源的重构和解读——基于南京市 M 街道的调查数据分析》,《学海》2016 年第 6 期,第 33 - 37 页。

出去逛逛啊，我现在虽然走路要拿拐棍了，我也还是要逛的[1]。我来的时候，我女儿也跟院长说了，我妈妈喜欢喝早茶，她肯定是要出去的。

陈婆婆对养老院的选择带有很多的主动性。可见，在专业的养老机构生活也可能会满足一些老年人的生活需求和晚年生活理想。在家庭少子化的趋势下，老年人的个体理性也不断凸显，未来对于机构养老方式的认识会有明显改观，对于机构养老也会有更高的需求。

（二）生活质量

本项研究考察的一个重点是老年移民的生活质量。我们特意使用了两种方法来测量异地养老者的总体生活质量，不仅是为了对研究发现进行相互验证，也试图在测量方法上做出一些讨论。问卷中共有两题涉及总体生活质量。一种采用显变量测量总体生活质量，调查的问题是"总体来说，您对自己目前的生活满意吗"；而另一种采用潜变量的方式，调查影响生活质量的不同要素。

从问题的具体设计上看，我们运用生活满意度量表（satisfaction with life scale）来测量老年移民的自评生活质量（Diener et al., 1985）。该测量工具采用李克特量表的方式为五个自我评定指标打分，这五个自我评定指标分别是：我的生活大致符合我的理想；我的生活状况非常好；我对自己的生活很满意；到目前为止，我生活中重要的东西都得到了；如果我能重新活一遍，我也不会想对生活做出什么改变。通过对这五个单项内容得分进行加总归类，来判断受访者的主观幸福感水平。以往的研究表明该测量工具内部一致性高，对于主观幸福感水平不同的群体有很好的辨别能力，高效易用，因此我们在这项调查中也运用了这个量表。量表赋值后的分数被归为不同的满意度类别。结果表明，超过一半（54%）的受访者对自己的生活总体上"比较满意"，16.2%"满意"，11.4%"非常满意"，12.6%"不太满意"。

我们在社会人口学特征、自评健康、住房和居住安排，以及代际支持等方面的调查数据都发现两类老年移民之间存在显著差异。但是，在总体生活质

---

[1] 关于老年人住在养老院里是否有权利自由出行，不同的养老院有不同的规定。陈婆婆所在的养老院会根据入住老人的健康状况，以及子女的意愿来决定老人可否自行外出。对于通过健康评估的老人，在认知能力和行动能力均正常的情况下，养老院可以与其子女签订协议，如果子女同意老人外出，养老院就允许老人白天出去。

量方面的调查则发现,两类群体对于生活的总体满意程度较高,卡方检验显示,迁移原因不同的两类群体,其生活满意度不存在显著差异(图 4-11)。

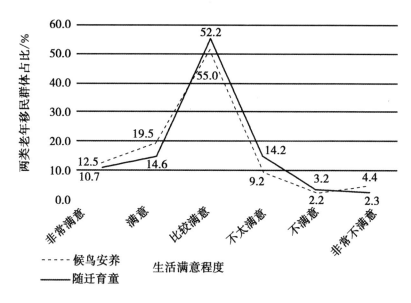

图 4-11 两类老年移民群体的生活满意度比较

调查问卷中另一道考察生活质量的问题是采用潜变量的方式调查受访者对于自己生活各个方面的满意程度。在本书的第二章里,我们梳理了生活质量的概念及其研究路径。生活质量,作为一个多维的概念,受到个人身体健康、社会经济地位、心理状态、独立程度、社会关系、个人信仰等主客观因素的复杂影响。每个人对其生活质量的评价,既是对生活总体状况的感知,也是对生活各方面进行理性评估的结果。因此,在这道题里,我们具体考察了九个方面的内容(或称之为生活质量的九个影响因素),涉及身心健康状况、整体收入水平、家庭成员关系、邻里关系、社会保障水平、社会养老服务、社区生活环境、医疗服务水平和社会人际交往,试图通过了解受访者在这九个方面的生活感受来评估总体生活质量。

表 4-8 和表 4-9 分别展示了两类老年移民群体在这九个方面的生活满意度。对比两张表格可以发现,两类老年移民普遍地对社会保障水平、社会养老服务、医疗服务水平和整体收入水平表现不满。这在一定程度上也说明,我们国家老年福利的整体水平还有待提升。尤其是随迁育童类老年移民中有不少没有稳定的独立收入来源(见本章表 4-4),老年基本社会保障和医疗保障能力不足对他们的生活满意度会产生较大的负面影响。

表 4-8 随迁育童类老年移民各方面生活满意度

单位：%

影响因素	非常满意	比较满意	不太满意	不满意
身心健康状况	25.4	61.7	11.0	2.0
整体收入水平	19.9	52.5	22.1	5.5
家庭成员关系	42.9	51.4	5.0	0.7
邻里关系	23.2	65.1	10.3	1.4
社会保障水平	4.8	56.1	32.1	7.0
社会养老服务	4.4	56.0	32.2	7.3
社区生活环境	14.7	72.7	10.5	2.1
医疗服务水平	7.7	66.3	20.0	6.1
社会人际交往	12.6	73.2	13.1	1.1

表 4-9 候鸟安养类老年移民各方面生活满意度

单位：%

影响因素	非常满意	比较满意	不太满意	不满意
身心健康状况	23.7	58.8	12.8	4.7
整体收入水平	21.5	50.7	16.8	10.9
家庭成员关系	45.4	50.2	3.7	0.7
邻里关系	32.0	59.2	7.0	1.8
社会保障水平	9.2	54.2	28.4	8.1
社会养老服务	9.3	47.1	32.7	10.9
社区生活环境	15.4	62.9	16.2	5.5
医疗服务水平	7.0	44.4	31.1	17.5
社会人际交往	20.9	63.0	13.9	2.2

本章主要通过对问卷调查数据进行描述性统计，比较两类老年移民群体在社会人口学特征、移居后的生活安排、代际交往、理想养老方式以及自评生活质量等方面的异同，旨在增进读者对这两类群体的总体性了解。

事实上，移民对于自身生活质量的理解和评估常常具有流动的特征。一方面表现为地理空间上的移动性对老年人生活质量诸要素带来的影响，具体包括：(1)对迁入地的社会文化环境、生活方式、方言习俗、社会交往、身份建构等方面的适应；(2)迁出地和迁入地共同建构的跨域生活方式对生活质量的影响；(3)因迁移流动而引发的老年人主观生活质量评估标准的改变。另一方面，老化经历和老年感知本身具有时间上的流动性特征，随着生命历程的推移，身体和健康状态的变化、家庭结构和功能重心的改变会重塑老年人对生活质量的理解，进而在时空维度上形成过去、当下、未来的意义重构。在接下来的几章里，笔者将更多地利用质性访谈数据来呈现流动迁移对老年移民生活质量带来的影响。

第五章

跟着子女过？随迁育童类老年人的家庭代际关系

  此生唯一能给的，只有陪伴。而且，就在当下，因为，人走，茶凉，缘灭，生命从不等候。

  上一代不会倾吐，下一代无心体会，生命，就像黄昏最后的余光，瞬间没入黑暗。

——龙应台，《天长地久：给美君的信》

  "父母在，不远游，游必有方。"在全球化和城市化迅猛发展的今天，越来越多的子女不得不"游"，于是，他们选择的城市或国家，也成了父母晚年的生活之所。与候鸟旅居老人的洒脱形象相比，公众舆论更倾向于将随迁育童类老年人视作寻求子女关爱的无奈追随者，或者是一心为子女付出的牺牲者。这些父母们本该在家颐养天年，却在退休之后远离扎根了几十年的故土，来到一个完全陌生的城市，或是照顾子女，或是照顾第三代。与候鸟安养类的老年人相比，大多数随迁育童类老年人会与子女共同居住，更多地参与到家庭事务中，家庭成员之间的互动也更多，因此，代际之间的互动模式以及代际关系的好坏对于随迁育童类老年人迁居后的生活质量影响更大。本章重点讨论随迁育童类老年人在移居后的日常生活中和他们子女之间的代与代互动，思考现代中国家庭代际关系的变迁，以及家庭整体利益与个体利益的协商。本章使用的资料除了广州—南京—三亚三地问卷调查和访谈资料之外，还使用了其他相关项目的研究素材，以形成比较和补充。

一、移民家庭的代际合作与交换

（一）合作与冲突并存

国际移民研究对于移民家庭的关注通常遵循两条研究思路。第一条思路将移民家庭置于宏观政治经济框架中，从理性选择的角度来理解家庭成员的移民决策以及在移民过程中所扮演的角色。老年父母随迁通常被解读为家庭整体移民决策的后续环节。通常先是家庭中的年轻人由经济欠发达地区迁移到相对发达地区，获得更好的工作和更高的收入。在年轻一代扎稳脚跟后，他们的老年父母再以随迁的方式，实现家庭团聚和家庭社会经济地位的整体提高。另一条思路注重从微观的家庭文化角度出发，从家庭成员的情感关联和行为利他的角度来解释移民家庭成员间的互动。不论是从子女照料父母的责任角度出发，还是从父母依恋子女的角度出发，移民家庭成员之间的互动常被解释为理性和感性的结合。综合来看，上述两条研究思路都主张从整体的角度理解移民家庭，家庭成员的分阶段迁移被整合成为以家庭整体利益为目标的共同行动。

移民家庭研究历来重视代际合作的重要价值和意义（Boyd, 1989; Litwin, 1995）。家庭内部成员依据资源差异提供不同的代际支持，家庭内部分工合理、明确，从而实现整体利益最大化的目标（李超 等，2015）。由于大多数老年移民是受子女之邀到子女家去帮忙，三代同居被理所当然地视作移民家庭主流的居住安排。这种家庭结构不仅可以降低整体的生活成本和住房开支，而且便于互相照顾，父母在为成年子女提供帮助的同时，也能享受与子女共居的天伦之乐。

尽管大量的定量研究表明中国的家庭仍然保持着紧密的代际团结，家庭的代际间在经济支持、生活照料和情感支持方面有着亲密互动（杨菊华、李路路，2009；Zimmer，2003），但是，不少基于个案的研究指出代际关系有时会充斥着紧张和冲突。不可否认，老年父母为子代和孙代所做出的经济和人力贡献不容小觑（Da，2003），但是，由于非正式的家务劳动的价值向来被认为不及正式劳动力市场中的经济价值，老年父母的付出顶多算是与子女相对等的互惠合作,甚至被看作理所当然的义务,远不及子女为父母所提供的各项生活资源和支持。这种有关隔代照料的观念和安排对老年移民的生活质量带来消极影响。近年来已经有越来越多的研究指出,老年移民在新环境中常觉得受困于家庭,倾力付出却缺少充分的回馈、尊重和重视,容易产生孤独感和抑郁情绪(Treas and Mazumdar, 2002; Treas and Marcum, 2011)。子代在代际交往中受益更多,而亲代则更多地处于不利地位(郭于华,2001;肖倩,2010)。

钟晓慧和郭巍青(2017)总结了西方国家关于儿童照料福利制度的三种基本思路,分别为"家庭化""去家庭化"和"再家庭化",并基于这三种思路产生了不同的制度实践。"家庭化"模式主要通过强化家庭内性别分工的方式由家庭承担儿童照料;"去家庭化"模式则通过社会政策介入的方式实现由国家承担儿童照料;"再家庭化"模式在依赖混合资源支持的同时主张重归家庭承担。在不同的文化历史脉络下,西方家庭的国家政策或照顾政策发展出完全家庭主义、去家庭主义和支持型家庭主义三种家庭政策模式。我国在单位制时代,儿童照顾带有较明显的支持型家庭主义的特征,国家和集体较多地干预生育,也提供儿童照顾支持。但这与西方国家在进入后工业化时期所出现的"再家庭化"趋势有很多本质上的区别,因为我们并没有在更大的人口层面上制定兼顾家庭各个生命历程需要的体系化的照顾政策。在当下,中国社会仍然高度依赖家庭成员提供儿童照顾,而这也正是随迁育童类老年人最核心的"任务"。

(二) 代际交换逻辑的兴起

多德是最早运用交换理论来阐释代际关系的社会学家(Dowd, 1975)。他以埃默森(R. Emerson)和布劳(P. Blau)等人的交换和权力理论为基础,将交换理论扩展到宏观层面,来解释后工业社会老年人社会地位衰落的现象。经典的交换理论强调,权力存在于他人的依附之中(Emerson, 1962)。交换双方若要建立平等的交换关系,要满足如下三个条件:① 双方相互依赖的程度相同;② 双方对彼此间的回报具有相当程度的期待;③ 双方具有相似的外部资源。有关"相似的外部资源"的重要性,布劳也做出了更深入的说明,即交换中的某一方是否对某些资源具有垄断性,是否掌握了有价值资源,并且对方无法找到可替代的资源(Blau, 1964)。打破上述三个条件则会影响到交换关系的平衡性。

多德对老年人所涉及的交换关系的探讨紧紧抓住了资源的重要价值,指出老年人因为身体健康水平持续下降,知识和技能不断落伍等因素,对其所拥有的金钱、社会资本、说服力和社会地位等也逐渐丧失掌控能力,因而在和那些拥有更多资源的年轻人交往时,很难建立起平等的交换关系(Dowd,1975)。在代际交往中拥有较多资源的一方(年轻人),通过付出更高的"成本"来产生对对方(老年人)更多的控制力(Blau,1964)。相应地,倘若老年人无法为年轻人提供充分且相应的资源回报,老年人便会产生文化或观念上的顺从和妥协,以及地位上的依附。交换理论的支持者上原进一步分析说,互惠既是一种交换模式,也是普遍存在的道德规范(Uehara,1995)。在以往的家庭代际关系中,我们过于关注道德规范的价值和约束力,而忽视了互惠模式对确保关系可持续性的作用。在互惠的引导和约束下,交往双方势必要形成某种意义上的平衡,保证互动的持久性和交往的稳定性。

在中国的家庭代际关系分析中,交换理论因其强烈的功利色彩一向不被重视(王跃生,2008)。然而近些年,这种状况有所改变。这主要归因于现代化进程为家庭代际关系的伦理根基带来的猛烈冲击。生产力方式的变革、城市化程度加深和空间流动性的增强使得孝敬父母的观念发生变化(马春华等,2011)。潘光旦所说的"出乎情感之自然流露"已经不能充分说明代际关系的复杂动机(潘乃穆、潘乃和,2000)[135-136];相反地,代际之间的相互不适应性增加,容易引发代际矛盾甚至冲突(王跃生,2008)。有学者指出,中国孝道文化向来所强调的"反哺"模式,实则早已表明代际之间存在一种交换逻辑——既有物质和经济方面的有形交换,也有情感的和象征意义上的无形交换(郭于华,2001)。子代赡养行为可以视为子女对父母早年养育之恩及之后持续性支持的一种报答和回馈,是一种基于互惠原则的资源交换行为(吴小英,2008;康岚,2014)。代际关系据此被一些学者概括为跨时的抚育-赡养义务和共时的互惠交换的总和(王跃生,2009;孙涛,2015;吴小英,2008)。因此,赡养父母的动机逐渐演化为相对的、有条件的、动态的,而非绝对义务的(郭于华,2001)。

代际之间共时的交换逻辑在国内外的许多研究中得到进一步的确证,成为当前中国家庭代际关系的新特点。交换形式和程度成为子女赡养父母的新标准,也为代际关系提供了新的参考依据。父母从子女处获得的赡养和支持不再是基于生养关系的"理所当然",而是需要自己"挣得"。在子代看来,代与代之间的互惠和其他群体之间的互惠并无区别,都必须通过不断地来往才能够维持下去(阎云翔,2006)。换言之,如果父母在日常生活中没有充分履行责任或没有给儿女提供充分的帮助,儿女也就有理由减少对父母赡养的义务。相比起父辈,年轻的一代愈发用现代的理性思维来考量并维系代际关系,对父母的赡养和回报不是基于传统孝道所谓的生养之恩情,而是通过一种类似交换原则的相互给予来维持和巩固(杨善华、贺常梅,2004;朱静辉,2010;肖倩,2010)。

在移民家庭中,代际交换不仅体现了传统伦理和规范,更反映出家庭成员的实际需要。老年父母帮助成年子女照顾小孩,而子女为父母提供日常生活所需和情感回馈,成年子女和父母之间的"功能性依赖和交换"成了现代城市家庭代际关系的显性特征——"一种'亲密有间''彼此都有用'的代际关系"(石金群,2014)。两代行为主体之间的代际互动和互惠,也正是通过源源不断的有来有往才能维持(阎云翔,2006)。

按照这种盛行的共时性代际交换的新逻辑,父母在儿女成年后仍需无尽地为子女付出,以换取年老时子女对他们的赡养;出于抚育和养老功能上的需求,成年子女也尽量和父母保持不太远的距离,保持频繁互动(王跃生,2008)。但是,父母的付出往往与回报不成正比,导致代际交换的失衡。贺雪峰(2009)在中国九地农村中做的调查显示,在河南和山东等地的农村,出现父母为儿女置办婚房,子女婚后父母独自偿还债务的情况。父母不仅要在儿女筹办婚礼和购置婚房等方面提供经济支持,在儿女的婚后生活中也要提供劳动力或经济支持帮他们完成生育、抚养等任务。这些做法已经成为普遍的中国家庭代际现象,呈现出现代中国家庭关系的新特点(石金群,2014)。

(三) 代际权力关系的下行

传统家庭代际交换逻辑的运作需要有与之匹配的经济社会制度和文化环境(郭于华,2001)。在从夫居的大家庭模式中,代际支持和互惠通常会使家庭整体主义观念和福利得到强化,父辈仍然拥有权威。在社会转型结构中,家庭代际之间的权力结构发生了变化。一方面,生产方式变革和职业分化所导致的财富支配权和所有权下移到子辈手中;另一方面,"家"本位社会的消解所导致的父辈家长权威的陨落(肖倩,2010)。代际关系的重心也在下移的同时更重视横向发展,主要体现在家庭关系的主轴由纵向的亲子关系转向横向的夫妻关系(阎云翔,2016)。传统社会中代际关系朝上位运行的逻辑开始改变,横向的夫妻关系成为现代家庭生活的核心。代际关系的重心已经由父辈下移至子代主导,在经历了"去伦理化"之后变为相互独立的个体之间的关系,交往过程也遵循个体理性的基本原则,因而边界清晰、利益分明,赡养的义务和程度也相应地通过理性化方式来考量和践行。

代际交换的内容和具体模式都体现出家庭权力下行的特征。老年父母在经济和劳务方面的付出往往以满足子辈和孙辈的需要为目标,隐藏自己的喜欢和需求(沈奕斐,2013;唐岚,2009)。同时,老年人的价值被具体化为做家务和带孩子,在其他家庭事务中被边缘化,话语权被弱化甚至被剥夺。老年人通过互惠策略来保证自己与子女的情感纽带得以维系,进而确保晚年不至于无依无靠。但是,正是为了这种并不确定的"回报",老年人承担了大量的家务工作,很多时候牺牲了自己生活健康和精神需求。马春华等人(2011)研究了中国城市家庭变迁的趋势,指出中国城市核心家庭与亲属之间保持密切关系的重要原因在于,亲属关系是城市核心家庭能够利用和依赖的最可靠的资源,其他社会资源的可利用性极弱;此外,社会能提供的公共服务有限,市场化服务量少价高,超出一般家庭的消费能力。相比起没有固定收入和养老保障的农村老人而言,经济独立的老人通常不会"臣服"于子女,也不需要通过家务劳动来换取养老资源,更愿意按照自己的意愿安排自己的老年生活(陶艳兰,2011)。

对于许多老年父母来说,随迁育童是其生命历程中的必经阶段。在这段经历中,有人更多地感受到含饴弄孙的天伦之乐,而有人经历了更多的孤独忍耐和对家庭关系的失望。不论哪种状况,都让我们清晰地看到中国的家庭正在经历传统家庭伦理和现代个体理性的碰撞。

二、中国父母的责任伦理与赡养期待

(一)离开故土的决定

随迁育童类老年人很多是从农村或者小县城搬到子女目前生活的大城市的。从老家到大城市来给子女帮忙,既是一次家庭生活的重新安排,也是表达亲情的绝佳时机。很多老年父母把这看作一项必须完成的任务,是身为父母和祖父母应尽的责任,是生命历程中的重要事件。因此,这样的迁移不仅是他们生活地点的改变,也是一种全新的生活方式的开始。迎接他们的是自己至亲的家人,是儿孙绕膝的欢乐,但也有很多未知的困难。

在笔者的研究里,很多老年父母坦言,他们的迁移决定饱含着各种矛盾心境。正是出于对"责任伦理"的坚守,他们把给子女帮忙看作不得不完成的任务和使命。围绕这个任务,他们需要重新规划自己的生活。周奶奶(ZZ02,女,69岁)的老家在河南周口,当她在郑州接受访谈时,她已经在郑州生活了十多年。关于她当初为什么会来郑州,她是这样讲述的:

> 当初来郑州,就是带孙女的,给我儿子带小孩。起初不想来,但是不想来不行啊,带孩子的,不想来也没办法。俺是农村的嘛,农村有地,还在家种地呢,忙活得跟什么似的,要不是孩子肯定不会来郑州。

"不来不行""不想来也没办法",是笔者在很多受访者那里都听到的说法。除了身为父母的责任感和使命感之外,他们也有很多更深层的考虑。"你不想来也不行啊,那你以后老了要跟着自己的儿子媳妇过,你现在不来,以后上哪能跟人家过啊,是吧?"(ZZ03,男,82岁)"你要说想不想来呢?想来,是想跟孩子们在一块儿,近一点。不想来呢,是因为自己住着安生、自由。"(ZZ06,男74岁)

在这些受访者的叙述中,"现在"和"以后","带孩子"和"跟着过"之间有着密切的关联,为家庭互助和未来赡养提供合情合理的论证。

在移民研究中,20世纪50年代末提出的推拉理论是一套解释人口流动的经典理论。该理论最早的提出者博格(Bogue)认为,人口迁移是由来自两种不同方向的力相互作用的结果:一种是有利于人口转移的正面积极因素,是促使人口迁移的力量;另一种是不利于人口转移的负面消极因素,构成了阻碍人口迁移的力量。具体而言,在人口流出地,存在一种起主导作用的"推力",例如,自然资源枯竭、农业生产成本增加、农村劳动力过剩所导致的失业或就业不足、较低的经济收入水平等都是构成推力的因素,这种力量将原有居民推出其原本的常住地,到新的移居地生活。相对应地,人口之所以会流到另外一地,也是因为在迁入地存在一种起主导作用的"拉力",可以将外地人口吸引过来。同样,从经济学视角着眼,产生拉力的影响因素可以包括较多的就业机会、较高的工资收入、较好的生活水平、较好的受教育的机会、较完善的文化设施和交通条件、较好的气候环境等等(邹新树,2005)。

美国学者李(Lee)在博格的基础上,进一步丰富"推拉理论"的内涵。他认为,无论是流入地还是流出地,都存在"推力"和"拉力"。比如,人们对流出地和流入地的了解程度,以及人们在迁移时遇到诸多阻碍因素,都会影响迁移决策。这些因素既有客观方面的,也有心理方面的。由于个体特征和境况的差别,不同的人群做出不同评估和决定。只有迁移动力强并能克服迁移阻力的人,才能最终完成迁移过程(盛来运,2005)。

尽管推拉理论的提出主要是为了解释劳动力人口迁移的影响因素和动力机制,但它在老年群体中,也具有一定程度的解释力。老家(尤其是农村地区)相对落后的经济状况和生活条件,以及身为空巢老人对未来生活的担忧是流出的一股重要"推力"。流入地的"拉力"也是很明显的。一方面,老人有一种强大的使命感,他们认为孩子需要他们来操持家务,来照顾第三代。因此,他们来替孩子分担责任,不是累赘而是被需要的。另一方面,儿孙绕膝的天伦之乐是大部分老年人的家庭理想,即使能想象到城市生活的孤寂、不自由、不习惯,很多老年人也依然希望陪在子女身边,看着孙辈长大。这二者形成合力推动着老人做出离开故土、追随子女的决定。

(二)"新"三代同堂:由"分家"到"合家"

"三代同堂"对于中国人来说并非陌生的概念。在大规模人口流动和住房商品化之前,三代人共同居住是主流的家庭居住模式,子女成家后依然与父母(主要是男方的父母)共同生活,既是为了满足住房需求,也为履行孝道义务。在这样的家庭中,父母往往保持着一定的权威,在家庭决策和生活安排上居于主导地位,以均衡其他家庭成员间的关系(Luo and Zhan,2012)。潘允康(1985)在20世纪80年代通过对中国城市家庭的研究发现,一个家庭在其生命周期中可能在核心家庭和主干家庭形态间转变:年轻人婚后可能有半数左右与父母住在一起,组成主干家庭;经过一段时间可能再分开,与未婚子女组成核心家庭;待自己的子女婚后可能又与自己年迈的父母生活一处,重组主干家庭;之后可能会再分离。这样形成了普遍存在的"家庭生命循环模式"。住房条件是造成家庭形态转变的主要原因,"合家"也主要呈现出一种"父代权威"基础上的"子代投奔父代"的活动形式。

时隔三十年,毕宏音(2015)在概括城市家庭由"分家"到"合家"的新规律时发现,人口流动是重要影响因素。在全球化、工业化和信息化冲击下的中国社会,越来越多的年轻人因求学、就业等原因到更好的城市发展,并在成家立业后吸引父辈到新城市(异地)团聚。正因为子代是迁移的先遣队,并在新城市占有更多的资源,他们顺理成章地成为现代家庭权力结构中的优势方,在居住安排上呈现出以"子代权威"为基础的"父代投奔子代"的模式。因此,我们在这里所讨论的移民家庭中的居住安排和权力模式也明显有别于传统的三代同堂关系。

我们曾在第四章第三节里利用广州—南京—三亚三地问卷调查数据比较了两类老年移民群体在居住安排上的差异,结果显示,相比候鸟安养类老年人,随迁育童类老年人与子女同住的比例明显高于"自己在家住"和"仅与老伴单独居住",体现出"父代投奔子代"的模式。在与子女同住的受访者中,"与儿子一起住"和"与老伴、儿子同住"的比例明显高于与女儿同住的比例,显示出中国家庭从夫居以及重视子嗣延续传统——很多老年人及其子女都认为靠儿子养老是天经地义的,相应地,帮助儿子带孙子孙女也成为老年人义不容辞的责任,其在伦理上的合法性远胜于帮助女儿。

但是,有意思的是,在访谈资料中,有很多老人提到"姥姥/外婆帮带孩子"也逐渐风靡起来。这背后显示出家庭成员间的权力关系变迁。

> 我身边的人都是姥姥带。现在不是流行说嘛,'中国一大怪,有了孩子姥姥带',学校门口你就站着一瞅,一问,百分之九十是姥姥。像咱们那一辈的时候,父母一般不给女儿带孩子,这是观念问题,现在都改变了。女儿都信着自己妈妈,和妈妈说什么都没事,要是和婆婆说话就得注意了。……在我农村老家全是奶奶带,到市里边儿基本上是姥姥带,这是因为儿媳妇和婆婆,肯定不如跟她妈妈相处得和谐,这是很正常的现象。带孩子是个敏感的话题,怎么带,什么方式带,媳妇跟她妈妈两个可以争得面红耳赤的,这都没有关系,但是媳妇跟婆婆争,你会发现她们之间的关系就变得很紧张。所以说这个事情就是姥姥带,矛盾最少。(NJ02,女,63岁)

另外一个值得注意的数据是,随迁育童类老年人中有将近一半选择与儿子一起住(35.8%)或与女儿一起住(13.4%),高于"与老伴、儿子同住"和"与老伴、女儿同住"的比例之和35.0%,这表明在随迁育童类老年人中不与配偶同行的单独迁移很常见。

根据访谈资料,我们基本可以总结出导致老年夫妻分居的两类情况。第一种情况主要是对于年龄相对较轻的受访者来说,女性普遍比配偶退休时间早[1],中老年女性有可能为了帮助子女照顾家庭,自己退休后先随迁,留丈夫在原居住地继续工作。在很多农村户籍或者在城市中没有长期固定工作的家庭,在其他家庭成员有需要和诉求的时候,也通常是中老年女性退出正式的劳动力市场,承担起照顾者的角色,而丈夫则继续在外打工。

第二种情况更多地发生在多子女家庭中,有时候两个子女(甚至更多)同时需要父母帮忙带孩子,父母本着"公平""一碗水要端平"的心态,无奈之下只得采取老年夫妻分居,住在不同的子女家里帮助照顾,以此来尽到做父母的责任,避免子女的埋怨。例如,受访者吴爷爷(NJ08,男,71岁)有两个儿子,一个在南京,一个在福州,老两口为了能够兼顾两个小家庭的需要自2011年开始了"分居+两头跑"的迁移方式。吴奶奶常年生活在福州大儿子家里,而吴爷爷则在福州和南京之间轮流跑,每地各待两个月。

> 儿子两个,媳妇两个,孙子两个。所以我们一人一边。两边的生活好像没什么变化和区别,大家都(相处得)可以啊,都很和睦。邻居反正我跟他们都没有什么联系,我和大家都不相识。(NJ08,男,71岁)

作为福建人,吴爷爷更愿意把福州看作"家",把南京视为临时客串,在两头跑的生活中找到一种新的常态和平衡。

关于这一点,翟学伟(2016)在分析中国的"伦"关系时提到,中国的"伦"关系向来是不平等和先定的,而是来自秩序本身的需要。不同"伦"的关系具有不同的、与关系相对应的资源交换与分配的原则。一个长者或者高位上的人面对同一"伦"中的若干成员应当采用均等的方式进行资源分配。因此,父母在家里对子女要一碗水端平,也是从"伦"关系上来做权衡。

(三) 责任伦理

1919年,韦伯在题为《以政治为业》的文章中提出了"责任伦理"的命题。他认为,能够对人的行为产生支配力量的伦理主要有"信念伦理"和"责任伦理"两种。其中,"责任伦理"以有无责任感为道德善恶判定的标准,并以行动

---

[1] 我国目前仍然采用男女不同龄的退休制度,不少家庭正是利用了这样的年龄差来安排祖辈的隔代照料实践。

者所负的责任是否与应然的后果一致,作为判断行动主体是否尽责的标准。许多学者指出,中国的父母在帮助成年子女上普遍具有很强的"责任伦理"感,即老年人对待子女的一种责任义务观(马春华 等,2011;杨善华、贺常梅,2004)。父母往往会出于自己的本能和对子女的责任,竭尽所能地付出。老年父母,通常以各种方式表达自己对子孙的贡献,只强调自己对后代的责任和义务,从而在各方面对子女和孙子女不计回报地付出,而对子女的赡养能力给予宽容态度。

陈盛淦和吴宏洛(2016)调查了福建省 3 个地级市农村随迁老人城市生活状况后发现,年龄越大、教育程度越低的农村女性随迁老人对子代表现出更强的责任伦理。但是这中间又存在很多矛盾性影响因素。例如,年龄大的老年人对子女支持力度下降,相反地,对子女的需求提高,此外,家庭代际关系、老年夫妻双方在城市的居留意愿,以及对城市生活的适应程度都会影响老年父母对子女的支持力度。全面二孩政策放开以后,中国老年父母愈发地被推到了风口浪尖上。中国幼儿照护制度的缺失,让隔代照料成为稀缺资源,父辈的照顾支持往往直接影响子代的再生育决策。

关于老年人的责任伦理,笔者曾借助一项全国性课题做过调查,数据很具有解释力,并能体现出责任伦理观的代际差异。2017 年 8 至 10 月间,江苏省道德发展智库、江苏省委宣传部国家重大项目课题组和北京大学中国国情研究中心共同合作,在全国范围内开展了"居民生活状况与心态调查"。调查采用多阶段、分层、概率与规模成比例的方法抽取样本,受访者为 18—65 岁中国居民(港澳台居民除外),最终得到有效样本 8 755 个,分布在全国 76 个区县级行政单位内。问卷中有一道题询问受访者"老人是否有义务帮子女带孩子",大约五分之一的受访者(21.3%)认为老人有这个义务,是天经地义的;41.1%认为老人没有这个义务,老人帮助带孙辈,子女应感恩;另外还有33.2%的受访者认为老人没有这个义务,不过带孙辈也是天伦之乐,老人应该帮助带。总体上看,尽管大多数人不认为照顾孙辈是老年人的绝对义务,但是充分肯定了含饴弄孙的家庭理想和伦理意义。

值得注意的是,当我们将这一问题与年龄进一步做交互分析时发现,不同年龄段的受访者在看待老人是否有义务照顾孙辈的问题上带有明显的代际差异。如表 5-1 所示,年长的受访者比年轻受访者更赞成老人照顾孙辈是天经地义的义务这一看法,而年轻人的观点则呈现出相反的倾向,反对用义务束缚老人,强调子代应当感恩。

表 5-1　不同年龄组对老人是否有义务照顾孙辈的看法

单位：%

看法	18—29 岁	30—39 岁	40—49 岁	50—59 岁	60—65 岁
有，天经地义的	11.5	14.9	19.5	29.2	32.7
没有，老人帮助带孙辈，子女应感恩	49.1	45.2	43.4	35.6	31.0
没有义务，不过带孙辈也是天伦之乐，应该帮助带	30.5	36.4	34.2	32.5	32.7
没想过	8.8	3.6	2.9	2.7	3.6

注：卡方检验：df=12，卡方值为 466.939a，sig＝0.000。
资料来源：2017 年中国居民生活状况与心态调查。

再回到我们老年移民的调查项目上来，在广州—南京—三亚三地问卷调查中，受访者被问及"在过去的一周里，您为您的子女做过以下哪些事情"，以及"在过去的一周里，您的子女为您做过以下哪些事情"。调查结果表明，非常高比例的随迁育童类老年人在家里承担着大量的照顾工作，包括做家务（62.6%）、带孩子和接送孩子上学（73.3%）。相比较而言，子女的回馈主要体现在买东西（56.9%）和陪父母谈心聊天（55.5%）。

访谈中，很多受访者将自己的迁移决定简单地概括为"不想来不行啊，带孩子的，不想来也没办法啊，就这一个儿子"（ZZ01，女，60 岁）；"不想带，但孩子他妈没法上班，所以也没法说不带。现在就只好这样，不管怎样都得带，就这样吧，带孩子带得有点烦"（ZZ04，女，61 岁）。相对来说，那些出于不得已的原因必须要帮忙带孩子的老人有如下几个特点：第一，家庭观念更加保守，认为自己对子女及子女的子女有无限的责任，因此，只要他们提出要求，就应当无条件满足。第二，养老观念更加传统，认为子女是养老的主要承担者（经济上的和精神上的），担心不帮子女带孩子会破坏代际关系，在自己晚年时无法获得子女的支持。第三，受复杂的家庭关系制约，于情于理必须带，比如，经济上依靠子女，必然要顺从子女的要求，或者，曾给其他子女带过孩子，从"一碗水要端平"的角度出发，所有的子女都要帮。

在众多的移民家庭中，老年人的付出的确大大减轻了子女的经济和精神负担。这种"责任伦理"在很大程度上增强了老年人对于家庭的"工具性"价值。也正是这种工具性价值，会增强老年人在代际交往中的不平衡感——亲代的付出远远超过子代的反哺，二者之间明显不对等（Zhang，2014）。但是，不对等，并不意味着亲代对于子代的赡养没有要求。对于许多老年父母而言,照料子女和孙辈与"跟着子女过"是一体两面的,既是人力和情感的无条件付出(在有些家庭中,老年父母的投入还包括经济方面,例如帮买房和承担家庭的买菜开销),也饱含着含饴弄孙的家庭理想和晚年期依靠子女的赡养期待。这种期待随着老年人年岁的增加和生活自立能力的下降,由想法而逐渐转变为现实需求。

与强调"亲子责任"的中国传统家庭主义观念相冲突,快速工业化和现代化的大社会环境滋生了个体主义价值观,强调个体需求、注重横向的夫妻关系,形成了由"传统家庭主义"的代际观向强调个体需求的"现代家庭主义"代际观的转向(毕宏音,2015)。面对家庭可能存在的代际冲突,政府和社会也要做出相应的支持和引导。例如,可以利用社区资源有针对性地解决老人城市生活适应问题和家庭关系问题,也可以组织开展育儿讲座传授科学育儿知识和观念,化解老人与子代在育儿方面的分歧和矛盾(陈盛淦、吴宏洛,2016)。

(四) 跟着子女过?

与西方家庭的演变方式不同,中国的家庭并非体现在核心家庭减少,同居不婚、非婚生育、单亲家庭、丁克家庭等根植于个体主义价值观的后现代家庭显著增加,而是形成了具有中国特色的多元形态,尤其表现在代际交往的方式上。祖辈以更加灵活、多元的方式参与到核心家庭的日常生活中,随着家庭生命周期抚育或赡养职能的变化而不断调整,构成了中国家庭的特殊表现形式。例如,临时扩大家庭(祖辈暂居在子女家帮忙照顾孙辈,或子女带孩子暂居在父母家)、隔代家庭、轮养家庭(老人在多个已婚子女家中轮流居住接受赡养)等新家庭类型不断涌现,甚至出现了独生子女和双方父母同住的"联合家庭",或者小夫妻在双方父母家轮流居住的"两头走"等新家庭模式(徐安琪、叶列谢耶芙娜,2016)[7]。

"跟着子女过",是不少移居老人挂在嘴边的话。对于这种说法,最直接的理解似乎是老年父母需要在经济和生活照料等方面依靠子女,在家庭结构中,子女被置于家庭的核心地位,父母是依附地位。而事实上,在访谈中,有不少受访者都提到子女太依赖父母,家务和隔代照料让不少父母在享受天伦之乐的同时也肩负沉重的负担。成年子女对父母在生活照料方面的依赖,为家庭关系带来新的形态。

老家在云南的李阿公(SZ01,男,69岁)已经在深圳跟女儿共同生活近十年,他在访谈中讲述了自己对老年移民生活状态的观察、理解,以及自己对子女的期待。

> 说是跟着孩子过,真实的情况是为孩子服务,一般情况是这样子。退休以后,一般的理解是进入养老阶段了,其实在这一个过程当中,在这一个年龄段来讲,精力非常充沛,按照中国的传统,要为子女服务,所以老人实际上是去做这一块的工作的,你还当真不能说我是去那边四平八稳地养老。养老是什么,应该是我想做什么就做什么,是别人来伺候我。但是我现在不是,我是带有使命感呢。如果我能够选择,我更愿意我自己的孩子独立一点,再独立一点。因为我现在做的事情,比原计划要更多,我为下一代和下下一代做了很多事情。我现在没有成为别人的负担,但是别人成为我的负担了。其实到真正养老的时候,可能就要落叶归根了。

深圳李阿公的例子很典型,所谓跟着子女过,实则就是为孩子服务。而到了自己需要养老的时候,会依赖子女吗?也未必,也许会像李阿公说的,要落叶归根,回归到子女不在身边的生活。

在终日"为子女服务"的生活里,很多老年移民还面临许多要克服的生活难题——排解孤单、熟悉新环境、适应新的代际相处模式等等。关于孤独的问题,受访者袁奶奶(NJ21,女,64岁)给出了一些看似矛盾又值得玩味的描述:

> "在老家就我们两个人,事情是很少,但是也很孤独,在女儿这里吧,倒是不孤独,但是老少三代五个人就在六十多平方米的房间里,有时候沟通不顺就会发生矛盾,所以我啥都不讲。女儿吧,早上七点就上班走了,晚上九点十点下班,女婿十二点才下班,所以我们一天虽然在一个家里,见面很少,你说有什么时间聊天呀。"

可见,比起在农村老家,袁奶奶似乎不那么孤单,这很大程度上是因为家务的忙碌和小外孙给他们带来的精神慰藉。但她与子女实际有效的沟通与情感交流又非常少,很容易产生隔阂。他们围绕子女的需要来安排自己的生活,并在逐渐调整和适应的过程中为自己找到生活的重心和意义感。家庭外社会关系网的断裂和社会交往受挫将这些外地老人的生活重心限制在家庭里,生活的乐趣和希望也局限在子孙和家庭关系上,因此,家庭关系的好坏对他们迁移后的生活质量有重要影响。

三、育儿分工与代际权力关系

普遍看来,移民家庭中的年轻父母和祖辈之间在合作育儿时的分工十分清晰。育儿工作被区分为"技术性的"和"非技术性的"。祖父母的劳动带有"保姆化"倾向——老人承担大多数家务而放弃大部分的决策权(沈奕斐,2013;肖索未,2014)。爷爷奶奶们通常主要负责打扫卫生,洗衣做饭,给小孩洗澡、喂饭、送上学等重复性高、耗时长但科学育儿知识含量低的职责。母亲则是育儿工作的总管,决定育儿的方式方法,负责制定食谱,陪孩子玩耍,教育孩子,等等。两代人对彼此的责权关系心知肚明,对谁应当占主导地位的问题也有充分共识,祖辈们普遍地被塑造为缺乏话语权的"帮忙者",与育儿相关的各项事情都应该是"孩子的母亲说了算"。

> 老了不管是和女儿还是和儿子,还是隔开的好。但是没办法,没人照顾小孩,所以我还是在这里。在这里,我不参与他们家庭的事,他们有什么事情也不和我讲,有什么事情和我讲我也不管,我说我只是看小孩、做饭、料理家务,我其他事情都不管,我不掺和他们的事情。(NJ21,女,64岁)

从表面上看,形成这种育儿分工的主要是年龄和家庭地位两方面因素。在倡导精细化育儿和科学养育的今天,国家、社会与专家系统对孩子的抚育标准提出了越来越多的要求,但是满足这些标准的条件却没有同步上升,在各种社会压力的刺激下,年轻父母们陷入了越来越深的抚育焦虑之中。其深层原因是,关于抚育孩子的主动权、话语权和正当性都掌握在外部市场提供的抚育程式中,父母们只能被动接招,缺乏对于外部抚育话语的抵御性回击(魏杰、桑志芹,2019)。在这种抚育文化下,祖辈的育儿观念被认为是过时的、不科学的,他们的很多育儿方式被年轻母亲们摒弃。另外,祖父母们作为移民家庭中"临时的"家庭成员,居于从属地位,其分工和话语权更进一步强化了这种边缘地位(肖索未,2014)。但是,笔者在访谈过程中发现,祖辈关于育儿分工和权力关系的叙事并非仅局限在家庭中,而是与移民故事同时展开,揭示了老年移民身份和阶层流动对其家庭权力的影响。

在中国的移民家庭中,大多数年轻父母通过教育和迁移实现了阶层的向上流动,其学历、收入和职业地位都高于祖辈,成为拥有大城市户口的"城里人"。在家庭生活中,户口这种外在的隐性因素似乎不会对家庭成员间的交往产生什么影响。但是在移民家庭中,户口却成为身份界定上的重要依据,强化中国城乡二元格局和地区不平等对居民身份认同的影响,构成了移民祖父母们自我定位的基调。在访谈中,老人们在谈到日常生活、家庭关系的许多细节时,常使用"我们—他们"这样的二元概念,在身份认同上进行明显的对比。他们将自己定位为"从农村上来""小地方的""乡下人什么都不懂"等,而将子女、邻居等归类为"他们城里人""他们文化人"等,认为自己"和他们那些在城里的肯定有差别"。此外,从空间性的用词来看,从农村"上来"到城市,也象征着地域之间的等级差别,再加上中国的户籍制度,以及与户籍制度捆绑的社会福利,都让城乡之间带有明显的地位差距。这种因城乡差距、阶层流动等因素确定下来的低人一等的自我身份认同,在祖辈和儿孙们之间画上了清晰的阶层界线,把他们在家庭中的边缘地位进一步合理化。

生活在南京的受访者夏奶奶(NJ13,女,61岁)来自苏北农村,她在访谈中就多次提到儿媳妇对她的不满,大到带孩子的方式,小到言行举止。

> 我媳妇觉得我老家口音,说话太粗(俗)。我说'我这么大岁数了,你指望我改掉不容易'。但是她说'改不了也要改,就要改,不改就是不行!',甚至我儿子也讲,'妈一定要改,不改不行,小孩学话都跟着你学'。我细细想想,她说得也对,我们讲那个日常话,小孩肯定会跟我们学的,正是学讲话的时候,会学话呢。唉,是要改啊,可哪容易改呢。他们识字啊,是大学生啊,讲话文明啊,我们就不懂礼貌不懂文明了。

夏奶奶这样的抱怨,让我想起龙应台在《天长地久:给美君的信》里的一句话:"养儿育女的人是否早就知道,当初做牛做马让儿女受高等教育,最后会换得他们从高处俯视你。"夏奶奶家的代际矛盾、育儿观念上的不一致,不仅是代沟的问题,还更多地表现为阶层上的差距,在第三代的教育问题上体现得尤为明显。子代普遍经历了社会阶层的上升,强化了代际权力关系的变迁。这种情况进一步强化了老年父母在家庭中"保姆化"的倾向,他们承担大部分甚至全部的家务劳动,花大量的时间照顾孙辈,但是放弃了大部分的决策权,在家庭中甘愿居于从属地位。

夏奶奶的儿媳妇之所以能在家中表现得十分强硬,不仅因为她在家中的主人地位,更主要的是由于其总体的社会地位高于父母一辈,因此在如何育儿的问题上掌握着绝对的话语权。在福柯(1999)看来,权力并不是某人拥有他人没有的物,而是在社会关系中产生和浮现出来的一种生产性能力。这种能力之所以能够达成目的,关键在于我们所拥有的资源在特定情境中所具备的特殊价值。施瓦尔贝进一步指出,权力关系之所以能够真正建构起来,取决于特定情境中行动者所拥有的资源哪些是有价值的,而哪些没有价值。换言之,资源价值的高低是在特定情境中界定起来的,这也决定了资源能够被利用的方式和程度。同处于一个相同的社会文化价值语境中的行动者更容易将惯常的做法和行动自然化甚至规范化。这些看似微小的行动,每一个都暗含着一种权力关系,小事件也更容易被正常化,经过量的积累达到质变,导致不平等关系的产生(Schwalbe,2008)。夏奶奶认可儿媳妇的地位,也识时务地知道"我老了肯定要靠儿子,我全部心血都花在他身上了,不靠他靠谁",因此,凡事顺着儿媳妇,避免矛盾和冲突,为今后更和睦的相处打基础。

访谈中,也有几位奶奶表达出对年轻母亲的不满和对自己从属地位的反思,她们的出发点也往往是儿媳妇"工作也不怎么好""工资不高""都靠我儿子养"。因此,当这些事业成就和职业地位较差的年轻母亲没能在育儿上投入比祖母们更多的时间和精力时,她们在家中的话语权便会受到影响。

新西兰华人移民家庭合作育儿的例子[1]也可以进一步丰富我们关于社会阶层和家庭内权力关系的思考。新西兰的新移民大多是在2000年之后通过教育或技术移民跨出国门的年轻人,他们通过求学和就业一步步获得新西兰的永久居住权。他们虽然因此获得了公民权利和身份,但作为少数族裔,他们中的大多数并没有因移民而实现社会阶层的向上流动,他们在新西兰的社会地位普遍低于其原生家庭在中国的社会地位。能将他们供养出国的父母大多出身于中产阶级以上的家庭,受教育程度和职业地位高于他们的同龄人。跟随子女出国对于他们而言只是表面上风光,他们在异国他乡的生活也常常是帮助子女克服困难。再加上中国近些年来国力和国际地位的提升,很

---

[1] 关于新西兰华人移民家庭合作育儿的研究发现源自我的博士论文。我曾于2010—2014年在新西兰奥克兰市对移民老年群体展开深入调查。更多具体的事例可以参见附录三。

多新移民出去的爷爷奶奶并不觉得国外的生活比国内好,更不觉得他们与子女之间存在社会阶层上的区别。相反地,他们甚至为子女移民后社会地位的下降而感到惋惜。在共同育儿的过程中,他们同样也被激发出强烈的责任感,这种意识甚至由于身在异国异文化而更加强烈。但与国内移民家庭中的祖父母们相比,他们的主体性意识更强,更希望与成年子女建立起平等对话和合作的关系,也有更强的动力去主动运作权力关系。除儿童照料之外,在孩子的教育,至少是早期教育阶段也承担起更多职责(教中文和数学等)。

从20世纪70年代末开始推行的计划生育政策,催生了数以亿计的独生子女家庭。2015年起,国家对计划生育政策逐渐放开,使得独生子女在自己生育时,面临新的生育数量的决策。比一些人口学家所担心的"四二一"家庭结构[1]更令人担忧的情况出现了,不少中青年夫妇身陷"四二二",甚至"四二三"的家庭结构中,面临沉重的负担,即便是在老年人自己拥有退休金的城市家庭中,独生子女在能力和精力上都难以承担照料父母的责任。相反地,更多的家庭以代际重心向下倾斜的方式缓解家庭抚幼的压力。这种做法既是缓解现实经济压力的无奈之举,也符合中国家族主义的文化理想,导致大多数家庭对这种状况的反思能力不足,家庭以挤压父辈养老资源的方式来维持看似高度团结的代际关系,为老年父母带来潜在的养老风险。

四、家庭与个体的利益冲突与整合

谋求家庭利益的最大化是许多移民家庭在计划和完成迁移过程中考虑的首要因素。据此,有不少研究者指出中国移民比其他族裔的移民表现出更加明显的"家庭化"特征(Haug,2008)。在本研究所讨论的故事里,绝大多数年轻父母在孩子出生时,无论是在情感上,还是在实际的家务劳动方面,都亟须帮手。于是,将新"荣升"为爷爷奶奶(外公外婆)的父母接到大城市里照顾孙子孙女(外孙子外孙女),既符合中国孝道文化的伦理期待,也满足家庭的实际利益需求。从合作群体理论来看,老年父母随迁体现出家庭整体主义福利在移民家庭规划中的重要性(李超 等,2015)。也有学者从家庭策略理论角度出发,强调移民家庭不是被动地受社会变迁的影响,而是以自己原有的

---

[1] "四二一"家庭用来描述独生子女步入中年后的抚养和赡养压力,即一对独生子女夫妻,上有四位老年父母,下有一个子女。

特点对社会做出反应,在家庭面临新的外部环境变化时积极地做出决策过程(樊欢欢,2000)。

访谈中,笔者发现,老年人对于这种移民决定往往有他们自己的利益考虑,并非所有的老人都愿意在孙辈出生后抛掉自己原来的生活,到一个陌生的城市去做一名"老保姆"。他们的移民决定通常涉及当下生活和未来养老的很多利益因素。受访者浦大爷(NJ14,男,62岁)在访谈中就讲述了邻居家的例子,以说明一些老年父母对自己生活的考虑。

> 有的父母他们也要上班,不能给(子女)带孩子。我们楼上一家人,老两口子就不带,他妈妈就是不给他带孩子,她要上班,老两口子都上班,一年有七八万。她带(孩子)她啥都没有,又不给她钱,她就不带啊,我问他们的,他们这样告诉我的。

在这个邻居家的故事里,老年父母显然要在给子女带孩子和打工攒养老钱之间做出选择。在一些父母眼中(尤其常见于那些代际关系不太和睦的家庭里),免费保姆并不是什么讨好的事情,因此,他们更愿意继续打工,既避免了共同生活的尴尬,也能为自己积累实实在在的养老本儿。当然,并不是所有的老年父母都有这样的勇气,尤其是丧偶的或只有一个子女的老年女性,她们往往担心不给子女帮忙会落下子女的埋怨,因此更倾向于满足子女的需求,为自己的晚年生活攒下人情。

在"新"三代同堂的居住安排中,代沟和代际冲突在日常生活中也会逐渐暴露出来,代际交往越来越强调老年父母的工具性价值,代际互惠的理想模式遭遇各种挑战(康岚,2009;肖倩,2010;阎云翔,2016)。笔者曾撰文详细论述了海外华人移民家庭在代际交换中由平等向不平等的转变过程(Zhang,2014)。对新生活环境、生活方式的不熟悉,许多老年人在移民之后被"隔离"在家中,将家庭角色变成生活的全部,这种被动的、激进式的一次性脱离,带来许多消极后果。他们的生活完全失去自主,全凭子女安排,在家庭决策中缺少地位和话语权。

不少国内家庭代际关系研究对父辈所经历的权威陨落多少带有无奈和悲悯之感。代际关系问题本身就是全球化和现代性所导致的必然结果(周晓虹,2008),父辈除了不断地调整自身以适应这种新的变化,似乎并没有什么办法能改变其现有的地位。然而在研究中,笔者在一些老年父母身上看到了一股积极的力量,他们巧妙地利用自己能为子女提供的帮助所隐含的价值,为扭转代际关系失衡做出自己的努力。受访者NJ09(男,68岁)在谈到自己在子女家庭中的地位时,就提到自己的优势。原因是"现在帮子女带孩子,是他们在求着我们呀,我不帮他们带孩子,他们能好啊?工资又一分钱不付,还要帮他们带,他们当然开心了"。由于城市中市场化的幼儿照料价格高,老年女性成为稀有资源。除了照料的开销之外,家政市场有待规范,幼儿园质量也良莠不齐,导致社会信任度下降,奶奶或外婆的照料变得更加宝贵。这在一定程度上为建构家庭内的权力关系带来了新的维度。

在代际关系磨合的过程中,有不少老年父母观念开放,在移居后的生活中,不断调整自己的心态,例如郑州的党爷爷(ZZ06,男,74岁)在儿子家带孩子,虽然感觉也有些不适应,但他通过建构积极的养老观念来调整自己。他在访谈中说:

> 老了,必须要干活,干有所乐。你光懒,躺在床上,那不行的,对人的身体没有好处。这不能往床上躺。一个是干,干着锻炼自己,另一种必须要有兴趣,一有兴趣你就觉得高兴、欢乐、愉快。老有所乐,所乐在什么呢?你比方说,你看着孙子们长大,逐步逐步会闹人,喜欢闹人,这就是享天伦之乐。你和孩子们在一块,和孙子们在一块儿,他是有天伦之乐的。中国人过去讲天伦之乐,就是这样,如果不和孩子们和孙子们在一块,就没有天伦。到老了时候没有天伦之乐,等于那就没有什么意思了。

即便是这些在调整代际关系中能把握住自己的主动权,或者说能调整好心态的老年人,也依然对自由自主的晚年生活有期待。

> 假如讲,如果不带孩子的话,我就回老家去,落叶归根,我回老家,我有房子有地。在这里,现在不行,因为小孩在这里上班,他们不回去,我就得为他们服务。要不是为了他们,我回家过,肯定是清闲自在,啥事没有,我也不要干什么了。在这个地方不行,我除了带孩子,还得为他们服务,比我自己生活还要累。(NJ09,男,68岁)

这种心态和想法也能更好地解释,为什么在我们的三地调查中,有

42.3%的随迁育童老年人希望能和子女分开居住,回到老家养老(第四章图4-10)。

以往不少研究关注子女在代际交往中的个体理性,用工具性的交换逻辑为赡养行为提供参考依据,而本书的分析则展示了一些老年父母个体理性崛起的过程。他们及时反思家庭内的不平等交换,对自身利弊得失慎重权衡,并选择恰当的契机打破代际交往的固化模式,这些行为都表明老年父母也已经将互惠逻辑作为安排自己晚年生活方式的重要依据。单纯为儿女牺牲付出也已经不再是他们的行为准则。正如韦伯在讨论家庭共同体时所指出的,个体的资本的计算增强了家庭中的个体理性,"理性的结合体关系取代了个人得以'天生自然地'参与共同体行动的利益与义务"(韦伯,2011)[403]。

在我们的研究中,每一位随迁育童类老年人的背后都承载了一个功能性家庭。在现代化和城市化进程中,子代家庭需要通过在城市里工作和立足来实现家庭向上流动的发展型目标。从家庭整体的视野出发,父代根据子代需要所做出的生活安排,其最终目的都是通过父代与子代的合力生产出可供家庭发展的持续力量。这种能量和资源并不是弥漫和分散于整个纵向家庭之中,而是向子代家庭集聚,构成家庭发展的重要动力(李永萍,2019)。但是必须提出的是,功能性家庭在为父辈提供丰富和有意义的伦理支持和价值世界的同时,也对父代形成利益挤压。父代看似心甘情愿地做牺牲的背后是制度和价值的裹挟。

在以市场化为核心的现代性力量的巨大冲击下,中国家庭与西方家庭的现代化进程相似,呈现出个体化倾向,同时表现出结构核心化、关系离散化、功能弱化等特点。但与西方经验明显不同的是,中国家庭在社会变迁所带来的各种冲击下依然体现出极强的韧性,并未失去其作为伦理实体的能动性和发展性。家庭伦理生活的核心由代际关系逐步转向代际关系与夫妻关系的彼此交织与相互证成,在抚育和赡养等方面发挥重要功能,成为中国人安身立命的根基。

第六章

隐形的刚需：移民祖母的隔代照料实践

> 当代父母的养育实践是和传统构建的父职和母职相关联的。传统父职母职和异性恋规范的制度化有密切联系。母性可被视为其中一种最性别化的身份，也是巴特勒矩阵（Butler Matrix）的基石，是异性繁殖成为理解性别规范和家庭形态的基础的最根本原因。
>
> ——巴特勒，《性别麻烦：女权主义与身份的颠覆》(Butler, 1990)

在上一章，我们重点讨论了随迁育童类老年人在迁移后的日常生活中与子女之间的代际互动，如何应对和适应家庭代际关系的变化，进而思考现代中国家庭代际关系的变迁，以及家庭整体利益与个体利益的协商。我们提到，育儿作为移民家庭中的一项核心内容体现了老年父母和成年子女之间的话语权变化。尤其是在乡—城迁移的老年群体中，家庭内部的代际矛盾常常隐含着社会阶层差异。本章把视角进一步聚焦到移民祖母身上，在隔代照料实践中思考老年和性别是如何在移民语境中通过交叉性（intersectionality）作用来形塑她们的性别角色和家庭地位的。本章所使用的访谈资料分别来自研究中国和新西兰老年移民的两个研究，希望读者能在她们的故事中看到相同和差异。

一、现代城市家庭中的移民祖母

在移民研究中,老年女性是以一种模糊不清的方式进入研究视野的。从性别上看,由于全球化进程的不断深入、劳动力市场结构调整以及跨国跨地区人口迁移的盛行,女性移民在20世纪80年代之后才逐渐成为独立的群体受到移民研究者的关注。在此之前,女性通常是以"随迁配偶"(trailing spouse)、家庭成员、难民等附属身份或受害者身份存在于移民研究中的(陈雪,2016;李芳田、王慧婷,2018)。女性在移民研究中逐渐显露身影,是性别研究和移民研究不断互动对话的结果。迁移是性别化的流动过程,而性别也在流动中被重新建构(Green,2013)。从年龄上看,劳动力人口向来是移民研究关注的核心,当越来越多的青壮年女性以劳动者身份进入研究视野时,老年女性移民不仅数量上"很少见",而且在类型上通常被化约到家庭团聚移民中。因此,在官方统计数据中,老年女性不仅没能构成值得关注的、特定的群体类别,而且被强化了其依附地位。

改革开放以来,人口迁移给中国的家庭结构和代际关系带来新的影响。在曾经多子女的时代,个别子女定居别处对于父母的晚年安排可能不会产生重大的冲击,然而,对当今的中国家庭,尤其是许多独生子女家庭来说,子女的迁移对逐渐年迈的父母而言是影响他们晚年生活安排的重大事件。许多农村或小城镇出生的年轻人通过求学和就业,在大城市站稳脚跟、获得户口之后,很多都会考虑把老家生活的父母接到城里来团聚。越来越多的老年父母追随子女的脚步,以子女居住地为迁移目的地,加入移民大军(孟向京等,2004;杨菊华,2018)。

第三代的出生通常是老年父母加入移民行列的重要契机和时间节点,因为照顾孙辈长久以来被视作祖父母的责任和义务(Nyland et al.,2009;笑冬,2002)。这种义务观在经历了几十年家庭结构变迁以及独生子女政策的影响之后,逐渐由男方家庭扩展到女方家庭,成为一项需要双方老年父母共同参与的行动。老年父母,尤其是祖母和外祖母们,参与照顾孙辈被视作理所当然的家庭安排。

但是,移民家庭中的隔代照料并不属于像传统主干家庭那样自然发生的家庭生命周期,而是家庭成员经过一系列的协商,以老年女性自身的流动和迁移为首要前提的合作育儿安排。因此,仅从家庭文化和代际合作的角度分析这种隔代照料方式显然不能挖掘这类家庭合作中最核心的"流动"特征。老年人口迁移背后所隐含的诸多因素,以及迁移本身给老年人及其家庭所带来的影响值得我们给予更多关注。

现有研究对于移民家庭中的代际合作育儿行为已有不少讨论,既呈现了合作育儿对代际团结和家庭共同利益的积极贡献,也暴露出很多育儿行动中的代际冲突(Da,2003;Dhar,2011;肖索未,2014)。总体来看,这些研究倾向于从年轻父母的视角出发,或从代际关系入手,将移民家庭中的许多事件和行动看作家庭整体在特定情境中所做出的策略性应对,探讨现代性为中国传统家庭文化带来的挑战,以及现代中国家庭的变迁(樊欢欢,2000;张少春,2014)。在代际合作和互助的问题上,尽管不少学者主张用动态的观点看待家庭内的权力关系,强调家庭成员的利益和诉求总是处在不断的协商之中,但是老年女性显然普遍地缺少主体性话语(沈奕斐,2013;陶艳兰,2011)。

移民祖母很显然是随迁育童类老年人中的一部分,但是与第五章对该群体进行总体性讨论和分析不同,本章之所以把专为照顾孙辈的老年女性群体单独作为研究对象来分析,是因为她们的迁移行为体现了多种社会、经济和文化要素的综合影响。"性别"和"年龄"并非自然状态,而是一种社会建构(Butler,1993;Lorber,2008)。这种建构强化了以男性高于女性、年轻人高于老年人的权力关系为基础的社会秩序。规范和话语结构(normative and discoursive structure)被用来维持和再现一种社会情感秩序(social-emotional order),但这种秩序不适用于老年群体(Bourdieu,1984)。我们习惯于用中青年人的视角分析生活事件的意义,却忽略了老年人作为主体的生活理解。在本章中,笔者更加强调从老年女性"主体性"视角出发,以我国生育制度变迁为背景,利用访谈资料呈现老年女性移民的隔代照料实践及其对家庭生育决策的影响,并在此基础上分析老年女性如何权衡处理家庭整体福祉和个人晚年生活理想之间的关系和冲突。

本章使用的数据和资料主要来源于两个研究项目的访谈对象:一是笔者受国家社科基金项目资助于2017年至2018年间在江苏省南京市和河南省郑州市访谈的12位(外)祖母[1];二是作者2011年至2014年在新西兰撰

---

[1] 本章所涉及的24位受访者既有祖母,也有外祖母,笔者没有刻意加以区分和对比,最主要的原因是中国在经历了30多年的独生子女政策之后,已经打破了父系和母系祖父母之间的责任壁垒。此外,随着年轻母亲在家庭中地位的上升,越来越多的外祖母参与隔代照料。后文中使用的"祖母"一词包含奶奶和外婆,如无特殊说明,不加区分。

写博士学位论文时访谈的12位中国(外)祖母。表面上看,国际移民和国内移民似乎会有截然不同的家庭背景和生活经历,可能令她们的故事没有多少可比性,但事实上,这两组研究对象在迁移动机、移居后生活适应和代际关系方面拥有很多相似之处。例如,她们都在尚未正式步入老年期的时候(55岁至60岁之间)结束工作回归家庭,在子女的邀请下提供育儿帮助,对于隔代照料有基本的文化认同。尽管与南京和郑州的受访者相比,走出国门的新西兰老年移民主要来自中国的大城市,拥有更高的受教育程度、更好的经济条件和职业地位[1],但是她们都经历了语言隔离(英语或地方方言)、生活习惯改变、社会交往中断、代际冲突等移民普遍面临的困难。这些共同的经历以及与移民经历所伴生的自我身份认同的变化,成为这项比较研究得以可能的基点。笔者希冀通过这两组资料的合并使用,从国际和国内移民的案例中深入挖掘性别和年龄的交叉性对老年女性移民经历的建构。

此外,本章将两项分别针对国内移民和国际移民的研究放在一起剖析,尝试将社会政策、文化异同、家庭观念放在不同空间和情境中进行解读,为我们理解老年女性的移民生活经历和身份认同提供了独特的数据资料和理论视角。

二、老年女性:被理论忽视的群体

(一) 性别研究中的年龄缺场

在早期的女性主义研究中,出于权力结构和政治话语的考虑,研究者更倾向于关注女性群体的共同特质以形成平等的两性对话。很显然,随着理论体系的不断发展,越来越多的学者意识到,即便是在女性群体内部,也存在着明显的权力关系,和与性别并行的种族、阶层、年龄等因素,相互交叉,共同影响女性的生活经历和体验,交叉性理论由此而来。柯林斯指出,性别、种族、

---

[1] 自20世纪90年代中期起,受到新西兰优美的自然环境、良好的教育体制和优越的福利制度的吸引,越来越多的中国人开始考虑通过技术移民和投资移民的方式移民至新西兰。新西兰华人新移民年龄结构总体较为年轻,留学移民和技术移民是主力军。但是近十多年,中国老人的数量稳步增加,并与中青年移民组形成明显的代际呼应,体现出移民家庭化的特点。正是这种移民年龄构成的改变,使得学者开始关注老年移民的海外生活经历。本书的附录三是一篇专门研究新西兰华人移民家庭代际关系的文章,更具体地呈现了老年移民及其子女的代际互动。

阶层、民族等因素以往是作为独特的层次结构被分别加以考察的,而交叉性研究更加重视不同的社会类别(Collins,1998)[62],例如性别、阶层及年纪,是如何共同交织在人类的日常生活经验中,并为某些群体建构出人生机遇或人生机遇的缺失(Crenshaw,1994)。这一方法为我们探索某些类别的交织如何把一些人置于较其他人不同的位置提供了分析途径,并强调没有一种单一的类别能单独发挥作用来建构我们的社会身份(王粲粲 等,2018)[51]。

在交叉性理论中将年龄作为一个维度已经得到学者们的一致认可。例如,在劳动社会学和性别社会学中,有学者关注年龄、性别和阶级等因素是如何被资本利用以实施对女性的控制,进而加剧女性内部的社会分化(何明洁,2009;苏熠慧,2016;佟新,2010)。但是,在性别研究的核心领域很少探讨老年女性和年龄维度。年龄偏见既没有被问题化,也没有得以阐明。以瑞典为例,克雷库拉指出,许多讨论母职和亲子关系的研究,几乎都将重点放在育龄女性和有未成年子女的母亲的生活体验上,而忽视了老年女性或者有成年子女的女性(Krekula,2007)。这种研究上的倾向性在中国研究中也表现得尤为明显,即便老年女性参与隔代照料已经构成文化传统,甚至是社会惯习,对母职问题的探讨也很少将老年女性作为研究对象。

近三十年逐渐崛起并走向成熟的女性移民研究便是年龄在性别研究中再一次被忽略的绝佳例证(陈雪,2016;李芳田、王慧婷,2018;李明欢,2007)。不论是女性移民研究早期的"随迁配偶"概念,还是近年来对全球劳动力市场性别分工和全球照顾链(global care chains)的探讨,大量的研究关注中青年女性的移民经历对其自我身份、性别权力和社会地位的影响,而忽视了在这些年轻女性身旁还有她们的母辈也以各种方式参与到全球化劳动分工的浪潮中,成为她们参与正式劳动的坚强后盾。抑或,随着时间的推移,这些中青年的女性移民也会逐渐老去,以移民身份探索老年生活方式,为移民研究带来新的年龄维度视角。

(二)老龄研究中的性别固化

与女性研究忽视老龄问题不同,由于女性的平均预期寿命比男性更长,在老龄相关问题研究中,老年女性一直都被视作重要的研究对象,得到很多学者的关注。第六次全国人口普查数据显示,2010 年,60 岁以上人口 17 759 万人,其中,女性 9 055 万人(51.0%),男性 8 704 万人(49.0%)。当我们进一步细化年龄分组会发现,越高龄的群体中,男女两性的比例差距越大

(表6-1)。因此,学者们通常将性别作为一个重要的变量来考察男女两性在一些社会人口学指标上的差异,分析男女两性在健康状况、家庭生活、社会交往等方面的不同表现。但是,性别仅以这种被"加入"老年研究中,在多大程度上能够让我们更深入地理解老年女性群体?

表6-1 中国两性老年人口的年龄构成及比例

年龄	男性		女性	
	人数/万人	比例/%	人数/万人	比例/%
60—69岁	5 058	58.1	4 920	54.3
70—79岁	2 768	31.8	2 914	32.2
80岁及以上	877	10.1	1 221	13.5
合计	8 704	100.0	9 055	100.0

资料来源:第六次人口普查数据(2010)。

以克雷库拉(Krekula,2007;Krekula et al.,2018)为代表的一些学者指出,老年研究中对女性研究的重视基本以"简单化的悲悯视角"(simplistic misery perspective)呈现,在"双重危机假设"(double jeopardy hypothesis)的主导下,关注女性整个生命周期的脆弱性和不平等。所谓"双重危机假设"是指因两个权力系统相互交叉而导致特定群体脆弱性增加的情况。这个概念源自多德(Dowd)和本特森(Bengtson)在1978年关于老年少数族裔群体的研究,他们发现老年和种族的叠加,会为他们带来双重歧视。在性别年龄歧视研究中,双重危机的视角主张在男权标准和青年主导的共同作用下,老年女性的社会地位比老年男性下降得更加迅速。后来,随着生命历程理论的出现,双重危机假设得到更广泛的认同。生命历程理论将个体的生命理解成为由多个生命事件构成的序列,将个体生命历程看作宏观社会力量和社会结构共同作用的产物,强调历时性的时间和空间对个体人生经历的影响。在生命历程理论的视角下,女性晚年的经济劣势地位和健康不平等,更被视作早年所经历的不利因素的叠加。与男性相比,女性受教育程度相对更低、参与正式劳动的年数更短、收入更低等因素,都导致女性在晚年更容易面临经济压力和社会保障不足的风险(Elder,1994)。

在老年女性研究中,双重危机假设常常理所当然地被当作研究的出发点,使得女性的老龄化过程比男性更加容易被"问题化",限制了学者们的研究选题和关注点。老年妇女常被塑造成脆弱、无知、需要"帮助"的形象

(Krekula，2007)。例如，学者们常常关注老年女性在收入、健康状况和获取医疗资源等方面与男性相比所处的明显的劣势地位，并指出这种劣势是由于女性早年期在接受教育、社会择偶观、就业机会等方面所经历的不平等到晚年期的逐渐累积和叠加所致。相对而言，很少有研究关注老年女性生活经历和群体特质中的积极方面。例如，有学者发现老年女性比老年男性更容易实现晚年心态和自我认同上的顺利过渡，老年女性在晚年更加独立，拥有更好的社会关系网络(Silver，2003)。这些积极的生活经历可能恰恰是老年女性在相对不利的社会境遇中所形成的生活策略。因此，当双重甚至多重劣势因素同时被纳入研究框架中时，恐怕不能想当然地用叠加方式处理不同的权力关系。换言之，有必要对不同权力关系之间交叉作用的机制做出更深入的研究。

与这种偏向于关注老年女性生活的消极方面类似，老年女性还常以"客体化""对象化"的方式出现在研究话语中，其作为主体的主观能动性未得到充分重视。例如，大量关于人口流动和迁移对家庭影响的研究，关注老年女性的照护需求对成年子女迁移决策以及迁移后生活安排上的影响。老年人是相对于青年群体的"他者"，被视为研究中的"客体"，被动地顺应人口迁移所带来的社会变迁对他们生活方式和家庭关系的挑战[1]。而在为数不多的关于老年女性作为家庭照护者的研究中，老年女性也往往是家庭结构变迁的承受者，以被动的、依赖的、非自主的方式接受其他家庭成员的安排。

对老年女性的研究不是单纯指在老年研究中加入性别变量，或在性别研究中加入年龄变量，因为这种在现有理论或研究中的"加入方法"(adding approach)通常既不是基于微观的老年女性经验来生成研究问题，也不是从宏大的社会结构中分析性别或年龄议题，而是以已有的男性视角或中青年视角下的研究结论为参照模型，发现两性或年龄组差异。这种方法归根结底并没有将性别、年龄以及其他结构性要素交叉起来，分析这些要素相互作用所形成的社会制度对特定群体的定义和建构，其结果只能是进一步强化了老年女性的"他者"地位。

综上所述，交叉性理论关注宏观的结构性因素和个体性要素的结合，以此来解释老年女性在移民家庭中的生活经历。在交叉性理论视角下，我们得以关注以下几点：第一，在宏观层面思考老年女性移民的社会性价值和意

---

[1] 媒体报道中也常出现"老漂族"的概念，带有较为明显的悲悯色彩。

义;第二,融合生命历程中女性的性别分工和生命事件来理解老年女性的家庭角色和地位;第三,理解文化社会环境变迁带来的观念变化。

三、移民祖母的选择

(一)"最佳人选":三个家庭的协商

在传统的中国家庭中,中国人对于祖母和外祖母在隔代照料中的参与程度常有不同的期待。抚育和赡养行为往往局限于男方家庭中,祖父母(爷爷奶奶)对孙子女(传统上尤其是男孩)有更大的责任。妻子的父母,即外祖父母,对于抚养孙辈而言并不具备绝对的义务。因为对他们而言,他们有自己的儿子和孙子要操心,他们的女儿在出嫁以后便成为婆家的家庭成员,肩负赡养公婆的义务,同时也享有接受公婆帮助的权利。

这种家庭义务模式在独生子女时代遭到颠覆。拥有独生女的父母,既然把所有希望都放在女儿身上,为女儿提供了和男孩近乎平等的抚养资源和教育投入,他们也有理由从女儿那里获得晚年回报。这其中包括含饴弄孙的天伦之乐和未来依靠女儿赡养的权利。从独生女自身的角度来看,在任何有需要的时候获得父母的帮助是理所当然的,她们对于父母的晚年赡养也有绝对的义务。因此,在许多年轻的夫妻中,尤其是两个独生子女共同组成的小家庭里,祖父母和外祖父母都是可以依靠的育儿资源。育儿安排也自然成为三个家庭共同协商的结果。这里所说的"三个家庭"分别指由年轻夫妻及其子女构成的核心家庭以及他们双方父母各自所领导的家庭。

家庭关于祖辈参与育儿的"协商"通常以一种默契的方式完成。三个家庭基于对各家经济状况、家庭成员构成、退休状况、身体状况等的既有认知,心照不宣地选定育儿的合适人选,并对参与方式和参与程度达成默契。以张奶奶(72岁)家的情况为例,2005年她的小儿子向新西兰政府提交了家庭团聚移民申请,希望父母能到奥克兰与他们同住,因为小儿媳妇即将临产,没人伺候月子、帮忙带孩子。按张奶奶的想法,"伺候月子最好是娘家人,娘家人带孩子不是也更好一点嘛。但是,亲家母身体不好,人家就是不愿意来"。于是,身体硬朗且已经退休的她没有任何理由拒绝小儿子的请求。更何况,她的大儿子一家在移民去美国之前也一直是挨着她过日子。本着"一碗水要端平"的原则,她成为小儿子家帮忙照顾孩子的最佳人选。老年女性的价值,在流动迁移能力和愿意为子女牺牲的程度这两个维度上被重新认定。那些已退休且年龄较轻的,身体状况较好、能出远门的,工作灵活或没有正式工作的,收入相对较低的老年女性通常被共同认定为合适的帮忙人选。

退休是老年女性回归家庭的标志性事件。尽管越来越多的中产阶级女性开始追求新的晚年生活价值,期待退休后休闲的生活方式,重视老年期自我的实现和升华,但是,能真正克服各方压力,将退休生活过成自己想要的样子的老人并不多(Utrata,2011)。由于育儿长久地被界定为女性化的、家庭化的、无社会价值的社会实践(徐安琪、叶列谢耶芙娜,2016)[204],老年女性与男性相比,在隔代照料问题上被寄予更高的希望。社会整体高度期待低龄老年女性以照顾家庭为优先考虑,她们被普遍地视为有力且可靠的后备军,为家庭牺牲被正常化和规范化(Utrata,2011)。"因为我退休了,所以现在的生活基本上就是带小孩"成为很多老年女性受访者的生活常态。中国的祖母们普遍承受更大的道德压力和责任伦理的束缚,将子女和孙子女的需求放在首位,而受教育程度更低的女性尤其如此(陈盛淦、吴宏洛,2016)。

三个家庭的协商过程表明,在家庭协商移民育儿人选时,一方面,中老年女性在家庭外创造价值的能力在家庭遇到重要事件时需要让渡于其家庭内职责;另一方面,家庭也会对其职业的类型和能创造的经济价值进行评估,以衡量其抉择的合理性。这一点在论述赚钱和带孩子的冲突问题时会体现得更加明显。

(二)赚钱、休闲与带孩子的冲突

与那些拥有城镇户口和从正式工作岗位上退休下来的女性相比,从事非正式劳动且职业声望或收入较低的老年女性常常面临更困难的选择。选择打工赚钱,而拒绝给子女带孩子通常会被看作"自私"行为,因为打工赚钱是为了"自己的养老钱"。虽然这一点无可厚非,但将自己眼前的利益看得比子女的迫切需求更重,很显然不是明智之举,日后很有可能会遭到子女诟病,成为破坏老年父母和子女之间关系的定时炸弹,到老时即便儿女不尽力赡养也是"情有可原"。换言之,为了收入较低的工作而"得罪"了子女,是很不值当的决定。即使收入很高,可以实现"有人出人,没人出钱请人",仍有可能引起子女不满。

一直在南京靠做小生意营生的安徽籍陈奶奶(NJ17,女,61岁)在这一点上就有过很深的教训:

过去这几年，我大儿媳妇从来不给我们打电话，她就怪我没给她带小孩。所以我小儿子结婚当天，她都没过来参加婚礼，她就是生气我没给她带小孩。以前是孩子姥姥带的，我们出钱，后来孩子姥姥也回老家，就没人帮她带了。

陈奶奶现在回想起来，她当初在继续做生意和帮儿子带孩子之间选择了前者似乎是"不明智"的，这不仅造成了她和大儿媳之间不可化解的矛盾，更成为大儿媳对她鲜有关心的直接理由，因为"她觉得我有钱，钱很多，所以我以后也不能靠她养老"。

与男性相比，老年女性更需要通过她们在生活照料上的付出来进行代内或代际间的交换。尽管这种隐匿的社会支持交换并不必然地为老年女性的晚年期争取到绝对的保障，但是大多数女性，尤其是经济能力和社会保障条件有限的女性，绝对不敢冒此风险。因此，放弃工作机会被视作明智之举，是符合其角色规范的正确决定，是别无选择的义务。

当然，这也并不意味着老年女性在为子女帮忙时都会经过这样一番精致的算计，在隔代照料的动因研究中，利他和亲缘情感也是祖父母提供育儿帮助的主要因素(宋璐、冯雪，2018)。本研究中的一些受访者出于"母亲"的使命感，坚决地要完成自己作为祖母的"任务"，并期待着在任务圆满完成后能得到解放。李外婆(66岁)的经历和决心就很典型。帮女儿带孩子在她看来是做母亲义不容辞的责任。在她帮女儿在新西兰带孩子的六年多时间里，即便与女婿关系不睦，即便老伴儿已经忍无可忍地回国，留下她独自"坚守岗位"，她依然坚持自己的选择。"只要女儿需要，我就不能走，我要给女儿当坚强后盾。我告诉我女儿，你就安心上班去，我给你做坚强后盾，妈妈没关系，所以她放心上班了。带孩子很不容易的，但是为了心疼女儿，我就要留下来。"在访谈中，她告诉笔者当地老人的一句口头禅"免费的保姆，看家的狗"，在她看来，这话虽然听起来凄凉，但"人要看得开，也可以不这么想。给女儿帮忙呗，有生之年，有多少力量，就贡献多少力量。看小孩也是一种乐趣，他很可爱嘛"。

李外婆的坚持在她看来是一种主动选择，虽然其中包含对客观必要性的服从与妥协，但是这种必要性在叙述中多次被李外婆转化为主动选择的一部分，包括等外孙上学以后自己回国生活的规划，以及对女儿生育二胎的坚决抵制。"我女儿想再要一个孩子,我说,再要一个可不行,我只能帮你带一个,(你和你哥)我每人只帮一个,你有能力自己带你就生。她说,别人都生几个。我说,人家是人家,我是我。"李外婆在女儿生育决策过程中的表态很有威慑力,女儿始终没下定决心生第二个孩子。

本研究中并非所有的访谈对象都能在妥协与主动选择之间把握好尺度。总体上看,那些经济独立,不依赖子女赡养的老年女性,被子女"绑架"的程度大大降低,能更有底气地利用"移民身份",在必要的时候以"撤离"或者"两头跑"的方式为自己争取喘息的机会,既在一定程度上维持代际亲密,又适度地提高了自己的晚年生活质量。这种关于主动选择的话语,在王粲粲等人看来是中产阶级关于"家庭即选择"话语的一部分,这种话语将家庭内性别角色的建构强调为一种规划,是主体自主性的体现(王粲粲 等,2018)[84]。

(三)被忽视的老年"分居"

分居,在移民家庭中并不少见。在本书所涉及的 24 个家庭中,共有 9 位老年女性与老伴分居,独自移居到子女家中协助育儿。她们的分居时间短则半年,长的达六七年之久。除了逢年过节的短暂团圆,老两口大多数时间分开生活,祖母们住在子女家帮忙带孩子,她们的老伴通常还在工作(未退休或者在外打工),也有一些祖父们在其他子女家帮忙带孩子,以兼顾不同子女在相同时期的共同需要。

老年夫妻分居通常被"正常化",似乎亲子情感可以完全弥补老年夫妻之间的情感需要,分开生活也不会对婚姻稳定、家庭团结带来挑战。老家在安徽的万奶奶(NJ05,女,65 岁)接受访谈时已经在南京的小儿子家住了三年多了,主要的任务就是做家务,带小孩;老伴儿的生活也是每天围着小孩转,只不过是在另一个儿子家里。"其实还是很孤单的,我已经又有半年没有见过老伴了,也没有见过大儿子和那个小孙女。"当笔者追问为什么会这样安排时,万奶奶补充道:

> 不分开又能怎么办呢,只能一个人照顾一家,否则会有意见啊,两边肯定要掐架了。所以就只能下午抽个空,要是老伴也闲着,就跟他开开(微信)视频。但是总是隔着屏幕嘛,看得见,摸不着的,只能说说话。所以我就盼着小孩赶紧带大,我还是希望和老伴儿一起在乡下生活,那里更自由,也能享受享受晚年。

四、当隔代照料成为"刚需"

自 2016 年 1 月起,我国开始施行全面二孩政策,意味着实行了 30 多年的独生子女政策的终结。全面二孩政策放开以后,对中国家庭的生育意愿和生育行为带来一波新的影响。不少研究发现,与公婆居住、代际关系、祖辈的态度以及祖辈的育儿支持能力都成为二孩生育的影响因素(风笑天、李芬,2016;风笑天,2017;靳永爱 等,2016)。换言之,在新的生育政策背景下,祖辈的隔代照料能力和意愿成为影响生育率的重要因素。一方面,祖辈更有理由表达对年轻夫妻生育二孩的希望;另一方面,他们实际的支持与抚育能力则显得更为重要。越来越多的家庭希望通过代际合作来转移和分散儿童照顾的压力,缓解生育对育龄女性劳动参与的冲突(钟晓慧、郭巍青,2017;张琳、张琪,2019)。

在中国家庭中,隔代照料的情况非常普遍。2017 年,上海大学"数据科学与都市研究中心"(Center for Data and Urban Science,简称 CENDUS)组织开展了为期一年的上海都市社区调查(Shanghai Urban Neighborhood Survey,简称 SUNS)。这项针对 5 100 户家庭的调查显示,73.4%的学龄前儿童由至少一位祖父母或外祖父母照料,31.7%的年轻夫妇不参与抚养学龄前儿童[1]。同样是 2017 年,《中国城市家庭教养中的祖辈参与问题调查报告》也有统计数据显示,中国大约 80%的家庭中都有祖辈参与儿童教养。按照儿童的学习阶段来划分,孩子上幼儿园前有祖辈参与教养的家庭比例为 77.7%,幼儿园期间的比例为 72.9%,进入小学阶段之后,这个比重有所下降,但仍占到 60.1%。与城市家庭相比,农村地区的祖辈教养高达 90%以上[2]。

2019 年 12 月暴发的全球性新冠肺炎疫情,再一次暴露了隔代照料对于中国家庭和中国社会的重要性。受到疫情影响,2020 年的上半年全球的学

---

[1] 上海大学上海都市社区调查课题组:《上海市民调查:7 成学龄前沪籍儿童由祖辈照顾》,https://www.thepaper.cn/newsDetail_forward_1986089,最后访问日期:2021 年 10 月 2 日。

[2] 朱永新:《80%的家庭存在"隔代教养",如何让父母带好你的娃?》,https://www.sohu.com/a/255932928_623197?_f=index_chan26news_97,最后访问日期:2021 年 10 月 2 日。

校都处于停课状态,当许多欧洲国家的政府在考虑是否要重新开放托儿所和幼儿园的时候,中国的幼儿照料机构却普遍处于很谨慎的状态。除去国家防疫政策总体方针上的差别之外,还因为欧洲的幼儿机构恢复开放是父母们复工的前提条件,而在中国,祖父母是幼儿照料的坚强后盾。这样一个鲜明的对比也揭示了祖父母在中国社会支持体系中所扮演的重要角色。

2019年,笔者曾受江苏省卫生健康委员会人口发展项目资助,开展了一项关于二孩生育决策过程的调研。研究采用网络问卷调查和家庭深度访谈相结合的混合方法,旨在了解全面二孩政策放开之后,那些已经育有一个子女的育龄夫妇在考虑是否生育二胎时受到哪些人和哪些因素的影响。研究发现,育龄家庭的二孩生育决策通常受到一孩、老年父母和育龄夫妇三方态度的共同影响。不论是那些坚决不生二孩的,还是那些坚决想生二孩的,老年父母参与隔代照料的意愿和实际能力都对他们的决定起到至关重要的作用。有一位39岁的父亲在接受访谈时这样说:

> 我特别特别喜欢小孩儿,还有就是,父母是农村的嘛,农村观念就是再要一个吧,老大四五岁的时候我父母就提过这问题,但当时不允许,因为二胎是近几年才开放的。后来国家出政策之后呢,我就有了想法,就跟父母还有媳妇儿商量一下,再要个孩子怎么样。媳妇儿也比较喜欢,可能是因为我们带老大没怎么挨累,都是丈母娘带的,那要一个就要呗,就这么想的。但要的过程中呢,你得想带孩子的问题,得跟丈母娘商量一下,因为我父母带不了,身体不太好。问问丈母娘他们,他们说可以呀,也比较直爽,就这么下了决定。

这位父亲的想法并非少数,很多年轻夫妻表示,他们不会仅仅为了满足老一辈的愿望而生育二孩,与口头上的催促相比,具体的生育支持更能增加他们生育二孩的积极性。大多数双职工家庭都很难有时间照顾二孩,想要生育二孩只得依靠老一辈父母的帮忙。如果家中老人有余力带孩子,那么生育二孩就多一分助力。一位33岁的母亲在考虑生育和事业的关系时这样说:

> 虽然不能说我们是事业型女性,但是我们都有自己的工作。我们的一致观点就是任何事都不能让我们把工作丢了,虽然我们开过玩笑说先

生年薪达到多少钱以上,自己是可以辞职的,但是只是可以,辞不辞职在于自己。我目前还没听说我周围有哪个妈妈为了小孩辞职的。

由于生育和抚育的配套政策并不完善,我国婴幼儿社会化抚育资源的供给依旧有很大缺口。近年来,社会化育儿市场良莠不齐所导致的社会恶性事件也让年轻父母在选择社会化托管机构时慎之又慎。再加上社会托管机构费用昂贵,养育方式更加受到家庭综合经济实力的影响,这为育龄夫妻带来很多压力的同时,也影响到祖辈的退休生活安排和家庭代际关系。

在现实中,隔代照料情况的普及更加固化人们在观念上对祖辈责任的期望和道德判断。祖辈在隔代照料中的参与越来越被视作理所当然的责任,参与隔代照料的投入程度成为判断祖父母是否是一个"好的"祖父母的标准。这种社会期望是如此强烈,在某种程度上给老年父母造成了道德上的压力,以至于老年人会感到被强迫或"被绑架",从而影响其生活质量。一位65岁的奶奶在访谈中说:"有时候心态也有失衡的时候,但是很快就能过去。你想啊,我一带就带两个,累得不得了。有时候也会有情绪冒一点头,但是很快就过去了。"(NJ10,女,65岁)

我们前面在讨论责任伦理的时候提到了祖辈对于孙辈的照顾秉持着利他主义思想,甘愿为子女与孙辈的幸福而无私奉献。未来,当自我意识越来越强的年轻人和中年人步入老年阶段时,这些"新式的"祖父母恐怕不会再为中国传统伦理所困,而是会在老年阶段更加追求自我价值的满足。此外,我国计划延迟退休年龄,目前低龄老年人将大量的时间和精力用来照料孙辈的情况在未来可能不复存在。因此,以家庭内部挤压老年家庭成员的人力和财力资源以支持二孩甚至三孩生育的方式,在未来可能会受到挑战。愿意将自己的时间用来帮助年轻夫妻照顾孩子的老人将会成为珍贵的家庭资源。

五、老年女性"主体性"的浮现

在现代中国家庭里,育儿仍被看作一项共同的家庭任务。本章通过对移民家庭里老年女性的隔代照料实践的分析发现,老年女性以祖母身份提供隔代照料并非单纯受到家庭责任和祖辈角色的驱动,而是个体、家庭和社会多重因素共同作用的结果。在移民语境中,这种家庭实践体现了社会年龄分层和性别分工对老年女性的多元交叉作用。在宏观社会结构层面上,各种权力关系之间的相互作用更可能为老年女性带来双重风险和危机,但是,劣势因素并非总以简单化的方式叠加,双重危机也并非总以悲情的方式作用于个体的生活经历和身份认同。由于社会行动者的主观能动性,她们也可能在微观层面通过策略性的行动,从新的角度诠释和定义其晚年生活。

从全球范围来看,随着跨国人口流动(transnationalism)的兴起,老年父母不再仅以留守的、需要被照顾的弱势形象出现在移民研究中,也开始作为活跃的家庭照料者出现在移民家庭的叙事中,为我们研究老年移民带来新视角。这些年长的父母们(尤其是老年女性)根据子女和孙辈的需要,在母国和迁入国之间往返或长期居住为小家庭提供家庭照料,被学者称为"跨国祖父母"(transnational grandparenting,见 Da,2003)和"在路上的老人"(seniors on the move,见 Treas and Mazumdar,2002)。与国际移民研究相呼应,中国的老年父母也正在经历着人口流动所带来的家庭结构和代际关系的巨变。本章所呈现的移民祖母的故事正是在中国社会转型期、快速城市化的背景下发生的,中国城乡和地区之间的发展水平差异、长期存在的户籍制度的影响、人口流动和迁移以及生育政策的调整,都为家庭带来各种新的挑战。

因人口流动所造成的家庭的散居并没有让家庭的功能消解,反而形成"多代多地的关系实体",为家庭创造共同福利和代际团结(Bryceson and Vuorela,2020)。巴尔达塞尔等人在深入研究跨国家庭后也指出,即便居住分散,这些家庭依然秉持着维护家庭团结的责任和义务,在情感、经济、照料等方面相互支持(Baldassar et al.,2007)。移民祖母们的隔代照料实践正是这种新型家庭共同体的例证。她们为了子女的需要,或长期离开故土,或在自己的故乡和子女的新家之间奔波,在新的环境中充分发挥自身能力,利用家庭资源和各种制度性条件为晚辈们提供各种类型的帮助,也为隔代照料和代际交往开辟了新的实践模式,成为代际整合和家庭整体利益的坚守者。

尽管合作育儿能够增强代际互动,但育儿过程中合作与冲突并存,代际互动并不必然地提升代际团结。一方面,合作育儿和家庭分工的方式剥夺了低龄老年女性持续工作和参与正式劳动的机会,进而削弱了她们的经济独立性和自我赡养的能力;另一方面,社会舆论和政策话语构成了无形的价值规范,为老年女性参与家庭照料上的意愿和行动施加更多的道德压力,在助长年轻人的话语权的同时,冲淡了反哺的道德束缚,增加了老年女性获取家庭赡养的风险。

对于老年女性移民而言,参与隔代照料是影响她们晚年代际关系以及家庭赡养方式的重要事件和经历。老年女性移民的隔代照料经过由宏观层面到微观层面的运作,实现了资源的代际转移。通过挤压养老资源的方式来缓解城市育儿的经济压力,弥补国家儿童福利不足的缺陷,在生育政策逐步放开的背景下,老年女性可能面临更多的压力。政府应该出台相应的补偿政策,提高老年移民的社会保障和福利,通过育儿补偿的方式认可老年女性的家庭贡献。这不仅有助于提升老年女性的家庭地位和对晚年生活的自主性,也体现了国家在鼓励生育上的实质性补贴和政策支持。

性别和年龄的交叉性应当成为老年研究中的重要切入点。尽管本章主要选取老年女性为研究对象,着重分析她们在家庭实践和代际权力关系中面临的风险,但是这并不意味着男性在老年研究中就不需要重视。老年男性也同样在他们的生活中遭遇年龄、性别和其他因素共同交织而形成的挑战,本文中提到的老年夫妻为同时照顾多个子女而分居的例子就恰恰表明男性也可能在晚年期遇到新的生活经历,对他们的性别角色和家庭地位等形成全新的建构力量。因此,老年研究应当重视交叉性理论可能为我们带来的新洞见。

第七章

迁徙之"乐"与安居之"忧"

> "老伴跟我生活多年了,也没有跟我出去看看。我的理想,就是等我有了十万八万的时候,我要开着我的小车,带着我的老伴,旅游全国。"
>
> "在一个地方住惯了以后呢,我觉得人应该像候鸟一样地出去飞翔一下,出去看看,世界这么大,应该出去走走。"
>
> ——受访者 NJ15、HS01

三亚市异地养老产业和候鸟老人生活方式的兴起,早于海南省国际旅游岛建设,一直被裹挟在如火如荼的旅游产业浪潮中。各种资本的力量纷至沓来,让老年人在追赶潮流,享受候鸟迁徙之乐的同时,也不得不面临诸多苦恼。节节攀升的房租和物价,不断提高异地养老的住房成本和日常生活开销,异地养老群体规模的扩大也带来越来越多的有关社会融合的难题。这些都让候鸟老人们的生活质量受到影响,也为三亚异地养老模式的发展带来挑战。本章围绕着海南岛三亚市候鸟老人的生活展开讨论,却不局限于三亚的个案。与本书第五章和第六章中所讨论的随迁育童类老年人的生活不同,候鸟安养类老年人的迁移动机和过程更多的是受自我需求导向。他们迁移后的生活安排主要围绕着如何提高身心健康和丰富晚年生活展开,对迁移经历、生活方式、制度环境和养老观念等方面也有更多的反思。

一、银发候鸟与三亚之兴

海南省三亚市是我国著名的热带海滨城市。它位于海南岛的最南端,北纬18度,年平均气温25摄氏度。受海洋性气候影响,空气质量佳。早在2000年前后,就开始有北方老人到三亚过冬,以避开北方的寒冷气候,来年天气回暖之后再像候鸟一样由南方返回北方。大约2009年之后,到三亚过冬的候鸟老人数量开始急剧上升。数量增长所带来的规模效应,不仅提升了三亚的媒体曝光率和知名度,更是带动了三亚的城市经济发展。与候鸟老人相关的旅游以及配套的养老服务等已经成为一条发展迅猛的产业链。2010年,国务院发布《国务院关于推进海南国际旅游岛建设发展的若干意见》。在"国际旅游岛"获批后的5天内,根据媒体报道的数据,整个海南省商品房销售量达到171.12亿元,是海南省2008年全年的商品房销售量总和(周凤婷,2016)。

以三亚为代表的几个备受候鸟老人喜爱的城市,每年冬天究竟会吸引多少外地老人来避寒,官方没有明确的统计数据。据三亚市民政局的估算,三亚市户籍人口约60万人,其中,本地户籍、年龄在60岁以上的人口数为6.04万人,不到三亚"候鸟老人"数量的六分之一。2016年从全国各地到三亚过冬的"候鸟老人"数量已超过40万人,实际的数字可能远高过预估[1]。从迁出地来看,他们主要来自东北三省、西北地区和长三角一带,主要居住在三亚市主城区和周边的城郊接合部地区。

为进一步验证候鸟老人的增长规模,2019年4月笔者在三亚调研时从三亚市民政局得到的一组资料,能够在一定程度上反映三亚市外地老年人口的比重和规模。如表7-1所示,三亚市近几年申请办理老年人优待证的数量逐年增加,从2015年的5926人,上升到2018年的10735人。2018年1月1日至12月31日,三亚市民政局共办理老年人优待证10735张,其中金卡5909张(70周岁及以上),银卡3990张(65至69周岁),蓝卡836张(60至64

---

〔1〕《三亚成养老首选 每年40余万老人到三亚过冬》,http://www.sanya.gov.cn/sanyasite/syyw/201708/1a65215425bb4d3baeec469088c6e13f.shtml,最后访问日期:2021年10月1日。

周岁)[1]。更加值得注意的是,这10 735张老年人优待证的持有者,本地老人为627人,外埠老人为10 108人,占比高达94.2%。

表7-1 2015—2018年三亚市老年人优待证办理数量

单位:张

优待证	2015	2016	2017	2018
金卡(≥70周岁)	3 634	4 572	5 658	5 909
银卡(65—69周岁)	1 851	2 455	3 462	3 990
蓝卡(60—64周岁)	441	673	681	836
总计	5 926	7 700	9 801	10 735

资料来源:三亚市民政局,2019。

在三亚近十年的发展中,老年人口的季节性涌入,为城市发展和城市生活的很多方面都带来新的机遇和挑战。1990年第四次全国人口普查时,海南省65岁以上户籍人口比例为5.41%,这一数字在2000年第五次全国人口普查时增加到6.74%,2010年第六次全国人口普查时为8.07%。第六次全国人口普查数据显示,2010年11月1日零时海南省登记人口中,跨乡(镇、街道)流动半年以上的人口为349.78万人,其中,流入人口为184.34万人,流出人口为165.44万人。

与全省的户籍人口情况相比,三亚市常住人口的老龄化程度更低(表7-2)。不论是按照户籍人口,还是常住人口来看,海南省的人口结构距离"老龄化"还很远。因此,三亚市在城市建设和发展规划中并没有将与老年人相关的社会保障体系、社会配套养老设施和养老服务放在重要位置。与我国相对发达省市和东南沿海的部分省份相比,海南省的养老服务工作相对落后。

---

[1] 根据海南省相关文件规定,年满60周岁以上的户籍老人和在辖区内连续居住一年以上的外埠老人,均可以向其所在辖区民政局申请办理海南省老年人优待证。非本地户籍的外埠老人需要提交所在辖区派出所出具的暂住登记凭证或所在村(居)委会出具的流动人口信息登记卡,并要求登记日期满一年以上。因此,能够申请到优待证的外埠老人主要是随迁育童和长期居住的老人,大多数候鸟老人并不满足申请优待证的条件。持有优待证可以免费使用公共体育场馆,免费进入博物馆、纪念馆等景区,70周岁以上的老人可以免费乘坐公交,65周岁以上不满70周岁的老人可以乘坐公交半价。这些优待政策对于降低老年人的日常生活开销,丰富晚年生活很有帮助。在访谈中,有受访者反映办理当地老年人优待证的时间非常长,他们认为这是当地政府对于候鸟老人的变相限制。

表 7-2 2010—2018 年三亚市常住人口情况表

项目	2010	2011	2012	2013	2014	2015	2016	2017	2018
年底常住总人口数/万人	68.94	70.55	72.2	73.2	74.19	74.89	75.43	76.42	77.39
年龄占比/%									
0—14 岁	17.77	17.39	17.41	17.40	17.40	17.41	17.43	17.45	14.44
15—64 岁	77.53	77.70	77.75	77.69	77.62	77.58	77.54	77.50	80.49
65 岁及以上	4.70	4.91	4.84	4.91	4.98	5.01	5.03	5.05	5.07

数据来源：三亚市统计局，2019。

从近年的媒体报道和学界发表的学术论文可知，海南省异地养老的老年人口规模之大、影响之巨，似乎已经超出了那几座旅居城市原本可以接受的老年人口的数量。本地的居民抱怨外来老人打破了他们原有的居住环境和生活节奏，哄抬了物价和房价。与此同时，外地的老人抱怨当地政府缺少长远发展的眼光和服务消费者的意识，让外地老人得不到公平的对待和生活服务。面对这种对立的舆论和诉求，当地政府也希望能针对候鸟老人的特点形成相应的政策，却似乎一直未能让双方满意。

候鸟式养老模式始于民间自发，影响扩大后才受到社会关注。流动人口对于海南省的经济建设有重要的意义，因此有很强的声音呼吁海南省推行以实有人口为对象的居住证管理制度，赋予流动人口与当地居民同等待遇。但同时，公众舆论又强烈针对外来人口，尤其表达出对老年人口占用太多本地资源的不满。这种话语冲突不仅直接改变了候鸟老人的移居生活和安排，更对老年候鸟的社会融合造成负面影响。

早期的候鸟老人在三亚通常会购房置业，2009 年之后候鸟老人数量激增，房价、物价等生活成本也骤然提高，不少普通工薪阶层退休的老年人经济能力有限，在实际的购买能力和消费心态上都无法承担和接受三亚的高房价。因此，2010 年之后到三亚去的候鸟老人们，大多选择租房居住。2016 年，《中国新闻周刊》大篇幅报道了三亚候鸟老人的生活，记者周凤婷在三亚调查时发现：

"华丽是表象，得七拐八弯往巷子里走，才能见到'候鸟老人'们真正的生活样子：一个十多平方米的单间，洗手间和厨房公用，水电加起来一个月 600 多元。房子一共有三层，除了房东一家，分租给五六个房客。……同样位于三亚湾，也是冬季'候鸟老人'聚居地的海坡村，村道弯曲狭窄，密密麻麻地建有大小四五百栋 10 层左右的楼房，绝大部分涉及违章搭建。这些房子大都建于2009年至2013年之间,六七成都是村民和外地商人联营,村民出地,商人出资建设,五五分成。它们主要用来租给"候鸟老人"和周边酒店员工,或出租经营家庭旅馆。约3 000人的海坡村,在冬季有近三四万外地人入住,房租成为当地村民的主要收入来源。"

笔者在三亚开展调查时,已经是2019年的4月。当地的候鸟老人正在考虑离开,因为北方的天气渐渐回暖,在海边待了大半年,是时候回去了。笔者与受访者石阿姨(SY01,女,63岁)谈起房租的问题,她告诉我:"租半年和一年没区别,旺季价格高到离谱,比如海坡村,4月到10月期间,2 000元/月,10月到次年3月期间,1.6万/月。"也正是这样离谱的房租,石阿姨才动了买房子的想法。"我儿子愿意出钱买房子,他们一家三口之前也来三亚度过假,感觉很好。"尽管购房意愿强烈,可石阿姨一直在犹豫,原因有两点:其一是三亚已经开始对外来人口购房有限制条件,例如要在当地就业有两年的纳税证明或参加社保记录,要迁户口,等等;其二是三亚房价近几年猛增,石阿姨觉得三亚本身的发展水平和城市的文化底蕴一般,房价虚高,很不值得,所以打算继续观望。观望到何时?"再说吧,也许过两年就不来了。"

不仅仅是石阿姨提到"也许以后不来了"。2018年之后,来三亚的候鸟老人的数量已经开始下滑。借用推拉理论的说法,三亚市对外地老人的拉力因素正在降低,推力随之积聚。对于候鸟老人及其规模化所带来的经济效应和社会效应,当地尚未形成清晰的治理思路和服务模式。当地政府采用管理流动人口和经营旅游产业的思路来回应外地老年人的需求,在发展规划中重视房地产开发,在公共设施建设、城市社区治理、地方制度完善等方面的工作思路远远赶不上候鸟老人人口的增长速度,养老相关公共服务供给能力明显不足。因候鸟老人迁移所带动的社会经济发展等诸多效应主要被放在发展旅游的框架中应对,例如,如何提升老年人的消费水平,激发外地老人及其子女的消费意愿,而非从社区发展、养老服务等角度着手。在类似三亚这样的移民城市里,经济、产业、生活、消费等都不可避免地受到包括流动人口在内的总人口的影响。提高老年移民群体的公共服务需要打破户籍制思维,将公共服务体系的设计由户籍居民拓展到全部群体。

关于大量外来人口挤压了本地居民生活资源的舆论争议,移民老人们也有自己的看法。笔者在三亚调研时,几位老年受访者都在访谈中自发地提起这个话题:

我们外地人在海南生活、消费,本身就通过消费税的方式做了贡献,也帮助增加了就业岗位,带动了经济发展。但是,当地政府嫌我们外地人占用了当地资源。目前通过限制购房、限制落户的方式控制外来人口,甚至对办暂住证都有很多额外的条件。这对于我们老年人的生活质量有很大的负面影响。……外地人的生活方式和当地人确实有区别,风俗、习惯、价值观上也有差别,但是融合是要彼此包容,互相谅解的。他们的有些习惯我们也觉得不能接受,感觉发展有点落后呢,但是要相互尊重啊。本地人看到我们外来人口带来的问题的同时,也应该看到我们对当地经济发展所带来的贡献,全国人民都可以对海南经济发展做贡献,但是不能限制得那么死板,也不能一棒子打死。哪个地方都有素质低、素质高的人,怎么能那么片面呢?(SY02,男,60岁)

老年人在异地养老的生活中遇到很多不便之处,又觉得当地政府的养老服务工作相对滞后。于是,在这种情况下,近年来,由老年人自发形成的、代表普通老年人力量和话语的老年社会组织发展起来。这些组织在实现老年人自我管理、自我教育、自我服务的同时,能够通过多种形式将资源转化为老人及社会层面更大的整体性福利(邓燕华、阮横俯,2008;张强,2018)。

二、"洒脱"的迁徙生活

与随迁育童类老年人相比,候鸟安养类老年人在访谈中更擅长于表达自己的迁移过程和对移居生活的思考。除了三亚的候鸟老人之外,笔者在这一节还用到了北京、黄山等地其他几位颇具特点的异地安养者的访谈资料。他们的迁移故事不仅反映了当下一些老年人日趋多样的养老需求,也体现出他们的养老观念和心态也随着人的地理迁移而发生变化和调整。

(一)"家不是把人拴住"

63岁的石阿姨(SY01)是天津人,2015年她第一次萌生了到南方过冬的想法,于是她和老伴在珠海住了半年,觉得南方沿海环境适合养老,后来决定到有名的候鸟老人栖息地三亚看看。石阿姨和老伴2016年底到三亚之后,很快决定租个房子住下长期养老,原因有几点:第一,石阿姨喜欢这边的生活环境,她最爱游泳,在三亚可以在海里游泳,满足她的心愿。第二,在她看来,生活质量不仅是寿命长,更主要的是身体健康的时候生活开心,趁着年轻的时候保养身体。第三,想在三亚买个性价比高的度假房,但三亚这几年变化太快,得长期观望。

与那些为了给子女带孩子而放弃自己自由生活的老年人相比,石阿姨的看法显得很前卫,她说:"每一代人应当各司其职,我不想照顾孙子,我觉得老年人把自己的身体保养好就是给子女减少麻烦。我和老伴儿现在60多岁,趁着还算年轻提前保养好身体,晚年给儿子减轻负担。"在石阿姨自己看来,她是个很重视家庭的人,她当下的洒脱缘于她一辈子为家庭的付出。石阿姨44岁时因为单位体制改革,下岗了,那时因为独生子还未成年,父母年迈,父亲中风后卧病在床,所以她决定在家照顾父母,照顾儿子。她对自己的定位是,在收入和事业上没有过分的追求,但是,在子女教育上丝毫不能马虎,"把子女的头脑和心灵开发好,比留给他什么财富都重要"。于是,她多年来悉心照顾家庭,儿子一口气读完博士,在高校任教。对儿子的学业和事业,她很满意很自豪,尤其对儿子包容的心态感到宽慰。正是因为她在年轻时为家庭付出很多,到退休年龄之后,她希望能放下家庭的负担和羁绊,享受晚年生活,儿子也对她的生活选择表示理解和支持。

和三亚的很多候鸟老人一样,石阿姨自信开朗健康,她对养老生活的安排建立在对自己生活掌控的意愿和对家庭方方面面的情况理性思考的基础上。当被问及未来的生活安排时,石阿姨说:"如果我身体好,孩子在跟前,随时可以见面当然很好,如果我身体不好,看见也难受。我就希望把身体保养好,孩子也就放心了。最好晚坐轮椅,真到身体不行了,能走(死)得快些。争取到儿子退休之前我还能自理,不能自理后随便孩子安排。"

老两口离开老家天津在三亚生活,并不意味着孤独漂流。"人的生活应该越自由越好。家不是要把人在一个地方拴住,应当开阔眼界,了解更多的人文环境。我在这里生活,遇到各地的人,大家聊天就可以了解不同地方的情况,也很有趣。"

(二)"世界那么大,我想去看看"

无锡的黄阿姨(HS01)从单位退休下来,生活本是安逸富足的,她的丈夫从医院退休,收入可观。他们的独生子2002年留学德国,后来结婚成家移民定居,留下她和老伴在国内生活轻松自在。不幸的是,2015年她的丈夫被查出癌症,治疗一年多后去世。黄阿姨原本平静的生活被打破,对于晚年生活的一切安排都要重新规划。"在一个地方住惯了以后呢,我觉得人应该像候鸟一样地出去飞翔一下,出去看看,世界这么大,应该出去走走。"

黄阿姨在访谈中用这段话解释她为什么会离开生活几十年的无锡老家,走进新的城市,开始尝试旅居生活。很显然,丧偶后的她,需要离开独居的家,换个环境,见识新的人和物。黄阿姨的旅居探索经历了威海—三亚—黄山。早些年,她和丈夫看中了威海,并且购置了一处海景房打算日后用于度假。丈夫离世后,她想到了"热闹有名"的海南三亚,但是"三亚人太多,我联系那边的老年公寓也很难安排合适的住所,后来我就找到了黄山的这家养老院。仔细一想也很好,三亚包吃包住至少三千块,在黄山这里呢,两千块都不到,我就可以住个单间,有独立的卫生间、小厨房。当时在网上联系的,这边的负责人把住的情况都拍给我看了,我也了解了伙食情况,还不错,早上有馒头、稀饭、豆浆、鸡蛋,能够保证一上午需要的能量,中午是四菜一汤,晚上是一荤三素。我就决定住过来了"。

黄阿姨对她入住黄山的决定显然是满意的,她在访谈中滔滔不绝地赞扬了新安江的水质、黄山的空气、徽州的文化底蕴和淳朴民风。她喜欢这个地方,喜欢当地新鲜的食材,每天自己出门逛商店和菜场,逛徽州古街,还把这里介绍给无锡的朋友。"虽然这家养老院的硬件条件不是太好,住宿也不高档,但是工作人员比较实在,也很热情,住在这里我有一种心灵上的满足。"

对于黄阿姨的选择,她的儿子是赞成的,但也尝试过让母亲去德国生活,但是黄阿姨坚持自己不应该参与儿子的家庭,有权利把自己的晚年生活过好,她说:

> 我很赞赏这么一句话,小的时候对儿子是付出、培养,小孩大了以后对他是一种观望和欣赏。我不希望自己做他们那个家庭的带薪保姆,我觉得我的任务已经完成了,虽然他们有了孩子,但我觉得培养教育是他们的任务,因为我现在已经60多岁了,就算还有20年的话,我应该好好地享受人生。

黄阿姨的儿子虽然理解母亲的想法,但仍然不太放心她独自一人在国内生活,所以申请了公司外派的职位,每年有很长一段时间在广州工作。距离由国外回到国内,这在情感上对母亲是个安慰和支持。

黄阿姨把自己目前的生活方式概括为"过渡一下"。她说:

> 我在无锡那边毕竟几十年了,有稳定的社交圈子,在这里(指黄山)养老,其实也算不上养老,我只是过渡,我在这里住一阵子,我不会固定在这里的,我就是像鸟一样要飞的,因为我在无锡有房子,也是比较高档的,威海又有一套海景房,其实这个地方就是过渡一下,还有儿子在德国嘛,我以后大概就在威海、无锡和德国这三个地方走。

恰恰是这样的生活定位,让她准确地成了"跨国的老年移民",她在多地都有家,又都不是完整意义上的家,家的概念,在变迁。

(三)"相反地飞,也挺好"

与冬天去南方,夏天去北方的大多数候鸟老人相比,73岁李阿婆(BJ01)的候鸟生活显得很"另类"。从大约十年前开始,她每年冬天都和丈夫带着老母亲从老家浙江湖州去北京的弟弟家里过冬,既可以躲避南方湿冷的冬天,也实现了家人团聚。

> 我觉得现在很多老人都喜欢像候鸟一样的异地生活,我们有湖州的朋友就是,在海南,子女给他们买套房子,很便宜的,然后他们冬天了,就到海南去过日子了。过年的时候小孩也一起过去,老人呢,就等到天暖和了再回到湖州。我们呢,不一样,天冷了就到北京去,天热了再回到湖州,跟他们相反地飞。……冬天在室内比较多,我们在湖州的话就是很早要躲在被窝里,缩在被窝里不肯动了,洗澡也冷,洗手也冷,洗菜也冷,但是在北京就没有这种感觉,因为有暖气,都是热的,每天可以洗澡,洗手洗脸没有怕冷的感觉,早上也可以很早起床锻炼,所以觉得冬天在那边过冬真的是很好,觉得很舒服。等到天暖以后,暖气关掉,我们就回到南方来了。

与三亚的候鸟老人不同,李阿婆完全没有寻找住房和熟悉环境等方面的困扰。

> 我的弟弟一直很努力,先是考上了大学,在浙江这边,后来他又继续读了研究生,就去了北京,后来留在那里工作了。可是北京是大城市,没

法上户口,尤其是他在老家还有妻子和孩子,没法带到北京去。后来有个政策,说博士生可以带家属,所以他就继续考博士,把我的弟媳妇啊,小孩,都带到北京去,就在北京安家落户了。后来在北京,他的工作一年比一年好,他就买了一套房子,很大的,可以容得下我们大家一起去住,经济上面也不成问题,所以我们去了,也不用我们付伙食费什么的,都是我弟弟一家承担,一大家子在一起,很和睦很融洽,所以每年过去都不成问题。

很显然,在李阿婆的过冬安排上,去北京的关键是有"现成"的条件。因为有弟弟家作为长期"根据地",冬天去北京已经成为李阿婆生活的常态。"如果我没有亲属在北京,就很难说了,可能到南方去,到海南啊,或者什么地方去也说不定。因为北京有个弟弟在那里,条件比较好嘛,然后大家一起,又热闹又暖和又舒服,就这样选择到北京去过冬。"

年过七旬,每年和弟弟一家子共同陪伴高龄的母亲过冬避寒,让李阿婆的生活与她周围人相比显得有些特别,而她也因此形成了自己特定的生活节奏和社交模式。

> 每年在北京的时候,都会和几个朋友保持联系,发发微信。……在北京的圈子自然小得多,没有湖州的大。我就自己根据兴趣安排,我最喜欢就是早上能够打拳,然后有空呢,就弹弹琵琶,这两样东西我能够有时间安排好,其他我就无所谓啦!反正回来的时间,还是在湖州的时间比较长,还能够(和朋友们)在一起的,在北京住个四五个月嘛,我就按照自己的规律生活,也挺好的。

李阿婆的生活节奏和社交模式典型地反映了候鸟老人的"双线互补"的生活方式。他们在两地往返,在保持生活习惯的同时依据各地的特点形成某种相对的"定式",然后力争在每一个循环周期中确保亲情、友情、自在享乐、健康追求等要素都能相对平衡地纳入,并且相互补充,构成丰富且平衡的晚年生活。

迁移具有自我强化的特点,即有过迁移经历的人再次迁移的概率更高,而从未有过迁移经历或很少迁移的人则迁移意愿较低,迁移更会被看作风险高、经济成本高的人生决定,会扰乱既有的日常生活,因此不愿意尝试迁移

（王悠然，2019）。对此，澳大利亚昆士兰大学人口研究中心研究员伯纳德等人（Bernard et al.，2014）的研究结果也表明，一个人在某地生活时间越长，他们对该地的居所、工作、社群的依恋感也就越强，也就愈加不愿离开此地迁居他处。相比起那些很少或者从未移居过的老年人来说，候鸟老人们飞得越远越频繁，就越有可能形成开放的生活方式和养老观念，更能适应甚至享受迁移的生活方式。

三、异地养老的制度性制约

老年移民在迁入地的生活或多或少会受到制度性要素的影响，例如医疗健康资源的使用、医疗费用异地报销、文化休闲等公民优待等等。这些制度性制约不仅给老年人的日常生活带来特殊限制，更进一步建构了他们的移民心态和身份，影响他们的移居意愿。本书第三章在讨论异地养老的政策及典型案例时曾提到，中国在探索异地养老模式的初期就开始讨论医疗、社保等影响老年人口流动和迁移的重要制度因素。时至今日，这些问题依然是讨论的重点，尽管有不小的进步和突破，但仍存在提升和完善的空间。本节主要从医疗健康和社区养老服务这两方面来梳理异地养老可能遇到的制度性制约[1]。

（一）异地就医

健康是老年人口的核心需求。2002年，马德里老龄问题世界大会提出"积极老龄化"战略，呼吁国际社会共同关注老龄化问题，通过构建"健康""参与"和"保障"三大支柱，保障老年人在身体层面、心理层面、社会层面和社会福利保障方面获得充分的支持，进而充分发挥自己在体力、社会、精神等方面的经验和潜能，在参与社会、经济、文化、精神和相关公民事务中保持良好状态。因此，确保老年人获得充分的养老保障和健康资源是应对人口老龄化挑战的基本要求。异地就医报销是老年人异地养老的主要制度瓶颈之一。《"健康中国2030"规划纲要》中已经明确提出，要"加快推进基本医保异地就医结算，实现跨省异地安置退休人员住院医疗费用直接结算和符合转诊规定

---

[1] 本书附录二梳理了2010—2020年间我国政府各部委出台的主要养老政策，内容涉及医疗卫生、社会保障、文化旅游、教育等多个领域，体现出国家对于人口老龄化及其相关议题的关注。

的异地就医住院费用直接结算"。

目前,我国已有部分省市在医疗保险异地报销结算方面做出了制度性改进,例如,海南省受到候鸟老人人口规模不断增加的被动性压力,就医和异地结算报销的问题越来越突出,因此较早出台了有关异地就医结算的实施办法,在结算模式和结算办理流程方面(尤其是东北三省和海南省之间)有很多探索。但是,大多数地区在异地就医等方面依然存在不少问题,现行的制度仍需不断完善。本节主要以江苏省为例,分析我国医疗报销跨省报销的实施状况。选择江苏省作为重点讨论对象,是因为江苏的老龄化程度高于全国平均水平,也是长三角地区人口流动较大的省份,但又不像海南省那样具有特殊性。因此,研究江苏省异地医疗报销保障政策对其他经济相对发达地方和省份具有借鉴意义。

2017年7月,江苏省人力资源与社会保障厅发布了《江苏省医疗保险异地就医指南》,指南显示,江苏省设区的13个市均已完成与国家异地就医系统的对接工作,并且已经开通140家跨省异地就医联网医疗机构。只要居民就医的省和城市参与国家异地就医联网系统,就可以实现异地就医直接结算。从省内的情况来看,江苏省内所有市、县、区都与省异地就医结算平台联网,异地就医可以直接结算。在1 154家联网的医疗机构中,包含三级医疗机构123家,二级医疗机构268家,一级及未定级医疗机构763家。

江苏省在2018年《政府工作报告》中进一步明确提出,要扩大跨省异地就医直接结算范围,把基层医院、外出务工的农民工群体和外来到江苏的就业创业人员等全部纳入异地就医直接结算所包含的范畴中来。此外,凡参加江苏省城镇职工医保或城镇居民医保的人员,也均可纳入异地就医直接结算范围。对于老年人来说,异地安置退休人员(指退休后在异地定居并且户籍迁入定居地的人员)和异地长期居住人员(指未迁户口但在异地长期居住满6个月以上的人员)均可以申请异地就医直接结算。在异地就医结算生效之前,异地就医人员需携带相关材料到参保地医保经办机构备案,再持社会保障卡到联网定点医疗机构就医。对于那些在江苏生活的外省老人来说,可以选择先在其医保参保地办理异地就医手续,然后在江苏异地就医联网医院就医时直接结算。具体结算时要按照异地的医保目录执行,包括药品目录、诊疗项目及耗材和服务设施标准,报销的标准按照参保地的政策执行,具体包括基本医疗保险的起付线、报销比例和最高支付限额。

异地就医的结算方式包含直接刷卡结算和先垫付后报销两种。持江苏省统一社会保障卡在异地就医联网医疗机构就医时,可以刷卡直接结算,除去应由个人支付的部分外,其余由医保统筹基金支付,由医保经办机构与医院直接结算。在其他非联网医疗机构就诊的,需要参保人先垫付全额医疗费,再凭借医疗费用发票和疾病诊断证明等材料返回参保地医保经办机构完成报销手续。

尽管从上述政策文件上看,异地就医的流程和结算报销方式已经表达得很明确,但在访谈中我们发现,老年人对于异地就医报销的流程仍然不太清楚,总体的印象就是"用不上"或者"太麻烦"。有几位受访者能大致说出要办哪些手续,我们把他们提到的内容加以汇总和梳理,得到了如下的流程。首先,先回到户籍地社保机构或者在社保机构的网站上下载异地报销申报表;第二步,填写好申报表后到现居住地的一级、二级、三级任一所医院的社保或者医保经办机构盖章认定;第三步,将认定表格拿回户籍地社保经办机构审核确认;第四步,到现居住地所在市社保中心报备登记。审批登记程序必须在使用异地就医之前完成。在具体使用时,如采用先垫付后报销的方式需要自行垫付医药费,同时在住院期间要向住院所在地的社保经办机构登记备案。在治疗结束后的3个月内,参保人要提供住院病历复印件、住院发票、疾病诊断证明书及医疗费用详细结算单,回到户籍地所在的社会保险经办机构办理结算。至于报销的比例,在不同地域有差别,只有户籍地所在医院认可的花销才能执行户籍地的医疗报销比例,其他的比例都会有所减少。比起前面的政策文件,受访者叙述的流程表达出清晰的行动逻辑,即"我要在什么时间点做什么,以及在哪里做"。因此,从他们的实际感受来看,这个报销和使用流程最明显的特点就是跨越两地,不论是备案期间,还是报销费用,都需要户籍地和使用地相关部门的共同审批和认可。在两地跨越较远的情况下,交通成本高,报销比例低,受访者宁可放弃使用。

此外,由于各省区市医保报销目录差异较大,参保人员在南京就医时使用的药品、检查和治疗项目有可能不在个人参保地区医保报销目录中,导致就医发生的医疗费用中自费项目增加。对于农村户籍老年人而言,在城市就医意味着就医费用要参照城镇居民的医疗保障制度,很多费用回到原户籍地后无法用新农合报销,或者报销比例还抵不上往返交通费。在这种情况下,很多老年人避免在城市看病,结果导致小病拖成大病,大病延误治疗,还有些老人甚至在原居住地放弃参加新农合,因为交了钱用不上,成为毫无医疗健康保障的群体。

本研究的数据显示，异地生活的老年人使用过异地就医结算的比例非常低，总结下来有以下几个原因：第一，根据我国老年移民的迁移特点，异地居住的老年人年纪相对较轻，仍处于健康状况较好的阶段，对于医院诊疗的需求不高，大多数患有慢性病的老人可以通过在参保地购药的方式满足其日常健康需求。第二，被纳入异地就医联网医疗机构的医院数量非常有限，具备直接结算的医院更是少之又少，大多数异地生活的老年人并不具备到这些医院就诊的基本条件。第三，异地就医结算以就医地的医保目录执行，而报销标准参照参保地，考虑到大多数老年人是由农村向城市，或者由相对欠发达地区向发达省份迁移，两地医疗条件和医保费用上的差异常使得能真正得到报销的额度和条目非常少，再考虑到办理手续上的复杂性，很多老年人及其子女觉得犯不上这样麻烦。第四，考虑到我国现行医保的报销内容和报销比例均有严格的限制，除重大疾病或者住院手术治疗的疾病之外，门诊就诊的疾病能享受报销的比例低，费用门槛高，许多不是重病和急病的老人尽量避免异地就医，尤其是那些参加新型农村合作医疗的老年人，异地就医的成本往往超出其个人和家庭的承受能力。第五，我国异地养老群体的主体是随迁和育童类老人，他们中很大一部分保险和健康意识淡薄，在异地生活期间，出于生活上的忙碌，或者出于只是短期住住的想法，缺少对自我健康的关注，若其子女也忙于工作或婴幼儿抚育，更可能忽略父母的健康状况，忽视异地就医的政策。一旦遇到紧急疾病需要使用医保的情况，就会因为未曾办理过异地就医备案的手续，而不具备异地就医的资格。

关于异地报销手续和流程，在我们的访谈中，有老年人提出希望社区能够有针对性地开展宣讲服务，让老年人了解更多的异地医保和社保的办理方法。受访者魏大爷（NJ03，男，65岁）在访谈中提道："我觉得对于我们这些老年人尤其是外地的老年人，小区里应该多一些关于养老金、医保这些方面的知识普及的工作。省得我们老人和子女来回折腾，来回跑，毕竟孩子上班也挺忙挺辛苦的。"

还有一位受访者袁奶奶（NJ21，女，64岁），也详细讲述了一种类似的情况：

> 你说现在吧，老人大部分是跟着儿女在外面，这个医保上都有困难，还有一个就是，我们老了嘛，每年要按手指拇印印，要照片呀，也是不方便。比方说，我以前在农村当过民办教师，现在有政策，每个月给我60

块钱补贴,你说,我要回家按一个手指拇印印来回的车费就是五百多,你说按了一个手指拇印印一年领六百多,你说我值吗?后来没办法,我们和乡镇的干部都熟悉,就和他们打招呼,说了说,他们就让我们在微信上传真,暂时还是可以的。比如说,14号这天他让我按手指拇印印吧,我不是回不去嘛,他就让我在这里买上14号的报纸,让我拿着报纸把我拍上去,证明我还在。

关于异地医保和社保报销方面,受访者陈婆婆(GZ01,女,83岁)是一个很特殊的案例。户籍在广东省的她,1954年被分配到海南东方县工作,1988年,海南行政区从广东省划出,独立成为海南省。恰恰是这个行政区划上的变化,为当时已经退休返回广州的陈婆婆带来医保和社保手续上的困难。由于她在海南工作期间国家还没有形成完善的医疗保险制度,在职期间没有参加医保,所以,她退休后在广州只能加入城镇居民医疗保险。与她的许多在广东工作的同龄旧友相比,她的医疗报销比例低很多,报销的种类和方式也有很大区别。此外,由于海南省和广东省在职工工资上的差别,两省退休人员的退休工资也有较大的差距。在陈婆婆看来,自己参加工作早,工龄长,曾经也算是"国家干部",晚年期应该能够实现经济独立,可惜医疗保险和养老保险制度上的窘境,让她现在要靠三个儿女供养,心里总觉得不太公平。

陈婆婆的情况绝非个案,在异地养老的群体中,这种退休后回到原籍的"告老还乡"者都可能面临着医保和社保的地区间差异。一个人退休后能领取到的养老保险金额不仅与其户籍所在地有关,还与其工作期间参保城市有关,这很显然成为异地养老的一个制度性阻碍。退休后选择长期在异地生活的老人可能会面临许多手续上的麻烦,例如,医保报销需要回到医保缴纳地,异地领取养老金可能会被银行收取手续费,进入高龄期后要每年更新生存证明,等等。此外,地区间医疗和日常生活开销上的差异,更会影响老年人的生活质量。

(二) 健康资源整合

上一节所讨论的异地医保问题虽然在当下受到异地养老者的普遍关注,但是从制度设计的根本上看,我国当前的基本医保制度是以疾病治疗为中心的保障制度,从长远发展来看,并不符合老龄化社会的健康资源需求,因此,近年来我国正在大力推进几项健康政策改革,包括医养结合、整合医疗和长期护理保险制度等。这些政策的陆续出台和完善将有望打破现有行政制度壁垒对公共服务递送效果造成的阻碍,优化公共资源配置和使用的效率,为老年人提供更加便利和精准的健康服务。结合人口流动的大背景,健康资源整合相关政策的出台应当打破户籍制度的思维方式,要兼顾异地养老群体对医疗和养老资源的需求。

国务院在2013年9月发布的《国务院关于加快发展养老服务业的若干意见》中,第一次明确指出要"推动医养融合发展""促进医疗卫生资源进入养老机构、社区和居民家庭"。《"健康中国2030"规划纲要》明确指出,要解决好老年人等重点人群的健康问题,推进老年医疗卫生服务体系建设,推动医疗卫生服务延伸至社区、家庭。国务院也转发了《关于推进医疗卫生与养老服务相结合的指导意见》,鼓励医养结合,实现以社区为核心、家庭为基础,专业老年机构为依托,集预防、医疗、康复、护理、临终关怀为一体的服务。所谓"医养结合",是集医疗、护理、康复和基础养老设施、生活照料、无障碍活动为一体的养老模式,其优势在于能够突破一般医疗和养老的分离状态,实现为老年人提供及时、便利、精准的医疗服务,并最终将医疗服务、生活照料服务、健康康复和临终关怀等整合,提供一体化的医养结合服务,从而满足老年人的整体养老需求(张晓杰,2016)。

目前我国医养结合服务的责任主体不明晰,政策落地难度大,部门和机构间壁垒严重。由于当前我国医养结合模式的探索多以机构养老为"试验场",受限于条块"嵌入"的思维格局,不少研究聚焦在医疗和养老谁"嵌入"谁的问题上,将对医养结合的模式探索集中于机构合作方式和服务叠加形式的研究。例如,有学者基于嵌入理论提出医养结合科层组织模式、医养结合契约模式和医养结合网络模式(刘清发、孙瑞玲,2014)。但在具体实践中,嵌入模式一旦遭遇职能部门间的区块壁垒,便因条块分割、多头管理等问题形成分而治之的制度模式,进而导致医养结合工作面临真空执行或权责交叉的困境(辜胜阻 等,2017)。因此,医养结合服务的发展需要卫生、民政、人社、财政、发改等多个职能部门协同发力,从供给侧资源整合角度出发,寻找可落地实践的医养模式。

医养结合作为一种整合照料,本质上是资源配置的优化重组和养老服务机制的创新再造(胡雯,2019)。医养结合不仅是政府层面"医"与"养"两种制度上的融合,更是在服务模式革新中探索政府、市场和社会的权责关系。2018年新一轮机构改革重新整合了政府组织的结构和职能,并就医养结合的发展目标、参与主体和制度保障等方面提出明确的顶层设计和政策引导。过去几年里,全国各地进一步探索切实可行的实施模式,多维度推进医养结合高质量发展,以积极应对人口老龄化。

21世纪以来,整合医疗逐渐成为各国医疗卫生服务体系改革关注的重点。2008年WHO将整合医疗定义为:对医疗卫生体系内的各项资源进行组织和管理,在患者需要的情况下可以从中获取系统性、一体化的医疗卫生服务,产生理想的健康效果和相应的经济价值(陶文娟 等,2019)。整合型医疗服务体系要求将包括健康促进、疾病预防、疾病治疗和临终关怀等在内的各种医疗卫生服务的管理和服务整合在一起,根据健康需要,协调各级各类医疗机构,为人群提供连贯的终身服务(谭雯 等,2019)。发达国家组织开展了一系列整合医疗体系的实践,如美国整合医疗服务系统(Integrated Delivery System,简称IDS)、英国国家卫生服务体系(National Health Service,简称NHS)等。

国务院2015年出台《全国医疗卫生服务体系规划纲要(2015—2020年)》,纲要中明确提出要"优化医疗卫生资源配置,构建与国民经济和社会发展水平相适应、与居民健康需求相匹配、体系完整、分工明确、功能互补、密切协作的整合型医疗卫生服务体系"。2016年12月,原国家卫生计生委印发《国家卫生计生委关于开展医疗联合体建设试点工作的指导意见》,将医疗联合体(医联体)定义为:由不同级别、类别医疗机构之间,通过纵向或横向医疗资源整合所形成的医疗机构联合组织。医联体根据组织模式可以分为四类:在城市主要组建医疗集团、在县域主要组建医疗共同体、跨区域组建专科联盟、在边远贫困地区发展远程医疗协作网(陶文娟 等,2019)。推进医联(共)体发展,是体现以人民为中心的发展思想,是深化医改的重要步骤和制度创新,也是推进分级诊疗制度的重大举措。

医养结合的说法具有中国特色,是基于我国社会保障和福利政策体系所提出的一种特殊表达方式。但是,其整合的思路符合全球共识,也体现出对人口老龄化趋势的积极应付。世界卫生组织根据全球人口和健康发展状况定期总结关于老龄化和生命历程的10个事实[1],最新的版本多处提到世界各国应注意老年人口的健康特征及其需求。例如,世界各地大多数卫生系统

---

[1] WHO 10 Facts on Ageing and the Life Course, https://www.who.int/features/factfiles/ageing/ageing_facts/en/,最后访问日期:2021年10月7日。

都没有准备好解决老年人的需求,老年人通常患有多种慢性症状或老年综合征。卫生系统必须能够提供以老年人为中心的综合照护服务,同时注重随着人们年纪增长保持其各项能力。老年人的卫生保健和社会照护支出经常被视为给社会造成经济负担,其实应当将这些支出视为投资,使老年人能够抓住机会并继续做出许多积极的贡献。因此,全面的公共卫生行动将需要我们彻底改变对老龄化与健康问题的思考方式,并调整卫生系统的设计,满足老年人口的需求。

(三)社区养老服务与城市公共设施

在许多发达国家,包括美国、德国、瑞典、丹麦等,研究普遍发现老年移民比本地老年人使用养老服务的程度和频率都更低(例如,Hansen,2014;Songur,2021;Steinbach,2013)。产生这一现象的原因是多重的。首先,老年移民常常对当地情况不了解,无法或者没有渠道得知关于养老服务的信息;其次,当地社会在设计养老服务时没能考虑到外来老人的需求,因此在政策设计中未能将这一群体整合进去。此外,一些非西方国家在文化观念和传统上尤其重视家庭成员对老年人的帮助和关注,因此,老年人倾向于从子女和其他家庭成员那里获得所需要的支持,而非向政府、社区或专业性机构寻求养老服务。

国内的老年移民,尽管没有受到国别、签证等复杂因素的影响,但是如前两节所述,由于受到户籍和地区间差异的影响,中国的老年移民在使用养老服务时也常常面临类似的困难。因此,中国的城市,尤其是容易吸引外来人口的大城市,在政策设计和服务供给方面,要兼顾本地居民和外来移民的共同需求。

在社区和居家层面大力发展养老服务并非一个崭新的话题。早在2008年,全国老龄办、民政部等10部门就曾联合下发《关于全面推进居家养老服务工作的意见》,将居家养老确定为我国养老模式发展的重要方向。在之后的十几年里,我国以社区为依托的居家养老服务得到大力发展和宣传,政府在不断完善养老服务和保障体系的同时,鼓励民间资本参与养老服务和养老产业。

社区是老年人社会支持网络的主要构成,是社会支持的重要维度,在家庭与社会之间扮演桥梁和纽带作用。社区服务对于居家老年人是一种重要的社会支持,也是家庭养老的重要补充,对提高居家养老群体的生活质量有非常重要的作用(王殿玺,2019)。社区养老服务资源的整合以及服务体系的建构,能够为老年人提供良好的养老支持,改善老年人的健康状况。我国政府已经提倡建立"以居家为基础、以社区为依托、以机构为补充"的养老服务体系,但是在我国很多城市和地区,社区养老服务尚停留在规划层面,具体落地的可用的项目非常有限。张文宏和张君安(2020)从结构性社会资本、认知性社会资本两个维度分析中国老年人的健康状况,检验社区设施对于老年人健康的影响。余玉善等人(2018)的研究对社区支持做了具体的分类:社区提供起居照料、家政以及代购商品等服务,能够弥补老年人日常生活需求的不足;提供健康教育、上门看病和送药服务,能够在一定程度上满足老年人的医疗保健服务需求;且社区提供精神慰藉服务,能够减少老年人抑郁、焦虑等不良情绪的产生;社区组织社会和娱乐活动,可以提高老年人的社会参与水平,进而延缓其记忆力下降,降低罹患老年痴呆的风险。

然而,老年人对于社区居家养老服务的使用状况究竟如何呢?2015年,笔者曾在南京市开展了一项关于老年居民对居家养老服务的需求状况的调研[1]。调研结果显示,尽管许多城市社区按照国家相关部委的文件要求,已经挂牌成立了"居家养老服务中心""老年活动中心""日间照料中心"等等,但许多老年居民对养老服务的了解和使用程度很低。

绝大多数老年人认为居家养老服务在其居住的社区中根本不存在。不仅如此,很高比例的老年人,尤其是有子女的老年人,认为养老是家庭和子女的主要责任和义务,在遇到困难和需要他人照料时,首先考虑向子女(尤其是儿子)求助,愿意向其他亲友、社区和邻里求助的比例非常低。除养老保险和医疗保险之外,很多老年人想象不到具体的社会化服务的内容,社区养老服务主要被理解为提供"老年活动中心""棋牌室"等供老人活动娱乐、打发时间的场所。因此,在使用社区养老服务时表现出明显的类型化偏好,老年人往往更希望通过社区活动满足其"社交需求"(张晶晶,2016)。老年人对"文体

---

[1] 这项调查在2015年开展,课题组在南京市鼓楼区(老城区)和江宁区(新城区)共选取五个不同类型的社区进行调研,课题组采用地图抽样、多阶段抽样和系统抽样等手段,在被选中的五个社区中分别抽取100户为调研对象,累计回收有效问卷725份,访谈数据42份。研究指出,在家庭养老功能式微的背景下,老年人对家庭外的社会化养老服务缺乏了解,且观念上过度依赖家庭养老。社区服务被很多受访者理解为针对无子女的老人提供的服务。因此,有子女的老人即便需要帮助,也不愿多麻烦社区,一是认为自己不符合接受服务的条件,二是担心自己和子女的"面子"受损(张晶晶,2016)。实际上,社区层面的居家养老服务是面向所有老年人的,只是那些不在政府兜底范围内的老人不能享受无偿的养老服务,而需要自己支付部分费用。

活动中心"和"老年人兴趣小组"的关注程度相对较高,而对实际的生活照料类服务不太关心。

当然,这种情况的出现也很可能是因为社区提供生活照料类服务的能力有限,或彻底缺失。客观上的"无"与主观上的"不了解""不需要"相互影响。如果说,连本地老年人对于社区能提供的助老服务都不甚了解的话,由外地移居过来的老年人出于各方面的顾虑和不便,实际使用社区养老服务的比例就更低了。

再回到本项关于老年移民的研究中来,我们确实发现,绝大多数老年移民都不曾使用社区居家养老服务,原因有以下几方面:第一,以低龄老年人为主,他们的身体健康状况总体较好,不需要家庭外的养老服务;第二,随迁育童类老年人基本上与子女共同居住,即便生活遇到困难或需要健康方面的支持,也主要寻求子女帮助;第三,不少候鸟安养类老年人觉得当地养老服务政策有缺陷,跟不上需求,或者与本地人有很大的距离感,避免使用当地的服务;第四,很多老年人抱着在子女家暂住的心态,不想花时间和精力,或者根本没有时间了解相关设施和服务。当然,最重要的一点还是社区配套服务的缺失。"这个社区不搞什么社区活动,他们不太注重这方面。"(ZZ07,男,60岁)"这个社区,就是一个农村,拆迁、改建,就都在这了,弄得乱七八糟,好像完全没有规划。"(NJ15,男,64岁)除了老年人居民比例较高的老小区,应老年居民的需求可能会提供社会养老服务之外;新建成的商品房小区、新城市化地区的社区和社会发展程度相对较低的地区几乎都不提供常态化的实际的社区养老服务。

除了社区养老服务之外,老年移民群体作为城市新居民按照一些地方的规定,也能享受到一些公共设施和老年优待,以提高他们在异地的生活质量。例如,按照三亚市民政局的规定,外地老年人年满60周岁以上,在三亚市连续居住满一年以上,提供相关证明(流动人口信息登记卡),即可在民政局审批办窗口申请办理海南省老年人优待证。凭优待证老年人可享受乘坐公交出行优惠、景区优惠,以及在多家医疗机构优先挂号和优先就医等福利。优待证为非本地户籍老年人提供了低成本/无成本出行的便利,这对于很多节俭的老年人,尤其是农村户籍无退休金的老人来说,实用且实惠,为他们熟悉本地环境、增加社会交往创造了更多机会和条件。

总而言之,我们之所以关注制度的改变,因为这些作为正式的社会支持,对提高老年人的生活质量有重要作用。社会支持是个体处在危机中时可以获得的资源支持,这种支持来源于他人、群体、社区等,其本质是一种物质救助、生活扶持、心理慰藉等社会行为(Lin et al.,1981)。其中,正式社会支持的主体是各级政府、机构、企业、社区等正式组织,它们主要提供社会保障制度等支持;而非正式社会支持的主体是家庭成员、邻里、朋友、同龄人等,他们提供情感、行为和信息支持等(杜旻,2017;陶裕春、申昱,2014;徐勤,1995)。

随着人口流动和城市开放程度的增加,大多数移居人口已经基本摆脱了早期个体或群体层面的排斥和歧视,面临更深层次的社会融合问题。现实存在的制度壁垒和政策缺失成为影响其社会融合的根本障碍所在。其主要表现在以下几个方面:第一,顶层设计不足,多有政策空白。包括养老、医疗、社会保险和社会救助等在内的社会保障制度仍然遵循城乡二元、地区分立的基本格局。第二,制度各自分立,政策多而无序。移居人口的社会保障和福利看似只发生在迁入地,受迁入地政策的各项制约,事实上与流出地的制度安排有着千丝万缕的联系。地区间和部门间的问题不以协同合作的方式共同应对,问题就不能得到根本性解决。以异地就医为例,需要户口所在地开证明,医保对接等。第三,沟通机制不畅,各方交流困难。由于人口流动的巨量化和常态化,对迁移人口的管理和服务难度也日趋繁重。但是不同地区、不同部门之间的信息分立和沟通不畅严重限制了政府为流动人口服务的能力,比如三亚市对老年流动人口的管理就存在不尽如人意之处。第四,服务意识落后,政策效果不佳。行政部门重管理、轻服务,办事效率低,许多针对流动人口的登记手续只是为了方便行政部门管理,而非为相关人口提供真正有价值有意义的福利和服务。移居人口为节省时间成本,尽量避免行政手续,导致相应的政府部门缺乏相关信息。

针对上述提到的问题,为了破除现有的制度障碍,为老年移居人口提供公平、优质的社会保障和公共服务,促进他们更好地融入新的生活环境,政府应当提高公共服务供给和公平化程度。第一,要加强顶层制度设计,打破社会福利属地化管理的制度藩篱,完善制度和公共服务配套的适老化改造。把对老年移居人口的服务工作纳入地方的实际工作计划中。第二,加强数据平台建设,实现信息联动共享,解决政府部门间的数据合并和业务对接问题。第三,深化关键领域改革,逐步消除不公正待遇。让移居老人摆脱"夹心"状态,成为名副其实的城市新居民,从政策上给予老年移民城市市民福利待遇。第四,创新社区服务模式,建议社区根据移居老年人群的特点,搭建融入平台,改善和提高老人的城市生活满意度。直面移居老人普遍存在的问题,开展针对性的服务和活动,解决他们的实际困难,丰富他们的精神生活,促进他们的社会参与,提高其生活质量、融入感和归属感(韩淑娟、闫琪,2019)。

四、异地养老协会:老年移民的社会参与

与随迁育童类老年人相比,候鸟安养类老年移民的社会参与意愿更强,社会交往也更丰富,他们积极参与社会的重要表现之一就是通过自发地组建老年社会组织实现服务自我、服务社会的功能。借由组织的力量,他们有更多的机会表达老年群体的共同心声和诉求。

(一)候鸟老人的自组织

三亚市异地养老老年人协会(简称"异地养老协会")是全国第一个异地养老社会组织,是由老年人志愿结成的互帮互助、公益性、非营利性的社会团体。该社会团体经三亚市民政局批准,于2013年12月27日正式成立。在成立之初的各种宣传单册上,协会主要使用"候鸟老人"来指代自己的服务对象。这一说法在后来逐渐规范,采用概括性更强的"异地养老老年人"。

2019年,笔者在三亚调研,协会刊物上刊登的《三亚市异地养老老年人协会发展历程》一文,详细记载了协会从无到有的过程,也描述了老年移民与当地社会接触和融合的尝试与努力。最早为了改变单调的异地养老生活,候鸟老人经常自发地聚集在一起,唱歌跳舞,并组织文艺团体。例如,2006年,徐艺创建了凤凰艺术团;2007年,李纯一组建了老年模特队;2010年,张丽组建了海之梦艺术团;等等。这些文艺队伍活跃了三亚及社区的文化生活。与此同时,候鸟老人都渴求有一个自己的组织,能开展互帮互助活动,促进老人的身心健康。于是在2004年到2007年期间,几位活跃的候鸟老人自发地筹建起"北方老年人联谊会"。在2007年之后的五六年里,来三亚养老的北方老年人呈快速发展态势,其中,仅哈尔滨市,每年就有超过十分之一的老年人到三亚养老。这种新态势对三亚市的社会管理和社会服务提出了新要求。为此,哈尔滨市老年基金会特设"异地养老项目",在三亚成立办事处,开展多项改革服务措施,包括哈尔滨列车直通海口,异地就医医保对接,提供维权便民服务等。

在协会章程中,异地养老协会把自己明确界定为"全国各地来三亚异地养老的老年人志愿结成的互帮互助公益性、非营利性的社会团体""爱党爱

国,实现老有所乐、老有所为、助老扶困、奉献社会的群众组织""联系三亚异地养老老年人与当地政府的桥梁和纽带"。因此,该协会将自己的活动和服务宗旨总结为:关爱养老生活,丰富养老内容,提供养老服务,探索养老途径,为当地社会和我国养老事业进步、发展做贡献。

异地养老协会的宗旨即主要工作内容包括六个方面:

第一,联络、团结、教育全国各地异地养老的老年人,遵守宪法和法律,遵守社会公德,尊重当地风俗习惯。在各级党委、政府领导下,尽快融入三亚的社会生活,争当第二故乡的文明市民,促进社区和城市的和谐、稳定。

第二,树立积极健康的生活理念,组织适合老年人身心健康的文化、体育、娱乐、健身、旅游活动。提高老年人生活质量,提升老年群体整体素质,进而促进三亚市文化和体育事业的发展和繁荣。

第三,维护老年人的合法权益,满足他们正常的养老需求,为他们提供必要的帮助和服务,使他们在异地他乡有归属感,能够安定生活、安心休养、平安快乐。做到老有所养、老有所医、老有所为、老有所学、老有所乐。

第四,组织开展老年志愿者活动,奉献他人、提升自己、互帮互助、服务社会。

第五,为各行各业的老年人才提供施展才华的平台,让他们发挥余热,为国家旅游岛建设、为三亚经济发展和社会进步贡献力量。

第六,认真搞好调查研究,积极探索异地养老的工作经验,为发展多元化养老提供科学依据。

从上述的宗旨里,我们可以清晰地看到,异地养老协会是一个有着强烈地缘特征的自组织。协会在自己的组织架构下定期举办活动,制作自己的宣传刊物,编制《海南异地养老服务指南》等,为新候鸟老人提供生活信息。例如,异地养老协会通过开展敬老爱老助老活动,建立起与当地老年服务行业之间的合作与联系。利用自己作为民间组织的影响力和认可度,为口碑好、信誉度高的商家悬挂"敬老服务单位"牌匾,提升这些商户的知晓度和口碑,类型涵盖衣食住行各方面,包括公寓住宿(公寓租赁、房产中介等)、北方风味餐饮、日杂购物(生活必需品、当地特产等)、航空运输(机票订购、旅游出行、物流运输等)、健康保健、家政服务等等。异地养老协会会员在这些挂牌商户消费可以享受优惠。

除了自我服务和促进融入之外,异地养老协会在链接市场资源、民间力量和政府支持中发挥了重要作用,体现了重要的移民组织的特征。在美国、澳大利亚和加拿大的研究均表明,移民社区和文化圈的蓬勃发展,可以为新移民提供丰富多样的服务和资源,有助于他们较快地适应当地生活,提高幸福感(Chow,2012;Erdal and Oeppen,2013;Pih et al.,2012)。此外,异地养老协会还强调要将老年"候鸟型"人才组织好、服务好和利用好,在发挥余热的同时为当地社会做贡献。如此一来,异地养老协会则可以在个人层面、政府层面和社会层面都得到认可和接受。老年协会作为第三方被应用于养老服务的提升,通过自我管理组织、发展老年文娱活动、定点志愿帮扶等方式改善社区老年服务,实现老年人的自我管理和自我服务(张强,2018)。

(二) 老年人社会参与的界定

国际学界对老年人社会参与的研究主要从四个角度展开:第一,从介入角度来看,社会参与是指人们对各种社会活动、社会团体的介入程度。第二,从角色角度来看,社会参与是一个由正式的和非正式的社会角色所组成的,是个体当前所进行的活动和所扮演的社会角色,不仅包括社会活动,也包括诸如运动、沟通等日常活动。第三,从活动角度来看,社会参与是指个人和他人一起参加的活动,不仅包括专为他人服务的"社会奉献活动",也包括为个人目的服务的"社会参与活动"。社会参与强调的是直接或间接地对社会产生积极的影响,实现心理的和精神的满足。第四,从资源角度来看,社会参与是一种社会导向下的与他人分享资源的行为,是衡量老年人生活质量的一个重要标准。以被分享的资源为基础,社会参与可以划分为集体性社会参与、生产性社会参与以及政治性社会参与(即关于社会团体和资源分配的决策行为)等类型(李宗华,2009;杨华、项莹,2014)。

相较之下,国内对老年人社会参与的研究侧重于挖掘和利用老年人这一社会资源,主要包括七大主题:第一,有偿劳动论,持这种观点的学者认为,社会参与意味着老年人要持续生产劳动,例如退休后再就业或者不退休,产生直接的经济生产价值。第二,"有偿劳动"+"无偿劳动"论认为,老年人的社会参与除了包括继续在业和重新再就业,还要加上从事家务劳动。第三,"有偿劳动"+"无偿劳动"-"家务劳动"论认为,社会参与包括老年人参加的各种社会劳动和社会活动,如社区的社会、经济、文化、政治参与,但不包括家务劳动(姜向群、杜鹏,2013)。第四,"参与社会活动"-"娱乐活动"论认为,社会参与包括老年人参与社会经济发展活动、家务劳动(为自己家庭成员服务的劳务和活动)、社会文化活动等,但不包括娱乐活动。第五,全包含论。

第六,"娱乐"+"公益"+"有偿"的三性论。例如,裴晓梅(2004)提出对老年人社会参与的界定要兼顾三方面的特点。第七,有益论。杨宗传(2000)在《再论老年人口的社会参与》中从社会角度下定义,认为一切有益于社会的各项活动都可以算作社会参与,但是这种界定忽视了老年人自身的价值实现。综合上述各种表述,我们把中国老年人的社会参与概括为生产性、政治性和集体性社会参与三大类(图7-1)。

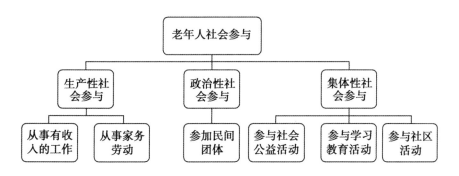

图 7-1 中国老年人社会参与的主要类型

值得注意的是,在各领域的参与度上,中国老年人表现出明显的"家庭内部事务优先"倾向。很多中国老年人虽然有外出郊游、参与社会公共事务以及经济活动的诉求,但他们大多认为给子女照看孩子、做家务是"应该做的事情","儿孙绕膝"远比交友学习的社会活动更为重要。受访者向阿姨(NJ07,女,68岁)做到了两方面兼顾,她在访谈中说道:"我们这些老人,坐在家里不就是看电视嘛,除了家务事,除了把自己的孙子呵护好,然后就是买菜煮饭,但是这些利用平时的时间就可以做掉。老年人作为志愿者为整个社区服务,我觉得这种形式挺好的,不仅能够实现老年人自身的价值,也让这个老年生活过得有意义一些。"她的兼顾得益于女儿的理解和支持,得益于她并没有将子女的家庭看作自己生活的全部。

《2016年中国志愿服务发展指数报告》数据显示(图7-2),我国志愿者的年龄构成主要以18—24岁的青年人为主(占71.5%),55—64岁志愿者仅占志愿者总数的1.1%,65—74岁的占0.3%,75岁及以上的占0.1%。这与西方发达国家的志愿者结构和志愿服务习惯有显著差别。按照我们在本书第五章和第六章的讨论,中国老年父母这种"家庭内部事务优先"的倾向不光光是他们对于传统家庭观念和责任伦理的坚守,更是为了子代和孙代的实际需求。

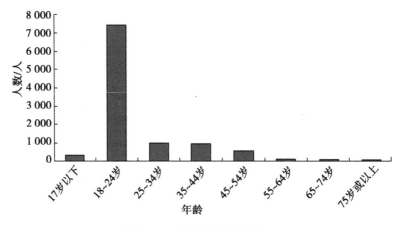

图 7-2 我国志愿者年龄分布

数据来源：2016 年中国志愿服务发展指数报告（翟雁 等，2017）。

从社会经济发展的宏观层面而言，老年人从事家务劳动可被看作"间接社会参与"的一个重要活动领域；但是，从微观层面来看，家务劳动这种"间接社会参与"没有得到充分的价值认可，并且成为社会经济文化公益活动这种"直接社会参与"的主要抑制因素。相比起家务劳动和隔代照料，家庭外的社会参与往往能让老年人感受到更多的自我价值。

（三）老年社会参与的障碍

现代社会对待老年人的观念常常是几种矛盾观念的混合。一方面，随着人口寿命的普遍延长，有贡献、有价值、有能力的生命时间也相应延长。另一方面，人在中年之后，随着年龄的增加，在政治、经济和文化等多方面都受到制度化的排挤，逐渐被边缘化，成为弱势群体。老年群体被视为不具生产力的依赖人口，体现出老年歧视，即社会大众对老年人的一种负面形塑。这种负面认识源自对"老化"和"老年"的刻板印象，导致公众普遍地对老年人社会参与能力有质疑。首先，关于生理性老化的假象。影响老年人生存质量的疾病，多半在生命后期才会出现，更多地出现在高龄老年人身上，大多数老年人会经历很长时间相对健康的老年期。科学研究系统往往为了研究之便，构想老年人生理性老化的定式，这种认识背后暗含着对"老"的消极化论调"范式"（Zhang and Liu，2021）。

其次，经济性老化的实质。工业革命以来，大规模工业生产方式要求提供源源不断的年轻劳动力以提高生产效率，体能逐渐下降的老年人便成为经济领域被隔离排除的主要对象。退休制得到全面实施，使得老年人的经济地位逐步丧失,经济参与也逐渐被边缘化。这种由年龄带来的职业隔离是经济性老化的实质推手。此外,信息化、网络化时代的"数字鸿沟"使得老年人在传统社会通过实践周期的延长而积累起来的经验被全球化的车轮碾得粉碎。老化不仅仅表现在身体机能的衰退和记忆智力的下降,而且更成为自我被时代放逐的标志(张戌凡,2011)。现代社会对老年人社会参与最主要的限制体现为劳动力市场对老年劳动力的排斥。

最后,社会性老化的建构。现代化社会的发展需要和价值观建构都更加偏爱年轻人,崇尚工具性价值和经济贡献,倡导创新能力和气魄。老年人经由正式的职业体系制度化地脱离社会(退休),成为既无重要组织身份,又缺乏文化指引的群体,在社会中逐渐被边缘化。

在中国,由于传统文化"尊老敬老"模式的延续,中国老年人呈现出一种被"歧视性地尊重"的状态,强化了老年人的被动和弱势感。真正意义上的老年人的福祉,应该是把社会参与作为基本权利,保障在每一位老年人自愿的原则下,为他们的社会参与提供合理、平等、普遍、适时、适度、不分性别、不分阶层的自由或自主参与的环境和社会保障平台,建立全方位的社会支持体系,保证老年群体公平、公正的社会参与权益(张戌凡,2011)。

我国老年人的社会参与政策从一开始就具有强烈的限定性,体现出上述几条对"老年"认识的滞后性。例如,早些年,老年大学的建立是为了接纳离退休的老干部;鼓励与支持"低龄和健康的老年人"参与社会发展;"有条件的"城市要建立老年活动中心。三亚市异地养老老年人协会在发挥老年人余热方面,也倾向于强调老教授、老专家的价值和贡献。

打破这种观念的根本在于,认识到老年人社会参与的终极目标是个人和社会的"双赢"。正是老年人所处的社会情境可以真正改变老年人角色和地位。社会为老年人提供参与的条件和机会,公共舆论话语对老年人价值的定位则有助于确定老年人在社会生活中的角色和价值。继而,老年人能够按照自己的需要、愿望和能力参与社会,在贡献社会(不仅包括生产力,还包括多元文化)的同时,提高个体的生活质量。

所谓社区参与是指社区成员遵照自愿原则参与到社区各项公共活动和公共事务的运作、管理和决策过程中。他们的实际行动会强化居民在社区建设中的权力,影响社会建设成果的分享和分配。与年轻人相比,社区是大多数老年人最为重要的生活空间与社会交往空间。随着居家养老模式的推广,社区客观地成为老年人获取资源、参与社会生活的主要社会场域和现实落点。老年人积极参与社区和社会团体，能够促进老年人的社会交往，提升自我效能感，为生活建构起更多的意义感。富有意义的社区参与有助于缓冲老年人因丧失原来的主要角色而受到的冲击。

老年人的社区参与具有很强的可行性。原因在于：社区是一个同质性相对较高的共同体，较容易建立起社会交往，可有效解决角色失范。社区是实现互惠交换的可靠场所，这种互惠以感情为基础，不以营利为目的，也不以获取权威为目标，其交换媒介可以不是货币而是社会关系和道德责任（夏玉珍、李骏，2003）。社区服务就是一种互惠性质的交换，依靠居民对社区的认同，通过群众自己的力量来解决自身的问题（夏玉珍、李骏，2003）。社区可以组织低龄老年人为高龄或孤寡老年人提供志愿服务活动，延长自我的社会参与半径。老年人在社区参与过程中可以感受到自我的内在价值，保持良好的乐观向上的心态。同时，社区参与，能使老年群体获得居民更多的尊重，为消除"老年歧视"贡献正向作用。

老年人参与社区事务具有很强的优势。首先，老年人长期居住在社区，对社区的各项情况熟悉。其次，老年群体是使用社区公共空间最频繁的人群之一。他们可以积极参与社区公共空间的交往互动，扩大社区交往的范围和效果，重建新型社区共同体。最后，老年人有较多的闲暇时间，对社区事务和社区活动具有较高的参与热情，也有较强的社区参与意愿。此外，老年人对社区的归属要比其他群体更为强烈，对形成社区共同体有着一种更为积极的倾向，更容易建立起社区共同体的纽带关系。

近年来，积极老龄化的观念逐渐深入人心，老年人的社会参与也愈发受到重视。老年社会组织作为其中的典型代表之一，发挥充分的自主性与行动力，在老年群体、社区乃至社会层面都产生了影响。它承担了社区自我管理、自我教育、自我服务的职能，对社区建设和活动发挥着重要作用，也为老年人自我增权提供了有效方式。对于很多候鸟安养类老年人来说，社会参与是他们被认同被接纳的重要体现，对于提升他们在异地的生活质量至关重要。

本章对于候鸟安养类老年移民的讨论显示，他们期待参与社会政治和经济生活的机会，对于参与社会组织和公益活动充满热情，开发老年移民的人力资源和生命价值对于促进其社会融合也有重要意义。因此，政府应积极构建共存共生的多元文化体系，将老年移民视为社会生活的重要参与者，为有需要的老年移民提供学习知识的平台，为有能力的老人创造发光发热的渠道，进而提升其社会归属感。

第八章

空间与身份：老年移民的适应与融合

  什么是家？它是老宅、老邻居、故乡或祖国。

  对故乡的依恋是人类的一种共同情感。联系越多，情感纽带就越紧密。

  空间的意义经常与地方的意义交融在一起。空间比地方更为抽象。最初无差异的空间会变成我们逐渐熟识且赋予其价值的地方。

——段义孚，2017

  十年前，当笔者在新西兰针对老年华人移民做研究时，笔者发现他们在处理自我与新环境的关系时采取了一种与年轻移民完全不同的策略和心态。融入并不被视作一个重要的或者必要的生活目标，因为他们不在当地学习工作，再加上语言障碍，所以与当地人接触和社交既是一种困难和勉强，又显得没什么意义。如今，在中国的城市中，类似的情况似乎也正在发生。不论是在媒体报道中，还是日常观察里，外地老年人常以一个游离在外的"他者"形象而存在，生活在自己的家庭和小群体中，与当地社会发生着似有似无、可有可无的联系。本章试图从空间的角度出发，探讨老年移民的社会适应与融合，以及对自我身份的理解和建构。

一、移民的社会融合

(一) 融合与适应

社会融合(social integration)是国内外移民研究中的一个经典议题。至今虽无统一定义,但学界基本上认同,社会融合是个体与个体之间、不同群体之间的互相配合、互相适应的过程(任远、邬民乐,2006;张文宏、雷开春,2008)。作为社会学和文化学意义上的专有术语,"社会融合"一词最早由英国学者斯宾塞提出。斯宾塞认为,"social integration"指的是社会结构的各个部分之间的相互依赖性以及对这些社会结构各个部分的协调和控制(黄匡时、嘎日达,2010)。个体与其生活环境之间始终保持一种张力,既相互依存又互相争斗,构成矛盾的统一体。个体的存在与发展,始终是以对环境的适应为前提,而适应是一个不停被打破平衡又重新建构平衡的过程。

在斯宾塞之后,融合概念被美国社会学家帕森斯纳入结构功能主义理论构架之中,成为社会学理论中的核心概念。而继帕森斯之后,社会学家对社会融合概念的解释及运用,逐渐分化为两种不同的倾向:一种沿袭帕森斯的观点,继续将其置于宏观的社会理论体系中,从抽象的意义上予以解释和运用;一种则朝着经验研究的方向,将这一概念用来研究各种社会群体内或群体之间的关系,特别是用来研究民族及种族群体的关系(黄匡时、嘎日达,2010)。由此,integration获得了群体层面上的"融合"的含义。

从移民研究的角度来看,社会融合不仅包含移民以及流入地的主流社会群体在文化模式和心理方面的变迁,还包含了移民对于主流社会经济、政治、教育等活动的参与,以及与主流社会群体之间社会关系的建构。值得注意的是,社会融合并不完全等同于社会适应(Social adaptation)。社会适应侧重于从移民个体角度出发,指个体与特定社会环境相互作用达成协调关系的过程,以及这种协调关系呈现的状态(陈勃,2008)。其通常需要移民调整其行为模式、价值观念、生活方式以及心理状态(刘庆,2012)。具体来看,移民的社会适应通常可以从主客观两个维度加以考察:客观方面包括移民在经济(如就业、收入消费等)、文化(如饮食、风俗、语言等)、社会(如社会参与、社会交往等)以及政治参与这四大方面是否适应了新的生活;主观上,移民是否感到被主流社会接受,是否建构起对流入地的认同感,以及是否内化了主流社会的价值观,都是判断移民是否适应主流社会的重要标准。

与移民的社会适应相对应的,还有流入地是否为移民适应和融入提供机会和环境,以确保移民可以有机会参与当地的经济、社会和文化生活,并享有和当地居民同等的生活质量和福利水平。当地社会的社会结构和制度安排会对移民的社会融合产生重要的影响。虽然移民具有主体性,有着一定程度的自由选择的权力,但从某种意义上说,结构性的移民融合政策或制度仍然是影响移民融合的根本原因。从这个角度上看,移民的社会融合问题涉及很多公共政策的面向。主流社会的社会政策,以及移民与主流社会的相互作用和相互适应对研究社会融合至关重要(Spoonley et al.,2005)。

与国外侧重族群文化融合研究不同,中国学界对于社会融合理论的本土化诠释主要是在城市化和城乡人口流动的时代背景下展开的,集中探讨流动人口和农民工在居住、价值观念、生活方式等方面融入城市社会,向城市居民转变的过程(童星、马西恒,2008),形成了几个颇具影响力的本土化解释框架,如田凯(1995)的"再社会化"解释、马西恒的"新二元关系"假说(马西恒、童星,2008)、王桂新和王利民(2008)的"三阶段"理论、杨菊华(2009,2015)的"四维度"理论等。这几个解释框架虽各有侧重,但都共同指出,中国流动人口的社会融合是多维度的,涉及经济、社会、文化、心理、身份等几个关键层面。

(二) 老年移民的社会适应和融合困境

随着老年人口迁移现象的显现,我国学界从 2015 年前后开始关注老年流动人口社会融合及其相关议题研究(李芳、李志宏,2016;杨菊华,2018)。所涉及的群体包含那些因务工、经商、随迁、照料等迁移的老年人口。与研究劳动力人口、农民工等"主流的"移民群体的研究形成对照,关于老年流动人口社会融合的研究大多采用"被动适应"视角,强调老年群体的社会融合困难主要由衰老以及与年龄相关的弱势因素(如健康、受教育程度)所决定。综合来看,老年移民主要在制度、经济、生活和社交这四个方面存在着不同程度的融入障碍。

第一,在制度方面,主要表现为现有的社会制度并没有考虑到流动老年群体的需求。以户籍制度为依托的属地化管理模式和地区差异化社会保障,使得许多老年移民在流入地并未能享受到同等的市民待遇,如城乡养老保障制度、异地就医报销制度等(何阳、娄成武,2019;史国君,2019)。社会参与机会少,社会保障缺失和社会福利落差等问题不仅影响他们在流入地生存生活发展的需求,更使得他们对于流入地的融入愈发困难(张苹,2017;郑佳然,2016)。地域和户籍分割带来的是"本地人"和"外地人"的差别,当外来人口的身份被限定时,其心理上的社会适应动机被削弱(刘庆、陈世海,2015);被区别对待的社会福利也导致老无所依、客居感的心态(何阳、娄成武,2019;孙金明,2015;张苹,2017)。

第二,在经济方面,学者对老年移民经济问题的关注程度,往往与其迁移动机和类型密切相关。对于那些以务工和就业为主要目的的老年移民来说,他们在劳动力市场的参与状况以及收入水平自然与其在当地社会的融入状况密切相关。王春光(2006)曾经在讨论中国的"半城市化"现象时,间接地讨论了经济系统对于流动人口社会融合的重要性,指出经济系统、社会系统、文化系统及制度系统四者相互衔接发挥作用。对于那些因家庭原因发生迁移的老年人口而言,大多数研究倾向于将老年人的经济状况看作背景性的个体因素,影响其社会融合的方式和过程。例如,迁移可能会使一些老年人失去一些额外收入来源,城乡间和城市间的消费差距悬殊,也会导致他们收入"缩水",因此他们或多或少地感到有经济或生存的压力(史国君,2019)。

第三,在生活方面,已有研究主要关注移居老人的生活方式适应和家庭关系调整,指出生活环境的改变、社交网络的断裂和家庭权威的削弱,使得老年人在迁移后容易产生思乡、孤独、失落等消极情绪(张苹,2017;郑佳然,2016;Ciobanu et al.,2016)。特别是那些为了给子女帮忙的老年父母,在迁移后要快速适应新的居住安排、家庭结构及规模的改变,使得他们在流入地社会融合中首要面对的是家庭融合(胡雅萍 等,2018)。当老人来到子女家中,子女成了小家庭的主人,老年人的"权威感"日益瓦解,平等观念对传统家庭关系进行挑战,有些老年人在心理上会有"被寄居"的不适应感和现实失落;在家庭生活上还要面临孙辈教养观念冲突、生活习惯冲突、消费观念差异、家庭关系调整等问题(刘庆、陈世海,2015;沈奕斐,2013;肖索未,2014;张苹,2017)。

第四,在社会交往层面,不少学者通过社区参与和社交状况来考察老年人的融入情况。总体上看,相当高比例的老年移民面临朋友隔离和社交脆弱,支援子女型移居老人尤其难以建立朋友社交网络(张文娟、刘瑞平,2018;Ciobanu et al.,2016)。例如,刘庆(2014)以武汉市为例,通过问卷调查数据发现,移居老年人对城市社会的适应仍处在较低水平,他们依恋故土,对城市社区缺乏归属感和认同,尽管他们在生活方式上寻求对城市生活的主动适应,但是闲暇活动单调且较为被动,社会交往表现出内倾性的特征,他们更愿意与自己背景和经历相似的同辈来往,且交往程度停留在表层。祝韵和谭卫华(2018)根据社会交往与文化认同的强弱情况将城市老漂族划分为四个类型,即全面融入型(强社交与强认同)、居住融入型(弱社交与强认同)、社交融入型(强社交与弱认同)、孤岛型(弱社交与弱认同),并指出老年流动人口的迁移意图和他们对流入地文化的认同程度会直接影响老年人对流入地的适应情况。那些将迁移不单单看作"为子女",以及对流入地城市有更高认可度的老年人更愿意主动地参与社区活动和社会交往,在适应和融入的过程中也都有更好的表现。

在本书中,我们将老年移居人口的社会适应和融合困境概括为以下四个方面:第一,家庭层面,包括居住安排和家庭关系的适应,例如:对于随迁育童类老年人而言,是否适应三代共同居住的安排,能否适应新的家庭分工模式,在家庭成员交往中如何处理冲突和矛盾;对于候鸟安养类老年人来说,能否妥善处理因为迁居和家庭分散居住而带来的家庭关系的变化和调整。第二,社会层面,包括日常生活方式,例如,饮食、消费、方言、风俗等,以及社会交往,例如,发展社交圈子,参与社会活动。第三,心理层面,主要指对流入地的归属感、认同感和生活满意度。第四,政策层面,主要是对流出地和流入地养老、医疗、社会服务等资源的了解和使用。通过这几个方面的探讨,旨在深入思考在不同原因驱动下,在不同的迁移过程和故事中,老年人如何实现社会适应,以及如何调整和理解自己的身份变化。

二、何处是我家

日本 NHK 电视台 2017 年在 Asia Insight 系列纪录片里专门推出了一部反映老漂族晚年生活状况的纪录片,名为《中国老漂族:大城市中努力的祖父母》(*China's Grandparents Struggling in the Big Cities*)。这部纪录片以两位老人为照顾孙子来到大城市的经历为例,讲述了老漂族的生活故事。不光是日本 NHK 电视台,近几年,在城市生活的老年人受到了很多媒体的关注,突出反映了他们闭塞的生活方式、孤独的精神状况,以及因为社会保障制度的地区壁垒而给生活带来的诸多不便和困扰。

所谓"老漂",是指那些年龄大多在 50—70 岁之间,为了支持儿女事业、抚养孙辈而离开熟悉的家乡,来到子女生活的大城市的老年人(毕宏音,2015)。"漂"的概念和绝大多数新兴概念一样,产生于年轻人,运用于年轻人,"北漂""广漂"等名目繁多的"漂泊一族"最早来源于网络,并随之发展成为大家所熟识的网络名词。比起其他"漂族",除去"代际差异","老漂"与其他漂的最大不同就是他们是出于非就业因素的漂。他们的"漂"恰恰是为了巩固家庭的"根",延续家庭的"脉"。

媒体对于"老漂"的关注,引起我们共同思考有关老年移民"家"的问题。家是什么?美国华裔地理学家段义孚从人文地理学的角度考察了人们以怎样的方式感受和思索空间,如何形成对家、故乡和国家的依恋,以及关于空间和地方的感受如何受到时间意识的影响。在段义孚(2017)看来,我们之所以将"回家"看得理所当然,因为"回家"不仅是空间向度,也在时间维度上指向过去。熟悉性是过去的一个特征。因此,家代表了一种过去的象征。而且,在理想的意义上家位于一个人生活的中心,而(我们已经知道)中心代表了原点和开始。家是一个亲切的地方。我们将房屋视为家和地方,但是整栋建筑所能唤起的过去令人心醉的形象并没有它的某些部分和家具所能唤起的多(段义孚,2017)[104,117]。

老年移民的日常谈话中,"回家"具有明显的两层含义的区分:一层含义是指当下的住所,具有功能性意义的家,例如,"回家做饭去""中午回家睡一觉"等等;另一层是指故乡,带有过往记忆和社会关系网络的老家,例如,"等孩子带大我们就要回家了""这边再好我都想回家"。尽管我们有非常多文化上的概念可以用来解释落叶归根的愿望和情结,或者用故乡情结来解释老年移民对老家的眷恋。但是,笔者感兴趣的是,有没有什么个体性和社会性的因素可以用来解释他们对于家的理解和认知,进而帮助我们更好地思考他们未来的迁移意愿和养老安排。

(一)家与空间的"拥有"

老年移民们对于"家"的理解,与生活时间的长短并没有很直接的关系。访谈中,有几位已经在移居地生活了十多年的受访者,依然会把回老家称作回家,"这么长时间来已经适应了,现在回家反而会不习惯"(NJ17,女,61岁)。而有些在他地生活时间并不长的人,却可能对新地方产生家的感觉,或者觉得两边都是"家"。受访者黄阿姨(HS01)是无锡人,接受访谈时正在黄山体验旅居养老,在访谈的过程中,她对于家的理解更多的是反映出对家的

拥有。在她看来,能够称为家的地方首先得是有固定住所的地方。她说:

> 我在无锡那边毕竟几十年了,有稳定的社交圈子,在这里(指黄山)养老,其实也算不上养老,我只是过渡,我在这里住一阵子,我不会固定在这里的,我就是像鸟一样要飞的,因为我在无锡有房子,也是比较高档的,威海又有一套海景房,其实这个地方就是过渡一下,还有儿子在德国嘛,我以后大概就在威海、无锡和德国这三个地方走。

不少在三亚生活的候鸟老人也会考虑购房的问题,上一章里提到的石阿姨(SY01)就是一直希望买下房子,结束自己租房的生活,一是觉得房租太贵不划算,另一个也是希望能有固定住所。类似的,程大爷(SY02,男,60岁)也一直考虑在三亚买房子,并且为避免自己以后房屋遗产的麻烦,打算直接把房产放在儿子名下。虽然购房的过程并不容易,但是他觉得只要能买到房子就值,就踏实,自己也能住在自己拥有的房子里安心养老。

拥有住房所有权,对于受访者提升家的感觉是一个积极的贡献性因素。这种积极的作用不仅在于稳定所带来的踏实感觉,更在于对自己生活空间和生活安排的掌控力。对于人类而言,空间是一种心理需要,是一种社会特权,甚至是一种精神属性(段义孚,2017)[47]。不少老年研究都指出,拥有独立或稳定的住所有助于增强老年人对生活空间、生活习惯和生活方式的掌控,进而对老年人的健康和福祉有积极作用(Howden-Chapman et al.,1999;Kendig et al.,2012;Tanner et al.,2012)。

不仅是黄阿姨这样的旅居,那些随迁育童类的老年人也常常会因为帮孩子买了房子而对子女家有更多的"自家"感觉。夏奶奶(NJ13,女,61岁)的儿子三年半前因为工作关系被外派到非洲,为了帮儿媳妇带孩子,她和老伴已经在南京生活四年多了。和其他一些随迁育童类老年人相比,他们在家里是有一点话语权的。对于家里的情况,她在访谈中是这样说的:

> 最近(儿子)没给我们生活费呢,都是我们花的,他爷爷苦[挣]的钱嘛,我们也就没要他给。(我们)给他们交这个(南京的)房子的那个首付嘛,他们到现在就还了我们十几万,十一万还是十二万的,还差些。……她妈妈在家里担子也不小,因为什么呢,两个小孩又加我们两个老的,现在我们能帮她赚点钱就帮帮她,她是个当家人,对吧,有什么大事啦,外

边什么人情还是要她来。

在夏奶奶看来,她在家里和儿媳妇的地位很平等,也互相尊重,原因有二:他们给儿子媳妇帮了很大的忙,这个家离了他们没法正常运转;其二,他们除了带孩子之余,爷爷找了一份工,有独立的经济来源,南京的房子里有他们的贡献。这让他们在南京的生活少了"寄人篱下"之感,更多的是自己"挣得"的结果。

我们在本书第四章里统计过老年移民的住房所有权状况,在接受调查时,有35.1%的候鸟安养类老年人住在自己拥有的房子里,这个比例在随迁育童类老年人中则低得多,仅有7.3%。结合我们这里的访谈资料,我们可以更好地理解拥有住房对老年人移居意愿和家的认同的影响力。

(二) 户籍与地方

对于中国的老年移民来说,户籍制度最能凸显家和地方的归属性质。由于本研究中所提到的老年移民大多数是"人动户口不动",他们在异地的生活常常因为户口的牵制带来生活上的诸多不便,"不能在外地看病""回家取养老金""看了病回家报销"等等。正是这种不便利,不断地提醒他们"回家",提醒他们自己"不是当地人",提醒他们"回到我们自己地方去"。

以医疗保障为例,看病难及报销麻烦是很多老人普遍面临的问题。即使在国家出台了跨省异地就医结算的相应管理办法后,相关异地就医及报销手续对于老年人来说仍旧不易操作,甚至许多老年人并不知晓相应政策的出台。即使能够实现医保报销异地结算,耗时耗力的程序使得老人在就医时仍需要自己或者子女自费付款。而且,在目前福利待遇同户籍制度深度绑定的现状下,异地养老福利保障受到非本地户口的严格限制。

除了户籍制度对日常生活福利所带来的影响之外,老年移民更常提到的一个词是"地方"。生活在南京的浦大爷(NJ14,男,62岁)是四川人,操着一口浓重的四川口音,在访谈时给我们带来不小的挑战。他在南京给儿子带孩子,虽说已经住了差不多两年,但依然隔三岔五跟儿子提出要回家的想法。在大约一个半小时的访谈里,他提了15次想回家,可儿子不让回家,其中有三次是抱怨看病和拿养老金不方便,其余都是在比较"这个地方"和"那个地方"的区别。

> 我们住在那个地方,就是那个地方人。我们老家,都是土生土长的,我认识他们,他们也认识我。我在队里当干部的时候,而且他名字啊,哪个队里的啊,生产队的啊,都晓得。你看这里,你晚上七八点钟到屋里一回家,天天在楼层这么多人,门一关你去哪玩呢,自己回自己的家。……我不想在这里待了,想老家,想回家,我们老家是有人认识嘛,每个人都认识啊。在这边我又听不懂话。(沉默片刻)我想回家,他(儿子)不准我回去,因为孩子没人带。(我)想回老家。在老家赶赶场啊,了解了解情况啊,赶集。

与大多数受访者相比,浦大爷的思乡情绪尤甚,使得他每日带着焦灼又不安的心情过日子,进而迁怒于儿子。他反反复复提到的"地方"究竟是什么呢?

皮斯等人提供了对"地方"的两种不同定义:第一个定义将"地方"理解为环境的一个方面而非概念本身,这里的环境是指"包含着个人的地方和空间"(Peace et al., 2006)[8-9]。在这个描述中,"地方"有时被定义为赋予个人和社会意义的空间。第二个定义在于"空间"和"地方"的区分,取决于它们是公共的还是私人的。在不同场景下,由于情感、社会和自然环境的不同,一个给定的空间可能会被主观地认定为公共的或私人(个人)的地方。

段义孚(2017)[4,44]在研究空间(space)与地方(place)时,也提到人类既需要空间,又需要地方。空间的意义经常与地方的意义交融在一起,空间比地方更为抽象。最初无差异的空间会变成我们逐渐熟识且赋予其价值的地方。与空间相比,地方是一个使已确立的价值观沉淀下来的中心,封闭的人性化的空间便是地方。在访谈中,老年移民提起的"地方",带有一定的封闭性,不仅受限于制度的规定,更有文化和价值的认同。地方的价值是基于属于特定人际关系的亲切感的(段义孚,2017)[114]。

浦大爷想回老家的情感真挚且迫切,而回不得的苦恼,让他只能追忆过去——"过去我们生产大队""过去做村干部""过去下队里解决问题"——从过去的生活记忆里寻找乐趣和自我价值。过去对于我们的意义是什么?人们回顾过去有各种原因,但是其共同之处是获得自我意识和身份意识。随着一个人继续活下去,过去就变长了,对时间的意识影响了对空间的意识。成年人的情感随着年龄的增长日渐丰富,于是他们对于地方的意义就有了日益深入的理解。反思性停顿和回顾过去似乎会使空间富有意义,微不足道的事件总有一天能够建构起一种强烈的地方感(段义孚,2017)[116,154]。

由于离开原有的生活环境在相对陌生的城市中居住,相应地,老年人必须尽快地转变旧有的生活方式,重新建立起新的人际关系,但是对于很多老人来讲这并不容易。同时,许多老人由于临近或和子女居住,子女已经成为自身小家庭的"主人",传统中国家庭的长辈权威逐渐在"寄居"状态中消解,加上一些老年人伴随年龄增大,逐渐出现疾病增多的情况,社会交往受限,进一步加剧他们的负面情绪,对自己产生年老无用的负面评价。"把孩子带大,我们就要回家了。回老家。就是这个地方再好,都想回家去,还是想念老家。"浦大爷在访谈里一遍遍地这样重复。

三、城乡差别与身份建构

与很多"城—城"迁移的老年人不同,农村的随迁育童类老年人常常在迁移初期面临更多的困难,适应的时间更长。比如,他们需要重新学习城市的生活方式,家用电器、生活器具的使用等,这些看似琐碎的事务却无时无刻地不在提醒着他们的"乡下人"身份。周奶奶(ZZ02,女,69岁)叙述了自己刚从农村老家到郑州时的感受,以及在郑州逐渐适应的过程。她的适应过程不仅包含着作为外地人与周围邻居熟悉起来的过程,更包括她对自己"农村人"身份的心理调适。在访谈中,她用了很多具体的例子来反映她所感受到的生活方式的变化。

> 刚来的时候就是像家里的设施啊什么的用着都不习惯。但是用水啊,可真轻松,做饭吧,也不用提水,水管一拧,可美。你做饭刷锅都不用提水,你在老家要弄个压水井咕嘟咕嘟地压,你说下地干活累得跟什么似的,用水还得压井,那压井压着也沉呀。……要说适应呢,这么长时间了,也早都适应了,现在回家吧,感觉哪儿都不干净。家里那地都是泥地,下点雨吧,黏糊糊地粘,泥里面有虫子,下雨脚上粘的都是泥巴。可在这吧,没人玩,你也不好出去,还是感觉,这么多年了也没家里得劲,除了享福了,吃上、花上,这些方面上,比家里方便,可就是这人出来在这,还是没有家里开心,家里毕竟几十年了,老邻老舍的啊,都出去,出门都不用关门,别说跟咱这样,出门都赶紧把门带上,晚上都反锁着,在家里不用带门,敞着门就跑了。

周奶奶的生活适应其实包括了很多方面,让她既感受到了城市更优越的基础设施和便捷的生活方式,例如道路、自来水、卫生条件、家用电器等方面,也体会到了城市生活方式的拘禁和约束,例如出门进门都要锁门,人与人之间互相防范。除此之外,消费方式和观念,也是农村随迁育童类老人们谈论比较多的话题。因为在农村,很多家庭可以通过耕种和养殖满足自家的很多消费需求,如米面、蔬菜、禽蛋,除了生病这样的特殊情况,农村的老年人通常只有很少的消费需求,因此,自己没有固定收入并不构成生活困扰。而到了城市之后,每一项活动都是金钱消费,使得他们在经济方面产生了愧疚感,认为自己给子女造成了经济负担。这种最琐碎但又最直观的冲击,让他们时刻面临着城乡比较,影响着他们的行为方式、社会交往,以及长期的留居意愿。

老家在河南漯河的洛爷爷(ZZ03,男,82岁)有两个儿子、一个女儿,大儿子在郑州,小儿子在深圳,女儿在新疆。老伴去世后他孤身一人在老家,子女们不放心,于是,让他跟着大儿子过,这是他晚年很自然的选择,也是全家共同认可的安排。尽管老人不情愿,想在老家待着,但一想起村里发生过独居老人猝死家里几天才被发现的惨事,自己也觉得心忧,于是,决定听从儿子的安排,搬到郑州住。

> 在家,别说孩子不放心了,我自个儿也都不放心。为啥,老了,八十多了,我们那儿,有一个心脏病的,死屋里了旁人都不知道,这要是屋里有人,也不一定会死,有东西有药,是吧?虽说是老了,没用了,但是我也想多活两天吧(大笑)。

当被问及生活是否适应时,他说道:

> 不适应也得适应,因为家里没有人,他们不让回去,那就是不适应也得适应。这个城市里贵得很,什么都比农村贵,就那么大的小包子(用手比画),一块钱一个,在我们那儿,一块钱三个,你想想,差多少,在我们那儿一块钱就吃饱了,这儿得好几块。我在这儿租个房子,那一间房子,一月一千五,这边消费高。

除了生活上的开销,消费还影响老年人休闲娱乐的意愿和心态。周奶奶平时没有什么娱乐活动,就在小区走走坐坐,有面孔熟悉的邻居就简单地聊两句。小区里的老人们常常会聚在一起打牌,她虽然也想玩,但从不参与,原因很简单,打牌是要花钱的。"他这都来钱的,你本身在这儿就吃孩子的花孩子的,你吃的花的都是他们的,再在这儿玩,浪费孩子的钱。"

随迁育童类老年人在城市的社会交往非常有限。与候鸟安养类老年人相比,他们更加感受到"生活单调无聊,没有社交""生活习惯不一样""听不懂方言,有语言障碍"(图8-1)。

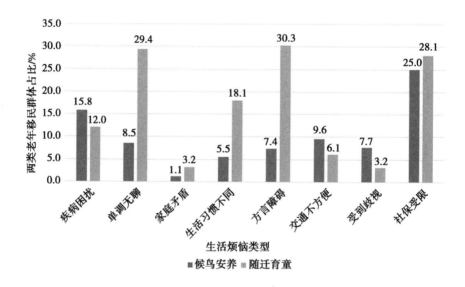

图 8-1 两类老年移民群体的生活烦恼对比

注:此题限选两项,所以出现各选项加总不等于100%的情况。

拒绝社交的背后有一系列复杂的因素,既包括方言不通、家务琐事缠身没有时间社交等客观原因,也包括担心别人歧视,感到自卑等主观原因。从河南南阳搬到郑州去帮儿子带孩子的杨奶奶(ZZ01,女,60岁)在社交方面很谨慎。担心城里人看不起,是她从不主动和邻居说话的主要原因。"在这种地方,有的时候,人家跟你说话了,你就也跟人家说句话,要是碰到不爱说话的,你跟人家说话也不好,所以我也不怎么跟人家接触那么多。怕人家城里人觉得我们'那个'。"城乡之间的"高—低"结构,也表现在其他很多老年受访者的叙述中,例如,从农村"上来"等。这种怕被城里人瞧不起的心态,导致身份上的自卑,一定程度上限制了他们与他人的交往及与社会的适应。

像杨奶奶这样担心被瞧不起的外地老年人不占少数。邻里关系看似轻松随意,却恰恰是一种"实体边界"和"主观感知边界"的空间(Gardner,2011)。老年移民们在异地的社会交往和生活体验常常会受到这两种边界的强烈影响,作为社区的边缘群体处于相对封闭状态,在不熟悉的城市生活安居并不安逸。离开家乡,与原有的社会支持系统脱离是一次人际关系的重新"洗牌"。他们在人际适应方面也通常拘泥于同省同乡等,或者由于方言沟通上的工具性障碍使得他们并不能较快适应当地的生活。甚至有些老年人会因为自己从农村来而产生自卑感,自我评价过低,产生失落感,不愿意和别人接触交往。社区在流动人口管理上也并没有特定的组织或活动,远离了旧的圈子,新的生活圈子又建立困难,在遭遇情绪波动、家庭琐事等情形时便缺少相应的倾诉和宣泄渠道。

与本地人的社会交往,虽然会不断强化老年移民的"身份感"和对"自我"的认知,但这恰恰也是能够促进他们社会融合的重要途径。接触得越多,越有可能增进了解,打破群体边界,才会更进一步地增进社会融合。周奶奶(ZZ02,女,69岁)就经历了这样一个逐渐熟悉的过程:

> 刚来的时候不认识人,带个孩子跟傻子样,也不认得人家,也不跟人家说那么多,不认识人家觉得人家都是城市里人,比咱高一等,怎么说呢,害怕人家看不起咱,都不跟人家说那么多,带个孩子,跟孩子玩,不跟人家打那么多招呼。慢慢地,就习惯了,觉得一打招呼一说话也不错,也都可好。刚来那时候咋不烦啊,也可烦,孤独得跟什么一样,成天憋着,憋那屋里不出去,都不想出去,出去也不认得一个人,出去干啥,不想出门,出去出去慢慢认识了,就习惯了,觉得出去还可以找伴玩玩,说说话,慢慢就习惯了,开心了。

住在南京儿子家的魏大爷(NJ03,男,65岁)也经历过"寻找老伙计"的过程。他在访谈里说:

> 刚来那会儿啊,我连我住的小区叫什么都不清楚呢,也不怎么下楼来。后来大家慢慢接触得都比较多了,才发现和我差不多情况的外地人还是不少的。很多都是外地来这帮儿子或者女儿带带孩子什么的。慢慢地就熟悉起来,尤其是大家有相同爱好的,比如说下下棋啊,遛遛鸟啊,唠唠家常啊什么的。平时送孙子上学之后,我就回来在小区里面和

那些老伙计聊聊天、遛遛鸟。

通过兴趣爱好促进社会交往和融合,包括跳广场舞、下棋、打牌等,甚至带孩子都是帮助老年人建立新的社会交往的契机。

相较而言,对于在城市之间迁移的老年人适应的过程会更顺利,他们需要面对的主要是新的城市环境的适应,由一地换到另一地,差别小得多。老家在河北石家庄的何大爷(ZZ05,男,62岁)说,"跟在家基本上算差不多吧"。张爷爷(ZZ07,男,60岁)也表示,"基本上没什么区别,现在不管北方南方,都很方便了"。从石家庄或上海来到郑州,从省会城市/直辖市来到省会城市,除了人生地不熟,没有觉得有什么太大差异。与从农村来到城市的"老漂"不同,何大爷拥有自己的兴趣爱好(打乒乓球),并会非常主动地与人攀谈,也成功地在小区内找到了球友,买了价格不菲的球拍,为小区的乒乓球台换了网,日常约着球友去打球,他明确地表示,找到志趣相投的球友之后"现在觉得好多了,适应了"。

四、养老空间与社会融合

正如本章所讨论的,大多数老年移民,不论是候鸟安养类的老人,还是随迁育童类的祖父母们,他们都主要生活在自己的家庭和小群体中,有些人对此自得其乐,甘之如饴。但是,也有些人期待融入机会和可能,无奈迫于身份、家庭安排、福利政策等各方面的原因,更大范围内的他们仿佛永远背着外来者的标签,缺少真正的归属和融入。

对于城市到城市迁移的老年人来说,他们的生活方式变化不明显,空间的变化和感知更多地表现为平移性的转变,而非高低之间。融入意愿与未来的生活安排之间相互影响,未来是否希望长期生活在这里决定了融入的意愿。候鸟老人,两边跑着过,在空间上的感知也常常是平衡的,两边都是家,身份的认同也是兼具两者,因此,融入的意愿并不强烈,甚至需要思考融入的意义和价值是什么。相对而言,随迁育童类老年人,尤其是城乡之间迁移的老人,在地理空间和社会空间(城乡、阶层)都经历了不平衡的变化过程,他们的社会适应和融合也因此面临更多挑战。"城—城"流动人口的福利保障水平显著高于"乡—城"流动人口,外来人的保障水平都明显低于本地人,"城乡差别"和"内外之别"使"乡—城"流动人口的社会保障处于双重弱势,这显然与"本地人"和"外来人"的身份有关(杨菊华,2009)。

对老年移民的研究离不开社会—空间的背景。就地养老的体验来自多重空间尺度:自我的空间,如身体;私有的空间,如居所;公共的空间,如社区。这些尺度可以用不同的方式进行定义(Boyle et al.,2015)。如同西美尔(2002)[466]所说的,"如果说这种相互划定界线的普遍的概念是取之于空间的界线,那么后者——更为深刻的——只不过是唯一切实的、心灵的划分界线过程的结晶或空间化"。这种关于划界的思想帮助建构了一种不同于客观物质环境的社会空间的可能性,这一可能性意味着在那个作为物质条件的空间之上,或者说以此为基础,依然可能存在着一种社会性的空间,它蕴含着丰富的观念建构和实践意义(郑震,2010)。

从某种程度上说,老年人对养老资源的需求(类型、程度、来源)可以以各种不同的方式进行排列组合。不同的养老模式是为了不同的养老群体(地域、居住方式、收入、家庭结构等)在不同的社会—空间背景下满足其具有共性又带有差异性的需求。因此,对养老方式的研究可以是先抽离空间,再还原空间的过程。正如我们的受访者李阿公(SZ01,男,69岁)这段辩证的反思表述:

> 我在这边上网,在那个地方仍然上网,是不是?在这个地方呢,地方小,但我哪里都能去;在那边呢,那个城市非常大,但是那个城市不属于我,我顶多就在门口走一走,我走不远,而且城市大以后呢,一般来讲羡慕城市大觉得怎么怎么样,其实城市大以后给你支配的空间并不多,反倒变小了。

如果我们引入空间的视角来看待老年的迁移,我们可以把"迁移"或"流动"看作拓展其养老空间的一种途径,不论是在更舒适的生活质量和生活方式的追求上,还是在老年人的情感需求上说,都可能使其能感知的空间范围得到扩大,带来很多积极的心理体验。例如,很多旅居老人在多地迁移中所得到的愉悦丰富的阅历。但是,同时"异地"也可能意味着不确定性因素的增加,新的环境、食物、方言、周边生活设施,以及对既有的生活方式和社会交往的破坏和冲击,也会对老年人晚年生活质量带来负面的影响。

从提高老年人生活质量的角度来看,家庭、社区服务和社会政策都应当各自充分发挥其作用,提升老年移民在日常生活中的感受和体验,提高移民家庭的整体福祉。首先,来自家庭的理解和支持对于增强老年人的社会参与和社会融合有重要作用。尤其是对于随迁育童类老年人而言,子女不仅要在日常生活中学会体谅父母的不易,给予足够尊重,更要关注他们在新迁居地的身心健康,意识到老年父母在社会交往和社会参与方面的需求,为他们提供和创造接触家庭以外社会活动的机会。其次,在社区层面,包括社会工作者在内的基层工作人员可以采取小组工作方法将相同或相似背景和问题的老年人组成活动与服务小组,帮助构建成员关系;通过社区工作,增加外地老年人的社区参与,加强他们与当地人的社会交往,将与其他人互动的内容丰富化(周献德、沈新坤,2009)。社区层面还应进一步完善社区的服务性功能,让老年人在社区服务中既作为服务的受惠者,又作为服务的提供者感受到自己是社区的一员,得到社区居民的接纳与认可。最后,制度体系对于老年移民的社会融合具有根本性影响,因此,政府在为老年人异地生活提供制度性便利和提升生活质量等方面应当发挥主体作用。除了继续深入探索与异地养老相配套的福利供给和保障体系,促进资源分配和社会福利均化等之外,各级政府还应当制定相应的优惠政策,鼓励民间企业和其他社会力量建立以需求为导向的服务机构。

第九章

养老空间的延伸：互联网与老年生活

> 我们这一辈的人，刚开始很少很少有微信的。我是很早很早就会玩微信的人，真的很时尚，他们都羡慕死我了。当然现在是比较普及了，基本上大家都有微信了，我们这一辈现在都玩微信，连80多岁的都在玩。
>
> ——受访者BJ01

在信息技术迅猛发展的今天，与大规模的人口流动现象相重叠的，是数字时代信息技术对社会构成、经济结构和日常生活行为方式的影响。尽管受年龄"数字鸿沟"的限制，与年轻人相比，老年群体在互联网研究中并没有得到充分的重视，但是，越来越多的老年人正在开始使用数码智能通信产品，掌握各种信息技术。

从移民研究的角度来看，老年移民的"触网"不仅意味着他们开始像年轻人那样接触新的知识，通过知识更替保持与时俱进，接受生活方式的调整和转变，更重要的是，他们正在感受因信息技术而带来的生活"时空"的改变，并在时间的压缩和空间的膨胀中重新理解和界定自己的养老观念和晚年生活。因此，在跨域移民和互联网兴起的双重语境中探讨老年移民互联网使用对其生活质量的影响，不仅能在更广阔的视域中探讨老年移民社会适应和文化融合问题，也对思考如何在信息技术高速发展背景下提高老年生活质量和完善老年福利体系有借鉴意义和理论价值。

一、银发数字鸿沟与老年网民崛起

20世纪90年代以来,以互联网为代表的信息通信技术为人类社会开启了一个无限可能的信息时代。中国在1994年首次实现与国际互联网的连接,成为国际互联网大家庭中的第77个成员。随着信息通信技术在日常生活中作用和地位的凸显,"数字鸿沟"现象备受关注。所谓的"数字鸿沟"是指不同人群、家庭、部门和地区因社会经济水平差异而在接入和使用信息通信技术上存在明显的差距(OECD,2001)。国内外众多统计数据都显示,年龄是造成数字鸿沟的一项重要指标。与年轻人相比,老年人使用互联网的比例更低、时间更短、功能更单一,但是,近年来的各项数据也显示,尤其在智能手机的兴起和推动作用下,老年网民正在崛起。

(一) 网民数量激增

截至2018年12月,我国网民规模已经达到8.29亿人,全年新增网民5 653万人,互联网普及率达59.6%,较2017年底提升3.8个百分点。其中,2017年老年网民规模为4 014.4万人,2018年老年网民(60岁及以上)规模为5 471.4万人,同比增加了约36.27%。第23—43次《中国互联网络发展状况统计报告》显示,我国老年网民的数量和比重在过去十年里已显著增加(图9-1、图9-2)。2017年由中国社会科学院社会学研究所与腾讯社会研究中心联合研创的《我国中老年人互联网生活研究报告》也显示,得益于智能

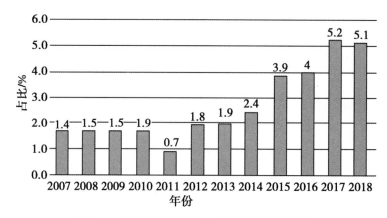

图9-1 我国老年网民(60岁及以上)数量占比

手机的普及和便捷,我国中老年人的互联网体验日渐立体全面,互联网极大地丰富了中老年人的娱乐生活,以微信为首的社交软件在中老年人社会活动的参与和组织中扮演了重要角色。

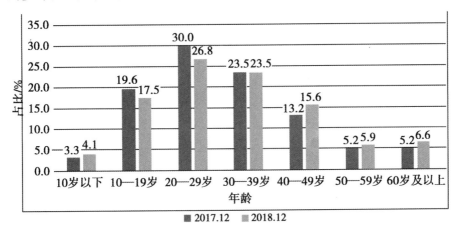

图9-2 我国网民年龄结构(2017—2018)

腾讯网用户社区旗下的酷鹅用户研究院2018年10月发布了针对我国中老年网民的调研报告《中老年网民图鉴——社交圈里圈外的互联网生活洞察》。报告显示,中老年网民中女性占比约48%,男性占比约52%,数量基本持平。从家庭结构上看,不与子女共同居住的占比约39%,祖孙三代共同居住的占比约50%,其中帮助子女带孩子的占其总量的60%。

(二) 上网诉求强烈

老年用户对于互联网的使用总体仍呈现较为积极、乐观的态度,他们在充实生活、与时代接轨、保持心态年轻化等方面拥有较好的体验和感受。上网诉求主要包括社会交往、获取资讯(浏览信息、检索资料等)、获取生活服务(移动支付、网络购物等)、休闲娱乐等,而老年用户在信息获取和社会交往方面的诉求最为凸显。

2014年中国家庭追踪调查数据(表9-1)也显示,我国60岁及以上受访者中互联网使用的比例和对上网重要性的看法明显低于其他年龄组。但是,针对网民的调查数据发现,60岁及以上网民的上网时间比起50—59岁年龄组又有了一定幅度的回升,频繁使用互联网学习的网民比例也略有增加,这可能是因为他们中的大部分人正逐渐退出劳动力市场,有了更多的闲暇时间。此外,近年来城市老年大学的兴起,也成为老年人学习上网技能、掌握网络知识和培养上网习惯的重要契机。

表9-1 2014年互联网使用的年龄差别

年龄	互联网普及率/%	上网重要性（1—5递增）	业余时间上网小时数（每周）/时	上网学习网民占比/%
10—19岁	59.8	2.9	9.4	53.3
20—29岁	73.9	3.5	14.1	49.5
30—39岁	47.7	2.7	10.6	49.1
40—49岁	20.0	1.8	8.9	47.8
50—59岁	7.8	1.4	8.6	50.2
60岁及以上	2.8	1.2	10.5	51.9

注：全样本数为21 840人，网民样本数为6 763人。
资料来源：李汪洋、谢宇，2017。《互联网不平等》，载谢宇等著，《中国民生发展报告2016》，第11章，第207-228页。

（三）手机及微信的盛行

人民网舆情数据中心与腾讯公司安全管理部、政务舆情部2018年联合发布的《中老年人上网状况及风险网络调查报告》显示，手机是中老年群体上网的主要工具，使用占比超过95.6%。随着移动设备上网功能的日益完善与使用的普及，老年人拥有手机的人数逐年递增，老年网民的数量也较2009年时增加了1.5倍。与电脑相比，智能触屏手机的操作方式更加直观便捷，可视化程度更高，打破了专业技术术语（如桌面、单击、双击、硬盘）为老年用户造成的科技恐慌，因此更加有助于老年网民群体规模的不断扩大。

该报告还指出，社交平台是中老年人获取网络知识的重要渠道，包括社交网络（例如微信等应用程序）、新闻客户端以及来自亲友网友等人的分享。老年网民使用微信的功能，大致可以分为三类：社交类、实用类、娱乐类。社交类包括日常聊天以及查看或发布朋友圈；实用类包括微信支付、收发红包、生活缴费、手机充值以及第三方服务；娱乐类包括拍摄或转发小视频、收发图片以及微信游戏。其中，微信聊天功能是老年用户日常使用最频繁的功能，娱乐类总体上使用占比较少。

《我国中老年人互联网生活研究报告》（2017）认为，中老年人不仅将微信作为即时通信工具，还将其视作表达情感和维系社交的互动平台。81.8%的人会在微信里发表情和图片，68.9%的人会发小视频，81.6%的人会在朋友圈与他人互动。在老年人最常参与的几项活动中，例如旅游、运动健身和广场舞,微信的使用量已经超过电话和面对面沟通,成为最常用的通信方式。微信的使用,对老年人社会关系网的确立与维系有很大的推进作用。

二、互联网使用与老年生活质量

国内外学者对老年人使用网络的需求、动机、上网行为以及互联网使用对老年人的影响都已有所涉及。谢立黎(2014)提出,老年人使用网络的意愿会受到态度、主观规范和知觉行为控制三大因素的影响。其中,使用态度会受到感知易学性、感知有用性、信任度和对网络恐惧的影响;感受到的主观规范主要来自子女、孙子女、同辈群体;知觉行为控制感主要受到自我效能、感知的控制力、过去经验、社会支持和网站设计的影响。孟伦(2013)发现,使用互联网可以弥合老年人在现实生活中社会关系网络的弱化,缩小代际间的信息鸿沟和观念差异,替代性地满足老年人的人际互动愿望,为老年人的家庭角色履行提供超越时空阻隔的可能性,成为老年人履行家庭角色、维系和改善家庭成员关系、挽回社会资本流失、提高价值感和充实感的一种重要选项。美国和澳大利亚的经验研究发现,老年人使用互联网可以增加老年人获取健康相关信息和医疗服务的机会,了解更多有关其自身疾病和诊疗方案的信息(Gardner et al.,2012;Hilt and Lipschultz,2004;Pew Internet and American Life Project,2004)。此外,互联网还可以为老年人提供更多的休闲选择(Mellor et al.,2008;Shiang et al.,2013),增强家庭代际交往和社会参与,减少孤独感,降低社会隔离的风险(Gardner et al.,2012;Gatto and Tak,2008;Mellor et al.,2008;Shiang et al.,2013)。

在中国,近年来不少研究关注新媒体(主要是微信)对老年人的影响。张玲和陈晴(2018)认为作为新兴媒介而广泛发展应用的微信,其受众年龄分布广泛。老年人通过使用微信,社交方式与发展社会关系模式发生改变,情感诉求的心理满足的渠道得以拓展。青年人与老年人在使用互联网过程中的差异与互动,关系到代际关系的维持与潜移默化的转变,更加深入的探究网络沟通作为一种新型的沟通方式,对老年人家庭角色缺失能够达到补偿的效果(孟伦,2013)。总体上看,使用互联网能够提高老年人的健康水平、主观幸福感和增加社会交往等,但是在移民情境中,互联网使用究竟能为老年移民的日常生活、跨国交往、社会文化融入等带来怎样的影响,学界的讨论仍有欠缺。

笔者曾经专门撰文,以新西兰老年华人移民为研究对象,分析他们的互联网使用行为。笔者认为老年移民的互联网使用不仅反映出老年人对于互联网使用的需求和行为特点,更可以作为一个重要的切入点,来理解老年移民借助互联网空间对其晚年生活的想象和建构。因为老年移民作为老年人口中的特殊群体,他们的晚年生活不仅要应对自然老化所带来的诸多生理性和心理性变化,更要应对因移民而带来的家庭和社会环境的变迁。与非移民相比,老年移民往往面对更大的社会隔离和边缘化风险(Zhang,2016)。

在那篇文章中,笔者提出三个主要的研究发现:第一,互联网促进移民生活的丰富性。学习互联网技术本身对于老年移民来说就极具自我挑战性,这种学习的成就感在移民环境中被进一步放大。与非移民不同,老年移民使用互联网不仅为他们提供了打发时间、丰富生活的新方式,还可以让老年移民继续使用母语获取生活讯息、了解时政、保持社会纽带、避免社会隔离。这极大地帮助了他们克服本土的语言文化环境对自我的情感束缚,缓解身为"他者"的身份压力。第二,互联网增强跨国纽带。使用互联网为老年移民创造了在"跨国的社会空间"(transnational social space)中生活的可能,他们普遍掌握了电子邮件、QQ、Skype等技能,利用互联网保持"虚拟的亲密关系"(virtual intimacy),与母国的亲朋好友维系情感互动,掌握最新的网络词语和了解社会事件,进而与子女甚至孙辈保持有效的交流沟通,缩小代沟。网络联系更帮助老年移民建立起本地的同辈交友圈,加强信息共享和情感支持。第三,互联网培育老年独立性。老年华人移民在西方社会文化环境中不断调整自身在养老和家庭关系中的观念和角色设定,逐渐建构出具有自身文化特征的老年独立观和代际交往规范。使用互联网被老年移民视为增强自我独立和尊严的重要方式,帮助他们重新建立与成年子女之间的代际平等,减少代际冲突。

距离笔者最初关注新西兰老年华人移民的互联网使用状况已经过去了近十年。这十年里,中国的信息通信技术经历了迅猛发展,数字技术的广泛应用有利于提高养老服务的效率和覆盖面,满足老年人口日渐多元的养老需求。与技术进步同步的,还有使用习惯和使用目标的改变。正如上一节所提到的,老年网民的上网体验也在不断丰富全面。那么,对于老年移民群体来说,互联网为他们在异地的生活带来何种影响呢?接下来的两节主要利用异地养老生活质量问卷调查和访谈数据来论述互联网使用对老年移民异地生活的影响。

三、老年移民的网络生活

(一) 智能手机的普及

2017—2019年广州—南京—三亚三地的调查数据显示,智能手机和互联网使用已经成为老年人,尤其是低龄老年人通信和社会交往的重要手段。在问卷调查中,我们询问受访者"日常生活中,您与亲戚朋友保持联系的主要方式有哪些?(限选两项)",结果显示(图9-3),微信、QQ/Email等网络联系(48.3%)已经成为仅次于打电话(81.9%)这种传统方式之外的重要联络手段。

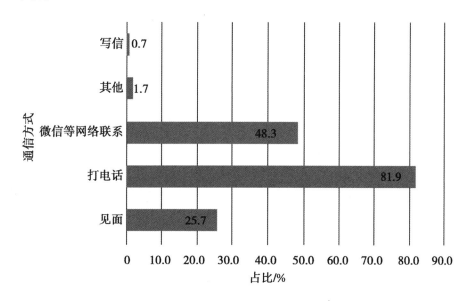

图9-3 老年移民的常用通信方式

对于老年人来说,通信方式的选择往往受多重因素的影响。其中不仅包括老年人能否有经济条件购买和使用电子设备,还包括老年人的受教育程度、认知能力、对新鲜事物的接受和学习意愿等等。如表9-2和图9-4所示,老年受访者对通信方式的选择与其受教育程度呈现出显著相关。相比起受教育程度为初中及以下的受访者而言,拥有高中及以上学历的老年人利用网络与亲友保持联系的比例明显更高。本次调研并没有发现明显的性别差异,但是有学者在专门研究微信使用时发现,女性的微信采纳比例高于男性

（周裕琼,2018）。

表9-2 不同受教育程度老年人使用通信方式的区别

单位：%

通信方式	没上过学	小学	初中	高中、中专和高职	大专	本科	研究生及以上
见面	30.7	29.9	24.3	18.2	35.7	18.0	0.0
写信	1.6	0.5	0.0	1.8	0.0	0.0	0.0
打电话	87.4	82.2	83.6	81.2	67.9	78.0	50.0
微信、QQ/Email等网络联系	15.7	38.3	48.6	64.1	80.4	76.0	100.0
其他	3.1	2.3	0.9	1.2	1.8	0.0	0.0

注：卡方检验：df=36，卡方值为167.636，sig=0.000，表明不同受教育水平的老年人，其与亲戚朋友保持联系的方式存在显著差异。

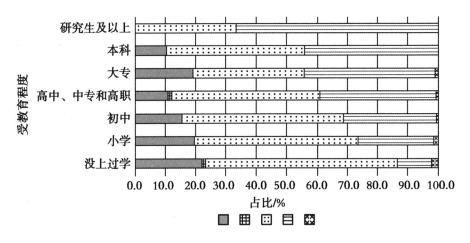

图9-4 不同受教育程度老年人使用通信方式的比较图

从迁移原因和移民类型的角度来看,候鸟安养类的老年人中使用网络联系的比例明显地高于随迁育童类的老年人(图9-5)。这一方面可能是因为他们有更多的休闲时间学习和使用互联网；另一方面可能因为候鸟安养类老年人中很大一部分是远离子女单独生活,他们与同辈群体相处的时间更多,有更强烈的独立自主的意识,使用网络联系更能分享生活中的丰富经历。

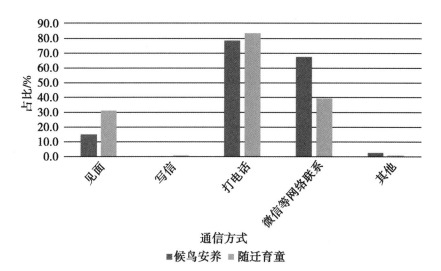

图9-5 两类老年移民使用通信方式对比

(二) 从"时髦"到"需要"

对于许多老年人来说,互联网通信不仅是一种便捷的通信方式,更是"时髦"的象征。每年冬天都要从浙江湖州老家到北京弟弟家过冬的李阿婆(BJ01,女,73岁)在她的同龄人中算是使用微信的"先锋"。自从退休后,她几乎每年冬天都在北京的弟弟家过上四五个月,在她看来,有暖气的北方比起湿冷的南方要舒服得多,所以她很乐于做不走寻常路的"候鸟"。两边跑的候鸟生活丝毫不会影响她的社交,原因很简单,就是有微信。

> 在北京,他们都比较时髦唉,我在北京也学到很多。那个时候,弟弟的女儿给我买了个手机,然后教我微信,我就用微信发到我朋友的小孩那边,他们就觉得,'哎哟!阿姨你真时髦唉!都会发微信啦!'(大笑)我们这一辈的人,刚开始很少很少有微信的。我是很早很早就会玩微信的人,真地很时尚,他们都羡慕死我了。当然现在是比较普及了,基本上大家都能有微信了,我们这一辈现在都玩微信,连80多岁的都在玩。

在李阿婆看来,最初学会使用微信和智能手机是为了赶时髦,而如今,这份时髦已经逐渐转变为需要,是巩固她的家庭关系和同辈社交网络的重要手段。在访谈中笔者发现,迁移是老年人使用智能手机和微信的重要契机,他们中的大多数是在子女的协助和引导下学会使用互联网的。使用社交软件缘于与家人或朋友联络的需要。通过社交软件,他们能够更加及时地获取对方的近况,这是对其社会关系的维持和加深的需求驱动下的行为。

将家庭作为提升老年人新媒体技术的渠道是一种类似"文化反哺"的文化传承,周晓虹(2015)在研究"文化反哺"现象时提道:"电子计算机的普及和大众传播媒体的广泛影响,使得孩子第一次能够从父母、老师以外获取大量的知识和信息,这是他们在与父母的互动中获得'反哺'能力或'话语权力'的最重要途径……来自子代的'文化反哺'不仅使亲代了解到了许多原先陌生的知识、开阔了他们的眼界,而且实实在在地提高了他们的社会适应能力。"在本书的研究中,我们确实发现,通过使用互联网技术,可以提高老年人与子女互动的频率,也让老年人更加有勇气尝试新鲜事物。

除了维持社交,上网也是老年移民打破单调生活、保持社会联结的一种方式,尽管这种联结看起来比较"虚拟"。住在深圳的李阿公(SZ01,男,69岁)就把上网看作"尽知天下大事"的主要方式。虽然在深圳跟女儿住了近十年,但他依然觉得融入不到深圳的环境里去。与老伴儿丰富的社交活动不同,李阿公的休闲娱乐全靠上网。

> 我不太喜欢跟老年人玩,不太喜欢这一种。她(指妻子)的情况就比较好,跟我不太一样,她每天早上把孩子送了以后呢,就去参加什么,嗯,太极拳、气功,还有些时候就去参加什么唱歌了嘛。因为它那边这一块呢,对老年呢,关心和组织应该说还是做得比较好,它会把五湖四海的老人,一个片区一个片区地组织起来,开展这些活动了嘛,她喜欢这个她就去。我们生活方式不太一样。我一般的情况就是上网,看电视。当然,主要任务就是早上起来要买菜,要给他们做早餐,早餐、中餐、晚餐三餐就占了很多的时间。那么中间的时间呢,我就再自己看一看电视,上一上网,然后,抽时间在外面走一走,就非常简单和单调。当然上网呢,这个里面就比较丰富了,天下这些事就都清楚了。

国外已有不少研究讨论如何在社区层面通过互联网培训提升老年人的社会参与和生活质量,例如,加德纳在美国的研究发现培养老年人使用新媒体技术是促进老年群体再社会化的可行途径之一。老年人技术服务的社区培训项目有助于老年人学习信息通信技术,并通过持续使用来增强社会联系,拓宽信息接触范围,进而促进社会参与(Gardner et al.,2012)。对于老年移民来说，社区也是老年群体除家庭以外的最主要活动范围，以社区为平台促进老年人学习新媒体技术会起到比较好的效果。尤其对于社会适应不良的老年移民来说，可以通过开展社区网络培训活动，组织社区老年人进行学习，在学习中培养老年人使用互联网和新媒体相互沟通的习惯，构建社区交流网络平台以鼓励老年人提高社会交往。

当然，在使用新媒体技术促进老年人再社会化程度的同时还要注意，新媒体技术本身存在的技术壁垒和数据安全隐患等问题会增加老年人的使用障碍。例如网络诈骗频发会增加老年人的技术恐惧，打消使用的积极性。此外，新媒体技术在设计操作细节时（如界面布局、使用习惯等）主要针对青年群体偏好，而忽视了老年群体的习惯和需求，因此如何减少老年人使用新媒体的障碍，具有重大的研究价值。

（三）"虚拟"亲密

信息技术的发展和进步对于移民维持社会关系和社交网络有极其重要的促进作用。韦尔托韦茨在研究国际移民时发现，随着国际长途电话费用的大幅下降，移民们的生活"空间"发生了改变。与母国的亲友保持密切联系变得切实可行，曾经的社会网络依然可以发挥作用，为这些身在国外的移民们提供实际的帮助、有用的信息，以及情感支持（Vertovec，2004）。正因为如此，韦尔托韦茨把长途电话称为"社会黏合剂"（social glue）。仅仅两年之后，怀尔丁关注到更多形式的互联网信息技术，并进一步指出，这些通信技术已经嵌入移民群体的日常生活中，线上的社会交往与线下生活融合，创造出一种"虚拟亲密"（virtual intimacy），使得家庭成员们即便在物理空间分离的状态下，也能保持心理上的亲密感（Wilding，2006）。

十多年过去了，中国的互联网使用率大幅提高，尤其是移动互联网的普及程度已超过不少发达国家。在我们的调查项目里，有近一半的老年人都会使用微信和QQ等即时通信软件，并且将其作为与家人、亲友日常联络的首选工具。在这种情况下，虽然生活的物理距离被拉大了，但是情感上的距离却因为信息技术而得到了一点弥补。互联网使得老年移民们当前的移居生活可以在一个超出实体的、更大的空间里拓展，并影响他们对"社交"和"家"的理解和界定。

魏大爷（NJ03，男，65岁）有两个儿子，大儿子定居在南京，小儿子在安徽老家。他在到南京帮大儿子带孩子之前从来没有用过微信，仅有的几次视频通话的经历都是和老伴一起住在小儿子家的时候才有的。两个儿子之间视频通话，他也就顺便一起看看。2016 年，大儿子家里需要帮忙，小儿子家里孩子太小也不能缺老人，于是他和老伴决定分开，各帮一边，他就跟到了南京。到了南京之后，为了方便联系，大儿子给他买了新手机，并教会他用微信。用他自己的话说，"我自己会开视频、开语音"，和老伴联系也是每天固定的安排。

> 这边呢，大儿子，儿媳妇，还有一个孙子。二儿子那边呢，有一个小孙女。其实我也想去那边，老伴在那边。可是，两边都是自己的儿子嘛。一个人照顾一家，不然会有意见啊，两边肯定会要掐架了。可毕竟都是一直隔着距离嘛，虽然平时可以打打电话，开开视频，但是总是隔着屏幕，看不见，摸不着，只能听到说话。

从移民研究的角度看，魏大爷一家是典型的分散家庭（scattered family），他和老伴的移居是为了满足两个小家庭的功能性需求。虽然他们物理空间上分散，但他和老伴保持着类似的生活节奏和时间安排，每天下午可以开开视频，互相讲讲各家的事情。移动通信技术的便捷普及，让他们能够彼此知晓生活现况，保持生活的同步，维系一家人的整体感和亲密纽带。

四、互联网话语权的代际失衡

随着现代社会媒介技术的发展和普遍运用，新媒体无论是对社会还是对个人都有着深刻的建构，潜移默化地影响着人们的价值观念和行为方式。新媒体的蓬勃发展，不仅在很大程度上控制着公共领域内大众信息传播的全过程，更对公众观念的形成和社会舆论的发展起到导向性作用。大众传播能够带来不同的价值观和生活态度，向人们展示不同人群的生活方式，公开有关同一事物或事件的不同的甚至相互迥异的观点和看法，鼓励人们探讨和争论每一种可能性的价值和现实意义。从这个方面可以看出，现代媒介将直接促进一个社会的开放（周晓虹，2015）[302]。

多元开放的新媒体平台增强了舆论作为普遍的、隐蔽的和强制的力量对社会生活的作用力。但是，新媒体技术并没有为多元话语提供同等的对话空间。相反地，在网络的传播中，舆论往往能够在较短的时间内对某一个焦点的事件呈现出集中的意见，并对网民进行方向引导，形成特定的话语权（黄文玲、李锐锋,2005)。福柯曾经对话语权进行过深入的讨论并指出,人类通过话语,将某些成规或者意义传播在社会之中,并且通过话语得到相应的权力,因此,话语权就代表着权威(Spivak,1993)。

我们在本章的前面几节里虽然展示了不少老年移民使用互联网的经历和体验,但是不可否认的是,老年人和年轻人在媒体使用中的不同表现和态度,不仅体现出数字鸿沟的差异性和区别度,更暗示着他们在互联网环境中的不同体验会形成他们对话语权的不同掌控能力,使得"文化反哺"和"反向社会化"现象变得越来越鲜明(周晓虹,2000)。随着社会对网络媒介依赖程度的加深,无论是在家庭层面还是在社会层面,既有的伦理关系与权力结构被挑战、被消解、被颠覆(周裕琼,2014)。新媒体的去中心化的特征为子代挑战亲代权威提供了可能,年轻人垄断了网络上的话语权力,老年人被边缘化,成为网络传播的"他者"(周晓虹,2011)。

笔者曾选取微博热评事件,利用 NVivo 软件辅助分析了孝观念在新媒体中所呈现出的新特点及其隐含的话语权力关系,进而反思互联网时代中国家庭的代际关系和代际话语权的变迁(张晶晶,2018)。在分析了 330 例有关父母与子女的事件以及 139 例有关婆媳关系的事件后,笔者发现,不孝、不慈等负面事件在新媒体中的曝光率和关注度不断上升,新媒体话语凸显了孝慈对等的伦理新规范。人们对孝的要求不断降低,从传统社会的"顺亲无违"转变为现代社会的权利和义务双向对等。个人作为独立的理性的个体,以独立的精神出现在家庭及社会中。这种趋势赋予现代亲子关系和家庭伦理一种不同的关系解读。传统孝道的重孝轻慈、父权至上、重义务轻权利的伦理观念被重新建构,亲子之间的关系趋于平等(杨国枢,2013)[46]。

相较之下,慈不仅受到了重视,并且具有了一个相当严格的标准。微博用户的各种评论表明,慈已经不单单是泛而大的教与养,要落实到教养的质量和结果,这样才能和现代的孝成为对等的关系。因此,由传统的重孝轻慈到现代亲子关系的义务双向和情感平等,体现了个体意识的逐渐增强。孝,不再是毫无自由的愚孝,更多的是建立在趋于平衡的基础上的一种传统的泛德和个体意识的私德所交融产生的新孝道(肖群忠,2005)。新媒体话语中孝慈观念的变化显示出子代权力的上升和代际互惠逻辑的盛行。

数字媒介的发展加剧了话语权的代际失衡。在新媒体中拥有话语权的年轻人已经捷足先登地为代际关系树立了新的价值规范,老年群体则面临失语困境。在本书第六章讨论隔代照料和代际权力关系时,笔者曾提到祖辈参与隔代照料越来越被视作理所当然的责任,参与隔代照料的投入程度成为判断祖父母是否是一个"好的祖父母"的标准。这种责任界定和道德规范的形成同样也是话语权变更的重要体现。受数字鸿沟的影响,年轻的一代成为网络上主流的声音,老年人没有适当的途径发声,也在现代伦理制度的转变之下失去了现实中的话语掌控力,体现了社会文化传承由单向的训导过程向双向的乃至多向的交流引导过程的革命性转变(周晓虹,2015)[7]。

就在笔者即将完成本书稿的时候,我们遭遇了新冠肺炎疫情的全球大流行,互联网在这场疫情中扮演着重要角色,也让我们又一次深刻体会了互联网时代话语权的代际失衡。此前任何一场疫情大流行都没有经过这样的传播阵势:死亡人数和细节通过 24/7 的滚动报道实时通达全球,30 亿用户源源不断地访问新闻,数以亿计的社交媒体来源构建了永不止歇的对话场。一方面,我们依赖社交媒体获取传染病例的最新进展,了解疫情中的故事和报道,宣泄疫情中的焦虑情绪,传递求助信息和组织志愿服务,等等;另一方面,社交媒体令错误信息与虚假信息以空前的速度传播和繁育,创造了不确定性加剧的环境,激发了个人和群体在线上线下的焦虑和种族主义。新冠肺炎的暴发与应对,伴随着一场大规模的"信息疫情"(infodemic),一些事实,加上恐惧、猜测和谣言,被现代信息技术在世界范围内迅速放大和传递,增加了社会的焦虑,在改变疾病信息传播的同时,也促使我们改变对媒体的理解和认知(金萍华,2020)。

在这个庞大的社交媒体对话场里,老年人是缺场的。我们在前几节里看到了老年人已经开始投入互联网和智能设备的使用。他们积极地拥抱微信,尝试弥补社会交往中的情感缺失;他们试探地接受互联网海量信息所带来的丰富资源,为晚年生活增色。尽管如此,在疫情期间,我们依然发现大多数老年人受媒体使用习惯和对媒介信任程度的影响,更主要地依赖官方媒体获取疫情信息。比起年轻人,他们没有被"卷入",也没有深度参与。诚然,这带来了一种劣势,就像那个深夜发出"你好"微博的 77 岁武汉老人刘立[1],在全家

---

[1] 2月5日凌晨1时34分,一位名叫刘立的武汉老人在全家感染新冠肺炎的情况下,通过外甥女帮助,在微博上开通账号@老苏8811,并发布第一条微博,内容只有两个字——"你好"。不明就里的网友,两个小时后,等来了他的第一篇长文《武汉肺炎患者求助》。他的求助信息迅速在网络上引起关注,特别是第一条"你好"两字微博,网友们的转评赞高达15万条。详见:《那个深夜发微博"你好"求助的武汉老人走了》,http://news.ifeng.com/c/7uZ1tv5eoci,最后访问日期:2020年3月4日。

感染新冠肺炎,走投无路之时,他通过自己的外甥女(一位同样不熟悉微博的中年人),企图在一个"异域"空间,发出求救信号,这困难自然是超出想象的。这种信息劣势和技术劣势,让很多老人失去了像年轻人那样获取健康资源(例如,手机 App 预约购买口罩,网购紧缺物资等)和求助的机会。疫情之下,他们不仅在病毒面前成为生理上的弱势群体,更在互联网媒体所"塑造"的疫情里,成为一群"不被看到的"人。

  关于老年移民互联网使用和代际关系等方面的思考具有重要的理论意义和现实价值。在老龄化和人口流动的叠加语境中解读老年人互联网使用方式的特殊性及其所隐含的老年移民社会融合特点,不仅为移民研究增添了老年群体话语,也为研究老年群体的新媒体技术使用提供了移民样本和经验研究支撑,为后续的深入研究提供了重要的参考资料。此外,对互联网使用状况的关注也为研究老年移民生活质量提供了新的切入点,以拓展老年移民研究的思路和视域。

第十章

结语：迁移、养老资源与生活质量

要想安度晚年，老年人需要完成五种适应性任务：(1) 要意识到并接受自身身体和精神状况的变化。(2) 有能力重新界定自己生活空间的范围，以便最大限度控制自己的个人环境。必须放弃某些角色和责任。(3) 有能力而且愿意替换那些无法再实现的兴趣、活动和关系。(4) 改变自我判断和自我评价的基础。(5) 有能力修正个体的生活目标和价值观念，以便让晚年新的生活方式具有连贯性、整体性和社会意义。

——克拉克、安德森，《文化与老龄化：对美国老年人的人类学研究》
(Clark and Aderson, 1967)

一、章节回顾

本书以一项国家社会科学基金项目为依托，在质性研究方法论的指导下，采用定性和定量相结合的调查方法，探究我国老年移民的迁移经历、迁移后的生活安排，以及他们对自己生活质量的评价。在迁移的语境下，老年移民要应对双重变化，其一是因物理空间的迁移而带来的环境改变，他们要适应新的生活环境和生活方式，熟悉新的社会关系，建立新的社会交往。其二是随着生命历程的推移，老年移民也在经历着自己和家庭发生的变化，例如，身体和健康状态的变化，家庭结构和功能重心的改变等。老年移民生活质量也正是在应对这两种变化中得以调整和实现。

全书基于对上述双重变化的考虑,分主题描述、阐释和探讨两类老年移民的生活经历及其面临的主要问题。我们发现,中国老年移民总体呈现低龄化的特点,迁移的原因多样,既有省内迁移,也有跨省迁移,这些都与现有的人口学或者定量研究的结论相一致。但与这些研究不同的地方在于,本书试图比较两类老年移民群体的异同,突出他们在迁移后的生活中各自面临的重点问题。随迁育童类老年移民的年龄相对更低,女性比例更高,收入水平、受教育程度等社会经济地位指标相对更低,农村户籍比例更高,相应地医疗社会保障水平和资源也更加有限(见第四章)。对他们来说,养老的议题还很遥远,尚未成为他们生活需要考虑的主要问题,因此,他们的迁移更多是带有利他或者说互惠动机的,以实现家庭整体福利为目标。在迁移后的生活安排上,他们以子女需要为基本原则,构成了临时扩大的家庭(祖辈暂居在子女家帮忙照顾孙辈),通过参与隔代照料来建立和巩固家庭的代际团结。在新三代同堂的模式下,代际冲突和代际团结并存,老年父母通过当下的付出(不光是劳动、时间和情感,很多时候还有对子女的经济帮助),履行自己的责任,维系和子女的情感纽带,进而为自己的晚年生活积累养老资源(第五章、第六章)。

相较而言,候鸟安养类老年移民的社会经济地位则相对略高,具备更好的经济和社会保障条件来支持他们的异地生活方式。此外,他们比随迁育童类老年人处于更晚的一个生命历程阶段,生活的重心从帮助子女抚养下一代,渐渐转回关注自身的身体健康和养老生活安排。他们的迁移动机和对移居地的选择会更多地考虑自我健康需求和养老方式偏好,表明养老观念正在发生变化,养老模式也更加多元。由于与子女共同居住的比例更低,自我或者同辈的社会支持就显得更加重要,迁移后的生活适应和社会参与是他们生活的重要议题。第七章中,我们谈到的三亚市异地养老老年人协会的例子,既体现出老年移民组织在互帮互助、满足自我养老需求方面的努力,也表明了他们对保持独立自主、发挥自身价值和融入当地社会有更高的期待。也许恰恰由于他们的受教育程度和社会参与程度更高,对养老、医疗等社会保障制度和社会化公共服务的使用经历更丰富,他们对当前福利制度的优缺点也表现出更强的反思能力。

我们的研究发现,尽管中国的候鸟安养类老年移民与随迁育童类的老年移民相比,更加关注自我需求和生活理想,但他们依然会在迁移生活的安排上兼顾子女福利,例如在选择养老目的地的过程中考虑子女的偏好,在移居地投资养老房产时,考虑家庭财富的代际传递,等等。由此可见,家庭,尤其是成年子女,对于老年人的迁移方式、迁移过程以及迁移后的生活质量有非常重要的影响力。

在本书的第八章和第九章,笔者试图引入了空间的视角,分别思考迁移所产生的物理空间的变化和互联网技术所带来的社交空间的扩大,对老年移民日常生活安排和社会关系的维系所带来的新变化。我们提到了"家"的感觉是怎样建构的,提到物理空间所隐含的社会空间感知(如阶层),也提到互联网使用可能带来的"虚拟亲密"等,这些都与老年移民的自我身份和归属感的建构有密切关联。正是这些"看不见"的感觉,让老年移民们在迁移中惦记着家,又在家中牵挂着外面的人和事。

二、老年移民生活质量影响要素

流动时代最值得思考的是养老空间的改变所带来的养老资源的重新整合,及其对生活质量的影响。图 10-1 试图把影响老年移民生活质量的要素做一个概括和汇总。首先,在流动与迁移的语境下,老年移民对其生活质量的主观评价与其自身的个体性因素有关,这些因素包括社会人口学特征、社会经济状况、健康状况以及迁移原因和类型等等。此外,一些结构性因素也会为老年移民的生活带来变化,并影响其生活质量,例如,原居住地和迁入地社会经济状况的差距、自然环境和社会习俗的区别、方言的不同等等。这些结构性因素的改变所带来的结果可能是消极的,如生活的不适应、社交中断、社会隔离,却也可能是积极的,如农村老年人移居到城市后可以享受到更便捷的日常生活设施。这些结构性因素对老年人的社会保障、社会交往以及生活质量带来的影响,既具有群体共性,也因个体性因素的差异而有所不同,构成了丰富多彩的老年移民故事。

其次,图 10-1 的中间部分列出的是对老年移民生活质量影响最大的两方面因素,分别是社会保障、社会支持与社会参与。养老金、医疗保险和公共服务等社会保障水平本身就存在地区间差异,导致农村户籍或经济欠发达地区老年居民的养老资源处于相对劣势的状态。此外,与迁移相伴生的变动因素,也给老年移民享用社会保障带来额外的障碍,对生活质量产生直接影响。在社会支持与社会参与方面,我们通常会更关注老年移民在迁入地的家庭生活和社会交往对其生活质量的影响,因而考虑他们从不同社会关系(子女、亲戚、朋友、邻里等)中所能得到的不同类型的支持(物质赡养、情感关爱、生活照料等)。在本书中,笔者更提醒读者关注"常态"意义下的迁移和流动,即老年人及其家庭的移动性已经成为一种常态。对于老年移民而言,迁移不再是一次性的变动、切断、重塑,而是反反复复、持续性变动的。因此,迁移所带来的生活边界是模糊的、持续变动的。在这种情况下,我们对于其社会支持与社会参与的理解也要考虑跨域的特点,关注迁出地和迁入地的社会支持都是老年人养老资源的重要组成部分。

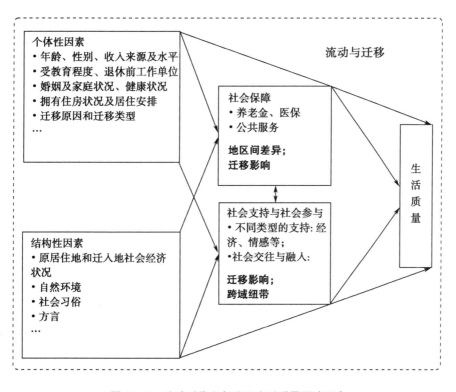

图 10-1 流动时代老年移民生活质量影响要素

最后,还需要提到一点,随着年龄的增长和生活阅历的增加,老年人对于影响其生活质量要素的认知也会发生变化。在流动与迁移的过程中,老年移民增加了生活阅历,对于不同地区、生活条件、生活环境,甚至生活方式,产生了更多的了解甚至比较。他们对于生活质量本身,及其生活要素的理解都会发生变化。他们对于当下生活的解读和对未来理想生活方式的选择,都隐含着他们对于老年生活和养老的理解和期待。

本书对老年移民及其家庭的研究主要从微观视角切入,讨论个体的生活经历和家庭的生活安排,也从个人的主体性视角分析影响老年移民生活质量的制度性和社会性要素。但是,这并不意味着我们仅仅从个人和家庭需求层面来阐释移民现象。迁移之所以被作为一种策略来满足家庭需求,更主要的是因为家庭成员的迁移实现了劳动分工的重新整合。在我国当前退休年龄总体偏低的情况下,低龄的老年移民是重要的劳动力蓄水池,尤其老年女性,在提供照护服务方面扮演着重要角色。由于第一代独生子女已经进入婚育期,独生子女家庭的父母也逐步进入老龄阶段,在社会化养老和幼儿照顾服务尚未成熟的背景下,独生子女家庭需要通过家庭成员的流动和迁移来实现抚育、教育和赡养等功能,以满足不同代的家庭成员的共同需求,进而弥补宏观层面社会福利制度、社会化服务和市场化资源的不足。因此,研究老年移民的生活质量对于理解和预判移民家庭的迁移模式和生活安排有重要作用和价值。

为了破除现有的制度障碍,为老年移居人口提供公平、优质的社会保障和公共服务,促进他们更好地融入新的生活环境,政府应当推进公共服务供给和公平化程度。具体建议包括如下五个方面:

第一,提高农村老年人口的养老保障水平。逐步缩小城乡居民在养老和医疗方面的差距,在公共服务和社会保障方面,消除城乡二元对老年移民差异化身份的建构。

第二,建立对老年人口流动的"常态"视角。把对老年移居人口的服务工作纳入地方的实际工作计划中。强化对老年人口的服务意识,打破流动人口管理思维。加强医保和养老金数据平台建设,实现信息联动共享,解决政府部门间的数据合并和业务对接问题。

第三,放开公共服务和社会优待。加强顶层制度设计,打破社会福利属地化管理的制度藩篱,逐步消除不公正待遇。在公共服务的设计理念和地方政府服务项目落地的过程中,完善制度和公共服务配套的适老化改造。从政策上给予老年移民城市市民福利待遇,使其摆脱"夹心"状态。

第四,加强对健康代际关系的宣传和倡导。家文化是中国优秀文化传统的重要组成部分,但要避免单向强调祖辈责任为老年父母形成的道德压力。一方面,要鼓励老年人关注个人身心健康,积极追求和提高晚年生活质量;另一方面,面对家庭可能存在的代际冲突,要充分利用社区资源有针对性地解决老人城市生活适应问题和家庭关系问题,促进家庭和睦。

第五,提高家庭整体社会福利。生育和抚育福利不足是激发中国老年移民的重要原因,尤其在鼓励生育的政策背景下,中国家庭可用的社会化幼儿抚养资源普遍不足,形成对祖辈的利益挤压。因此,可建立家庭育儿补偿津贴,认可祖父母在隔代照料和家庭劳动方面的贡献，不仅有助于提升老年人的家庭地位和老年人对晚年生活的自主性，也对鼓励人口生育起到实质性帮助。

三、方法反思及未来研究展望

本项研究虽然在全国多地做了问卷调查和访谈，但在质性研究方法论的指引下，抽样方法遵循目的原则，而非采用随机抽样，因此，笔者很难论证，也不打算用"科学性"和"代表性"这样的标准来评价这本书的研究结论和贡献。正如在导论中已经说明的，笔者希望本书能够呈现出老年移民家庭中丰富多样的生活故事，帮助读者在阅读的过程中，思考现代社会的流变为老年人的生活质量和中国家庭代际关系所带来的新含义。

在本书中笔者重点关注了两类老年移民群体——候鸟安养和随迁育童，那些单纯以务工经商为目的的老年流动人口（大多是低龄老年人）则没有被纳入本书的考察范围。候鸟安养类和随迁育童类老年人之所以能"流动"和"迁移"，常常因为他们本身具备一些特征，例如，能够前往三亚安养的东北老年人，他们往往有很好的经济条件；而那些能够和子女同住帮助育童的老年人，通常也是因为他们自身健康状况较好，子女也有相对较好的工作和居住条件。这些因素既是促成"流动"的选择性因素，也对主观生活质量本身构成直接影响。由于本书采用质性研究设计，对这种"选择性"因素的作用机制的探讨比较有限，对此议题感兴趣的定量研究学者可以考虑利用大样本数据展开深入分析[1]。

此外，本书一个很大的特点是代入了国际移民研究的视角。笔者在不同章节中多次提到了有关老年国际移民，尤其是海外华人的研究发现，不单局限于笔者自己曾经在新西兰做过的研究，还包括在美国、加拿大和澳大利亚等地的研究成果。这些研究发现的引入，在为我们思考中国的老年人口迁移带来新的理论视角的同时，也带来超越文化的参照群体，让我们在全球化的视域下，更好地认识移民现象的国际共性，从而在社会的和制度的角度，为提高移民群体的生活质量做出更多努力。

本文所研究的老年群体基本上是居家生活的老人，这当然是符合老年移民群体的基本特点的，但我们对于生活在机构中的老年人也不能忽视。在笔者的调查中，也有两三位是生活在养老院或老年公寓中的。他们因为年龄相对更

---

[1] 感谢本书的一位匿名评审人对此提出的宝贵意见。

大，家庭不能满足他们的养老和照料需求，才选择居住在机构里。他们的家庭故事、代际交往以及对晚年生活安排的理解，与其他居家的低龄老年人不太一样。由于这部分资料并不充分，笔者没有在本书中专门设章节来讨论。未来如果有机会，可以专门针对生活在机构里的非当地户籍的老年人展开调研，研究他们为什么做出这样的居住选择以及对这种养老方式的理解。当然，更重要的是要探讨政府、社会组织和资本在发展这种养老模式中所扮演的角色及其应该发挥的作用。

中国的老年研究还有一个特点，我们研究的老年群体几乎是育有子女的老年人。诚然，中国是一个普婚普育的社会，绝大多数的老年人都有子女，不论他们是否生活在一起、代际关系如何。中国也因此将家庭（主要指成年子女）视为养老的主体。这种情况会带来一些隐藏的后果：其一，没有子女的老年人很容易在日常生活中被边缘化，面临更高的社会隔离的风险，在使用养老服务时面临隐形的障碍（如一些医疗机构和养老院拒绝接受无子女的老人），他们的主观生活质量也因此会受到负面影响；其二，他们在研究中缺场，对该群体的学术关注非常有限。近年来，我国的生育率明显下降，生育也不再是许多家庭的必然选择，那么，我们如何建立起更加完善的社会服务体系以满足无子女老年人的养老需求是未来必然要解决的问题。无子女老年群体如何理解和规划自己的养老资源和晚年生活，也值得引起更多的学术关注。

受户籍制度的影响，我国老年移民在异地的日常生活中普遍地面临医疗和养老保障方面的限制。这也是国际移民研究中探讨的一个重要议题。老年移民对社会福利的享有和使用，不仅仅与制度设计本身有关，还关系服务宣传和服务递送等具体环节。本书对此涉及不多。希望有其他学者能够在"借鉴国外成果"与"符合现实国情"之间寻找到平衡点，充分考虑中国特有的社会政治经济环境和文化特质，制定适用于我国异地养老的社会保障政策。

从访谈资料来看，参与本研究的受访者对其生活质量总体上还是比较满意的。这种对生活的评判主要是由物质生活水平所决定的，尤其是农村的受访者，在比较了城乡生活条件和生活环境的差距后，普遍认为自己的生活质量在迁移后提高了。但是对于生活质量的满意和肯定并不必然地可以用来预测他们的未来留居意愿。对自由轻松的晚年生活的向往，对于故土的依恋，使得他们对"回家"充满期待。因此，如果可以在现有的项目中选取小样本，对他们做长期的跟踪调查，考察老年移民的养老意愿以及选择不同养老方式后生活质量的演进，将具有很强的理论价值和现实意义。

许倬云在《观世变》中概括了中国人的思考方式有几项特色,影响了我们对人、对事、对物的视野和角度。特色一,中国人比较取径于直观与体会,"悟"是时时出现的思考方式。特色二,中国人观察事物重视统摄全面,不喜欢局部分析。特色三,中国人习惯于从有机的变化中看世界,这与我们的整体性思维相互关联、难以区分。特色四,是中国人对于"动态"的关注,易经、人文化成等都是对变化的关注,变化即常态。总而言之,全面、有机与动态三项是从不同的角度陈述相同的现象,而直观的悟性则以非分析的思考统摄上述三个思考的角度,这些共同浓缩成为中国人日常生活中的人生智慧。笔者想以这段话结束此书:希望我自己、我的研究参与者、本书的读者,以及所有与此书有过关联和互动的人,都在我们的日常生活和学术生涯里参悟人生智慧。

参考文献

中文文献

阿迪,2020.移动性[M].戴特奇,译.北京:北京师范大学出版社.

毕宏音,2015."老漂族":中国式家庭生命周期历程中的特殊群体[N].中国社会科学报,3-13(B02).

布迪厄,华康德,1998.实践与反思:反思社会学导引[M].李猛,李康,译.北京:中央编译出版社.

陈勃,2008.人口老龄化背景下城市老年人的社会适应问题研究[J].社会科学(6):89-94.

陈皆明,陈奇,2016.代际社会经济地位与同住安排:中国老年人居住方式分析[J].社会学研究(1):73-97.

陈盛淦,吴宏洛,2016.二孩政策背景下随迁老人城市居留意愿研究:基于责任伦理视角[J].东南学术(3):62-67.

陈向明,2000.质的研究方法与社会科学研究[M].北京:教育科学出版社.

陈雪,2016.国外性别与移民研究的互动[J].妇女研究论丛(4):120-128.

陈耀辉,陈万琳,2013.江苏省城镇居民生活满意度评价分析[J].数理统计与管理(5):777-795.

陈谊,黄慧,2006.如何解决老年人的异地养老需求[J].北京观察(10):19-22.

陈颖,王红姝,2018.城市居民"养老下乡"与农村经济发展[J].人民论坛(16):88-89.

陈友华,2016.异地养老:问题与前景[J].江苏社会科学(2):127-132.

党俊武,2018.中国城乡老年人生活状况调查报告[M].北京:社会科学文献出版社.

邓燕华,阮横俯,2008.农村银色力量何以可能?以浙江老年协会为例[J].社会学研究

(6):131-154.

丁志宏,2012. 我国老人异地养老意愿的实证研究[J]. 兰州学刊(6):129-133.

杜旻,2017. 社会支持对老年人心理健康的影响研究[J]. 人口与社会(4):12-19.

杜鹏,张航空,2011. 中国流动人口梯次流动的实证研究[J]. 人口学刊(4):14-20.

段义孚,2017. 空间与地方:经验的视角[M]. 王志标,译. 北京:中国人民大学出版社.

樊欢欢,2000. 家庭策略研究的方法论:中国城乡家庭的一个分析框架[J]. 社会学研究(5):100-105.

方飞,1988. 浅析老年群众组织[J]. 老年学杂志(3):137-139.

风笑天,2007. 生活质量研究:近三十年回顾及相关问题探讨[J]. 社会科学研究(6):1-8.

风笑天,李芬,2016. 生不生二孩? 城市一孩育龄人群生育抉择及影响因素[J]. 国家行政学院学报(1):94-101.

风笑天,2017. 城市两类育龄人群二孩生育意愿的影响因素研究[J]. 东南大学学报(哲学社会科学版)(3):75-82.

冯立天,1992. 中国人口生活质量研究[M]. 北京:北京经济学院出版社.

福柯,1999. 必须保卫社会[M]. 钱翰,译. 上海:上海人民出版社.

辜胜阻,吴华君,曹冬梅,2017. 构建科学合理养老服务体系的战略思考与建议[J]. 人口研究(1):3-14.

郭于华,2001. 代际关系中的公平逻辑及其变迁:对河北农村养老事件的分析[J]. 中国学术(4):221-253.

国家卫生和计划生育委员会流动人口司,2015. 中国流动人口发展报告:2015[M]. 北京:中国人口出版社.

国家卫生和计划生育委员会流动人口司,2016. 中国流动人口发展报告:2016[M]. 北京:中国人口出版社.

韩淑娟,闫琪,2019. 老年流动人口社会融合新特征及公共政策优化:基于山西省的数据[J]. 山西高等学校社会科学学报(10):29-33.

何明洁,2009. 劳动与姐妹分化:"和记"生产政体个案研究[J]. 社会学研究(2):149-176.

何阳,娄成武,2019. 异地养老者社会融入的四维检视与应对逻辑:基于海南省的实证调查[J]. 求实(1):84-95.

贺雪峰,2009. 农村代际关系论:兼论代际关系的价值基础[J]. 社会科学研究(5):84-92.

胡雯,2019. 健康中国背景下机构改革助力医养结合发展的方案构想[J]. 行政管理改革(2):48-56.

胡雅萍,刘越,王承宽,2018. 流动老人社会融合影响因素研究[J]. 人口与经济

(6):77-88.

郇建立,考夫曼,2014. 老龄社会的人类学考察:人类学学者访谈录之六十八[J]. 广西民族大学学报(哲学社会科学版)(1):7-16.

黄匡时,嘎日达,2010. 社会融合理论研究综述[J]. 新视野(6):86-88.

黄文玲,李锐锋,2005. BBS 传播的舆论引导[J]. 武汉理工大学学报(社会科学版)(3):417-420.

姜向群,季燕波,常斐,2012. 北京市老年人异地养老意愿分析[J]. 北京社会科学(2):33-37.

姜向群,杜鹏,2013. 中国人口老龄化和老龄事业发展报告[M]. 北京:中国人民大学出版社.

金萍华,2020. 信息流行病心理机制及新媒体疏导思路[N]. 中国社会科学报,3-26(3).

靳永爱,宋健,陈卫,2016. 全面二孩政策背景下中国城市女性的生育偏好与生育计划[J]. 人口研究(6):22-37.

康岚,2009. 论中国家庭代际关系研究的代差视角[J]. 中国青年研究(3):68-71.

康岚,2014. 亲密有间:两代人话语中的新孝道[J]. 当代青年研究(4):83-89.

孔力飞,2016. 他者中的华人:中国近现代移民史[M]. 李明欢,译. 南京:江苏人民出版社.

蓝海涛,2000. 我国户籍管理制度的历史渊源及国际比较[J]. 人口与经济(1):37-40.

李超,李诗云,王雷,2015. 随迁与留守:新移民家庭代际关系分析[J]. 人口与经济(2):40-51.

李德明,陈天勇,李海峰,2009. 中国社区为老服务及其对老年人生活满意度的影响[J]. 中国老年学杂志(19):2513-2515.

李芳,李志宏,2016. 流动老人社会融合的概念和指标体系研究[J]. 南方人口(6):11-19.

李芳田,王慧婷,2018. 全球化时代的国际女性移民治理[J]. 南开学报(哲学社会科学版)(1):134-140.

李芬,风笑天,2016. 照料"第二个"孙子女?城市老人的照顾意愿及其影响因素研究[J]. 人口与发展(4):87-96.

李建新,2007. 老年人口生活质量与社会支持的关系研究[J]. 人口研究(3):50-60.

李明欢,2007. 女性在国际人口迁移中的地位、作用与影响:《通向希望之路:妇女与国际移民》评介[J]. 国外社会科学(4):79-83.

李明欢,2014. 国际移民治理的现实困境与善治趋势[J]. 人民论坛·学术前沿(14):65-77.

李强,刘精明,郑路,2015. 城镇化与国内移民:理论与研究议题[M]. 北京:社会科学文献出版社.

李珊,2014.移居与适应:我国老年人的异地养老问题[M].北京:知识产权出版社.

李汪洋,谢宇,2017.互联网不平等[M]//谢宇,张晓波,李建新,等.中国民生发展报告2016.北京:北京大学出版社:207-228.

李永萍,2019.找回家庭:理解中国社会活力的微观基础[J].文化纵横(4):114-120.

李雨潼,2018."候鸟式"异地养老方式研究[J].社会科学战线(8):276-280.

李宗华,2009.近30年来关于老年人社会参与研究的综述[J].东岳论丛(8):60-64.

连茜平,王世斌,2013.对异地养老市场的思考[J].市场研究(6):4-6.

刘清发,孙瑞玲,2014.嵌入性视角下的医养结合养老模式初探[J].西北人口(6):94-97.

刘庆,2012."老漂族"的城市社会适应问题研究:社会工作介入的策略[J].西北人口(4):23-26

刘庆,2014.都市移居老年人社会适应性实证分析:以武汉市为例[J].南京工程学院学报(社会科学版),14(3):34-37.

刘庆,陈世海,2015.移居老年人社会适应的结构、现状与影响因素[J].南方人口(6):59-67.

刘爽,陈谊,黄慧,等,2006.孰是孰非:聚焦"异地养老"[J].人口研究(4):35-46.

刘伟,陈鹏,2012.我国异地养老的现状及对策研究[J].广西政法管理干部学院学报(3):65-68.

刘艺敏,朱炎,严浩军,等,2004.上海市老年人生活满意度及影响因素的调查分析[J].同济大学学报(医学版)(6):517-519.

刘渝林,2005.老年人口生活质量的涵义与内容确定[J].人口学刊(1):33-36.

麻国庆,2018.人类学视野下的岛屿与世界[J].民族研究(6):55-65.

马春华,石金群,李银河,等,2011.中国城市家庭变迁的趋势和最新发现[J].社会学研究(2):182-216.

马西恒,童星,2008.敦睦他者:城市新移民的社会融合之路[J].学海(2):15-22.

孟伦,2013.网络沟通对老年人家庭角色缺失的补偿[J].新闻界(7):3-8.

孟向京,姜向群,宋健,等,2004.北京市流动老年人口特征及成因分析[J].人口研究(6):53-59.

穆光宗,2000.中国传统养老方式的变革和展望[J].中国人民大学学报(5):39-44.

穆光宗,2010.关于"异地养老"的几点思考[J].中共浙江省委党校学报(2):19-24.

潘乃穆,潘乃和,2000.潘光旦文集:第一卷[M].北京:北京大学出版社.

潘允康,1985.试论我国城市核心家庭的生命周期[J].社会(5):32-34.

裴晓梅,2004.从"疏离"到"参与":老年人与社会发展关系探讨[J].学海(1):113-120.

任远,邬民乐,2006. 城市流动人口的社会融合:文献述评[J]. 人口研究(3):87-94.

邵岑,张翼,2012. "八〇前"与"八〇后"流动人口家庭迁移行为比较研究[J]. 青年研究(4):1-11.

沈奕斐,2013. 个体家庭 iFamily:中国城市现代化进程中的个体、家庭与国家[M]. 上海:上海三联书店.

盛来运,2005. 国外劳动力迁移理论的发展[J]. 统计研究(8):72-73.

石金群,2014. 独立还是延续:当代都市家庭代际关系中的矛盾心境[J]. 广西民族大学学报(哲学社会科学版)(4):35-40.

史国君,2019. 城市"老漂族"社会融入的困境及路径选择:基于江苏 N 市的调查与分析[J]. 江苏社会科学(6):83-87.

宋健,2005. 流迁老年人口研究:国外文献评述[J]. 人口学刊(1):28-32.

宋璐,冯雪,2018. 隔代抚养:以祖父母为视角的分析框架[J]. 陕西师范大学学报(哲学社会科学版)(1):83-89.

苏熠慧,2016. "交叉性"流派的观点、方法及其对中国性别社会学的启发[J]. 社会学研究(4):218-241.

孙金明,2015. 农村随迁老人城市适应问题的社会工作介入:基于"积极老龄化"视角[J]. 人民论坛(36):152-154.

孙进,2006. 作为质的研究与量的研究相结合的"三角测量法":国际研究回顾与综述[J]. 南京社会科学(10):122-128.

孙涛,2015. 儒家孝道影响下代际支持和养老问题的理论研究[J]. 山东社会科学(7):131-135.

谭雯,王芳,袁莎莎,等,2019. 卫生服务整合视角下医养结合模式的案例研究:基于福建省漳州市某医院和养护院[J]. 中国社会医学杂志(2):206-209.

陶文娟,李为民,文进,等,2019. 国内外医疗联合体评价的研究概述[J]. 中国循证医学杂志(3):368-372.

陶艳兰,2011. 代际互惠还是福利不足? 城市双职工家庭家务劳动中的代际交换与社会性别[J]. 妇女研究论丛(4):13-19.

陶裕春,申昱,2014. 社会支持对农村老年人身心健康的影响[J]. 人口与经济(3):3-14.

田凯,1995. 关于农民工的城市适应性的调查分析与思考[J]. 社会科学研究(5):90-95.

佟新,2010. 劳动力市场、性别和社会分层[J]. 妇女研究论丛(5):12-19.

童星,马西恒,2008. "敦睦他者"与"化整为零":城市新移民的社区融合[J]. 社会科学研究(1):77-83.

王粲璨,等,2018. 女性、性别与研究:中国与北欧视角[M]. 上海:上海三联书店.

王昶,刘丹霞,王三秀,2019.国外老年生活质量研究的重心转移及其启示[J].国外社会科学(1):20-29.

王春光,2006.农村流动人口的"半城市化"问题研究[J].社会学研究(5):107-122+244.

王殿玺,2019.社区老龄服务提供对老年人日常生活自理能力的影响研究[J].老龄科学研究(2):32-40.

王桂新,王利民,2008.城市外来人口社会融合研究综述[J].上海行政学院学报(6):99-104.

王红漫,祖国平,2000.老龄问题研究的方法和态度[J].北京大学学报(哲学社会科学版)(2):55-60.

王世斌,申群喜,2015.晚年安放何处:老年流动人口研究[M].哈尔滨:黑龙江人民出版社.

王悠然,2019.美国国内人口流动性减弱[N].中国社会科学报,12-23(3).

王跃生,2008.中国家庭代际关系的理论分析[J].人口研究(4):13-21.

王跃生,2010.农村家庭代际关系理论和经验分析:以北方农村为基础[J].社会科学研究(4):116-123.

王哲,2013.异地养老:人生下一站?[J].中国报道(1):75-77.

韦伯,2011.社会学的基本概念 经济行动与社会团体[M].顾忠华,康乐,简惠美,译.桂林:广西师范大学出版社.

韦晓丹,陆杰华,2017.季节性候鸟老人自评健康影响因素的实证分析:以海南省为例[J].北京社会科学(5):99-107.

魏杰,桑志芹,2019.新生代母亲的抚育困境与育儿焦虑:基于新媒体"中年老母"群体的社会心理解析[J].中国青年研究(10):46-53.

吴小英,2008.代际关系[M]//李培林,李强,马戎.社会学与中国社会.北京:社会科学文献出版社:254-271.

西美尔,2002.社会学:关于社会化形式的研究[M].林荣远,译.北京:华夏出版社.

夏玉珍,李骏,2003.从一元、二元到多元:论社区服务理念的创新[J].江汉论坛(10):112-115.

肖倩,2010.农村家庭养老问题与代际权力关系变迁:基于赣中南农村的调查[J].人口与发展(6):52-59.

肖群忠,2005.儒家孝道与当代中国伦理教育[J].南昌大学学报(人文社会科学版)(1):1-6.

肖索未,2014."严母慈祖":儿童抚育中的代际合作与权力关系[J].社会学研究(6):148-171.

笑冬,2002.最后一代传统婆婆?[J].社会学研究(3):79-91.

谢立黎,2014.基于计划行为理论的老年人网络使用影响因素研究[J].老龄科学研究(4):50-59.

邢占军,黄立清,2004.西方哲学史上的两种主要幸福观与当代主观幸福感研究[J].理论探讨(1):32-35.

邢占军,2005.测量幸福:主观幸福感测量研究[M].北京:人民出版社.

邢占军,2006.城乡居民主观生活质量比较研究初探[J].社会(1):130-141.

徐安琪,叶列谢耶芙娜,2016.现代化进程中的家庭:中国和俄罗斯[M].上海:上海社会科学院出版社.

徐建平,张雪岩,胡潼,2019.量化和质性研究的超越:混合方法研究类型及应用[J].苏州大学学报(教育科学版)(1):50-59.

徐勤,1995.我国老年人口的正式与非正式社会支持[J].人口研究(5):23-27.

许倬云,2008.许倬云观世变[M].桂林:广西师范大学出版社:217-219.

阎云翔,2006.私人生活的变革:一个中国村庄里的爱情、家庭与亲密关系[M].上海:上海书店.

阎云翔,2011.自相矛盾的个体形象,纷争不已的个体化进程[M]//贺美德,鲁纳."自我"中国:现代中国社会中个体的崛起.许烨芳,等译.上海:上海译文出版社:1-41.

阎云翔,2016.中国社会的个体化[M].陆洋,等译.上海:上海译文出版社.

杨国枢,2013.中国人的蜕变[M].北京:中国人民大学出版社.

杨华,项莹,2014.浙江农村老年人社会参与影响因素研究[J].浙江社会科学(11):147-152.

杨菊华,2009.从隔离、选择融入到融合:流动人口社会融入问题的理论思考[J].人口研究(1):17-29.

杨菊华,李路路,2009.代际互动与家庭凝聚力:东亚国家和地区比较研究[J].社会学研究(3):26-53.

杨菊华,2010.流动人口在流入地社会融入的指标体系:基于社会融入理论的进一步研究[J].人口与经济(2):64-70.

杨菊华,2015.中国流动人口的社会融入研究[J].中国社会科学(2):61-79+203-204.

杨菊华,2018.流动时代中的流动世代:老年流动人口的多维特征分析[J].人口学刊(4):43-58.

杨善华,刘小京,2000.近期中国农村家族研究的若干理论问题[J].中国社会科学(5):83-90.

杨善华,贺常梅,2004.责任伦理与城市居民的家庭养老:以"北京市老年人需求调查"为例[J].北京大学学报(哲学社会科学版)(1):71-84.

杨宗传,2000.再论老年人口的社会参与[J].武汉大学学报(人文社会科学版)(1):

61-65.

余玉善,马利,雷骏,等,2018. 老年人社区支持与认知功能的关系:中国老年健康影响因素跟踪调查项目的数据分析[J]. 中国心理卫生杂志(6):490-494.

翟学伟,2016. 伦:中国人文思想与社会的共同基础[J]. 社会(5):1-35.

翟雁,辛华,宋煜,2017. 2016年中国志愿服务发展指数报告[M]. 杨团. 中国慈善发展报告:2017. 北京:社会科学文献出版社:75-122.

张海东,2011. 社会质量研究:理论、方法与经验[M]. 北京:社会科学文献出版社.

张晶晶,2016. 双重风险:新城市老人养老资源的重构和解读:基于南京市M街道的调查数据分析[J]. 学海(6):33-37.

张晶晶,2017. 代际交往中的"弱势感"建构与信任风险[J]. 东南大学学报(哲学社会科学版)(3):37-42.

张晶晶,2018. 新媒体语境下孝观念的当代呈现与话语建构:基于微博数据的NVivo分析[J]. 南京师大学报(社会科学版)(2):15-23.

张晶晶,魏圆源,2018. 佛教临终关怀服务的实践与传播:基于南京市玄武湖喇嘛庙的个案研究[J]. 世界宗教文化(1):137-142.

张晶晶,2019. 现代家庭的伦理承载力:基于2017年全国道德调查的实证分析[J]. 道德与文明(3):92-98.

张鹏,2014. 城市里的陌生人:中国流动人口的空间、权力与社会网络的重构[M]. 袁长庚,译. 南京:江苏人民出版社.

张琳,张琪,2019. 我国青年女性生育状况对劳动参与决策的影响:基于CLDS数据的分析[J]. 中国青年研究(5):49-56.

张玲,陈晴,2018. 新兴媒体传播对中老年人生活的影响研究:以微信传播为例[J]. 新媒体研究(6):121-122.

张苹,2017. 来沪支援子女型移居老年人社会适应状况调查[J]. 科学发展(9):102-108.

张强,2018. 依老助老:老年协会参与城市社区居家养老实践研究:以武汉市W老年协会为例[J]. 西北人口,39(3):91-99.

张少春,2014. "做家":一个技术移民群体的家庭策略与跨国实践[J]. 开放时代(3):198-210.

张淑萍,2018. 异地养老群体的社会融入困境调查:以海南三亚为例[J]. 长春理工大学学报(社会科学版),31(6):79-82.

张文宏,雷开春,2008. 城市新移民社会融合的结构、现状与影响因素分析[J]. 社会学研究(5):117-141.

张文宏,张君安,2020. 社会资本对老年心理健康的影响[J]. 河北学刊,40(1):183-189.

张文娟,刘瑞平,2018.中国城市老年人的社会隔离现状及影响因素分析:基于迁移和非迁移老年人群的比较[J].调研世界(6):8-17.

张晓杰,2016.医养结合养老创新的逻辑、瓶颈与政策选择[J].西北人口(1):105-111.

张戌凡,2011.老年人力资源开发的结构动因、困境及消解路径[J].南京师大学报(社会科学版)(6):35-41.

张伊娜,周双海,2013.中国老年人口迁移的选择性[J].南方人口,28(3):38-45.

郑佳然,2016.流动老年人口社会融入困境及对策研究:基于6位"北漂老人"流迁经历的质性分析[J].宁夏社会科学(1):112-119.

郑震,2010.空间:一个社会学的概念[J].社会学研究,25(5):167-191.

钟晓慧,郭巍青,2017.人口政策议题转换:从养育看生育:"全面二孩"下中产家庭的隔代抚养与儿童照顾[J].探索与争鸣(7):81-87.

周凤婷,2016.中国养老地图:三亚"候鸟老人"报告[J].中国新闻周刊(3):48-56.

周皓,2002.省际人口迁移中的老年人口[J].中国人口科学(2):35-41.

周敏,黎相宜,2012.国际移民研究的理论回顾及未来展望[J].东南亚研究(6):56-62.

周献德,沈新坤,2009.老年人社会适应的社会工作介入方法操作技巧[J].社会工作下半月(理论)(9):28-30.

周晓虹,2008.冲突与认同:全球化背景下的代际关系[J].社会(2):20-38.

周晓虹,2000.文化反哺:变迁社会中的亲子传承[J].社会学研究(2):51-66.

周晓虹,2011.文化反哺与器物文明的代际传承[J].中国社会科学(6):109-120.

周晓虹,2015.文化反哺:变迁社会中的代际革命[M].北京:商务印书馆.

周裕琼,2014.数字代沟与文化反哺:对家庭内"静悄悄的革命"的量化考察[J].现代传播(中国传媒大学学报)(2):117-123.

周裕琼,2018.数字弱势群体的崛起:老年人微信采纳与使用影响因素研究[J].新闻与传播研究(7):66-86.

朱静辉,2010.家庭结构、代际关系与老年人赡养:以安徽薛村为个案的考察[J].西北人口(3):51-57.

祝韵,谭卫华,2018.城市老年流动群体"老漂族"的社区融入[J].福州大学学报(哲学社会科学版)(1):107-112.

邹新树,2005.农民工向城市流动的动因:"推—拉"理论的现实解读[J].农村经济(10):104-109.

左冬梅,李树茁,吴正,2014.农村家庭代际支持的年龄模式[M].北京:社会科学文献出版社.

英文文献

ANDREWS F M, WITHEY S B, 1976. Social indicators of well-being: Americans' perceptions of life quality[M]. New York: Plenum Press.

ARGYLE M, MARTIN M, CROSSLAND J, 1989. Happiness as a function of personality and social encounters[M]//FORGAS J P, INNES J M. Recent advances in social psychology: an international perspective. North-Holland: Elsevier Science Publishers: 189-247.

BALDASSAR L, BALDOCK C V, WILDING R, 2007. Families caring across borders: migration, ageing, and transnational caregiving[M]. New York: Palgrave Macmillan.

BENSON M, O'REILLY K, 2009. Migration and the search for a better way of life: a critical exploration of lifestyle migration[J]. The sociological review, 57(4): 608-625.

BERGER E D, 2006. Aging identities: degradation and negotiation in the search for employment[J]. Journal of aging studies, 20(4): 303-316.

BERNARD A, BELL M, CHARLES-EDWARDS E, 2014. Life-course transitions and the age profile of internal migration[J]. Population and development review, 40(2): 213-239.

BLAU P M, 1964. Exchange and power in social life[M]. New York: J. Wiley.

BORDONE V, ARPINO B, ROSINA A, 2019. Forever young? An analysis of the factors influencing perceptions of ageing[J]. Ageing and Society, 40(8): 1669-1693.

BOURDIEU P, 1984. Distinctions: a social critique of the judgement of taste[M]. Cambridge, Mass: Harvard University Press.

BOURDIEU P, 1991. Language and symbolic power[M]. Cambridge, Mass: Harvard University Press.

BOURHIS R Y, MOÏSE L C, PERREAULT S, et al, 1997. Towards an interactive acculturation model: a social psychological approach[J]. International journal of psychology, 32(6): 369-386.

BOWLING A, 2005a. Ageing well: quality of life in old age[M]. Maidenhead: Open University Press.

BOWLING A, 2005b. Measuring health: a review of quality of life measurement scales[M]. 3rd ed. Maidenhead: Open University Press.

BOWLING A, 2007. Quality of life in older age: what older people say[M]//MOLLENKOPF H, WALKER A. Quality of life in old age: international and multi-disciplinary perspectives. Dordrecht: Springer: 15-30.

BOYD M, 1989. Family and personal networks in international migration: recent developments and new agendas[J]. International migration review, 23(3): 638-670.

BOYLE A, WILES J L, KEARNS R A, 2015. Rethinking ageing in place: the "people" and "place" nexus[J]. Progress in geography, 34(12): 1495-1511.

BRYCESON D, VUORELA U, 2020. The transnational family: new European frontiers and global networks[M]. New York: Routledge.

BRYMAN A, 2008. Social research methods[M]. 3rd ed. New York: Oxford University Press.

BUTLER J, 1993. Bodies that matter: on the discursive limits of "sex"[M]. New York: Routledge.

BUTLER J, 1990. Gender trouble: feminism and the subversion of identity[M]. New York: Routledge.

CAMFIELD L, CHOUDHURY K, DEVINE J, 2009. Well-being, happiness and why relationships matter: evidence from Bangladesh[J]. Journal of happiness studies, 10(1): 71-91.

CAMPBELL A, 1972. Aspiration, satisfaction and fulfilment[M]//CAMPBELL A, CONVERSE P E. The human meaning of social change. New York: Russell SAGE Foundation: 441-446.

CAMPBELL A, CONVERSE P E RODGERS W L, 1976. The quality of American life: perceptions, evaluations, and satisfactions[M]. New York: Russel SAGE Foundation.

CAMPBELL A, 1981. The sense of well-being in America: recent patterns and trends[M]. New York: McGraw-Hill.

CHAPPELL N L, 2007. Ethnicity and quality of life[M]//MOLLENKOPF H, WALKER A. Quality of life in old age: international and multi-disciplinary perspectives. Dordrecht: Springer: 179-194.

CHAPPELL N L, GEE M E, MCDONALD L, et al, 2003. Aging in contemporary Canada[M]. Toronto: Prentice Hall.

CHENG T J, SELDEN M, 1994. The origins and social consequences of China's Hukou system[J]. The China quarterly, 139(139): 644-668.

CHEN R, XU P, SONG P P, et al, 2019. China has faster pace than Japan in population aging in next 25 years[J]. Bioscience trends, 13(4): 287-291.

CHOW H P H, 2012. Health care service needs and correlates of quality of life: a case study of elderly Chinese immigrants in Canada[J]. Social indicators research, 106(2): 347-358.

CHUNG M C, KILLINGWORTH A, NOLAN P, 1997. A critique of the concept of quality of life[J]. International journal of health care quality assurance, 10(2/3): 80-84.

CIOBANU R O, FOKKEMA T, NEDELCU M, 2017. Ageing as a migrant: vulnerabilities, agency and policy implications[J]. Journal of ethnic and migration studies, 43(2): 164-181.

CLARK M, ANDERSON B G, 1967. Culture and aging: an anthropological study of older Americans[M]. Springfield, IL: Charles C Thomas.

COLLINS P H, 1998. It's all in the family: intersections of gender, race, and nation [J]. Hypatia, 13(3): 62-82.

CRENSHAW K W, 1994. Mapping the marriages: intersectionality, identity politics, and violence against women of color[M]//FINEMAN M A, MYKITIUK R. The public nature of private violence: the discovery of domestic abuse. New York: Routledge: 94-118.

CUMMINS R A, 2005. Moving from the quality of life concept to a theory[J]. Journal of intellectual disability research, 49(10): 699-706.

DAATLAND S O, 2005. Quality of life and ageing[M]//JOHNSON M, The Cambridge handbook of age and ageing. Cambridge: Cambridge University Press: 371-377.

DA W W, 2003. Transnational grandparenting: child care arrangements among migrants from the People's Republic of China to Australia[J]. Journal of international migration and integration, 4(1): 79-103.

DELHEY J, BÖHNKE P, HABICH R, et al, 2002. Quality of life in a European perspective: The EUROMODULE as a new instrument for comparative welfare research [J]. Social indicators research, 58(1/2/3): 161-175.

DHAR V E, 2011. Transnational caregiving: part 1, caring for family relations across nations[J]. Care management journals, 12(2): 60-71.

DIENER E, DIENER C, 1995. The wealth of nations revisited: income and quality of life[J]. Social indicators research, 36(3): 275-286.

DIENER E, EMMONS R A, LARSON R J, et al, 1985. The satisfaction with life scale[J]. Journal of personality assessment, 49(1): 71-75.

DIENER E, SANDVIK E, SEIDLITZ L, et al, 1993. The relationship between income and subjective well-being: relative or absolute? [J]. Social indicators research, 28 (3): 195-223.

DIENER E, SUH E, 1997. Measuring quality of life: economic, social, and subjective indicators[J]. Social indicators research, 40(1/2): 189-216.

DIENER E, SUH E, OISHI S, 1997. Recent findings on subjective well-being[J]. Indian journal of clinical psychology, 24(1): 25-41.

DOWD J J, 1975. Aging as exchange: a preface to theory[J]. Journal of gerontology, 30(5): 584-594.

ELDER G H, 1994. Time, human agency, and social change: perspectives on the life course[J]. Social psychology quarterly, 57(1): 4-15.

EMERSON R M, 1962. Power-dependence relations[J]. American sociological review, 27(1): 31-41.

ERDAL M B, OEPPEN C, 2013. Migrant balancing acts: understanding the interactions between integration and transnationalism[J]. Journal of ethnic and migration studies, 39(6): 867-884.

ERIKSON R, 1993. Descriptions of inequality: the Swedish approach to welfare research[M]//NUSSBAUM M C, Sen A. The quality of life. New York: Oxford University Press: 67-83.

FARQUHAR M, 1995. Elderly people's definitions of quality of life[J]. Social science & medicine, 41(10): 1439-1446.

FERRISS A L, 2004. The quality of life concept in sociology[J]. The American sociologist, 35(3): 37-51.

FOUCAULT M, 1972. Power/Knowledge: selected interviews and other writings 1972—1977[M]. New York: Pantheon.

FRY P S, 2000. Whose quality of life is it anyway? Why not ask seniors to tell us about it?[J]. The international journal of aging and human development, 50(4): 361-383.

GABRIEL Z, BOWLING A, 2004. Quality of life from the perspectives of older people[J]. Ageing and society, 24(5): 675-691.

GARDNER P J, 2011. Natural neighborhood networks: important social networks in the lives of older adults aging in place[J]. Journal of aging studies, 25(3): 263-271.

GARDNER P J, KAMBER T, NETHERLAND J, 2012. "Getting turned on": using ICT training to promote active ageing in New York City[J]. The journal of community informatics, 8(1):1-15.

GATTO S L, TAK S H, 2008. Computer, Internet, and E-mail use among older adults: benefits and barriers[J]. Educational gerontology, 34(9): 800-811.

GREEN N L, 2012. Changing paradigms in migration studies: from men to women to gender[J]. Gender and history, 24(3): 782-798.

GUSTAFSON P, 2001. Retirement migration and transnational lifestyles[J]. Ageing and society, 21(4): 371-394.

HANSEN E B, 2014. Older immigrants' use of public home care and residential care [J]. European journal of ageing, 11(1): 41-53.

HAUG S, 2008. Migration networks and migration decision-making [J]. Journal of ethnic and migration studies, 34(4): 585-605.

HIGGS P, HYDE M, WIGGINS R, et al, 2003. Researching quality of life in early old age: the importance of the sociological dimension [J]. Social policy and administration, 37(3): 239-252.

HILT M L, LIPSCHULTZ J H, 2004. Elderly Americans and the Internet: E-mail, TV news, information and entertainment websites [J]. Educational gerontology, 30(1): 57-72.

HOWDEN-CHAPMAN P, SIGNAL L, CRANE J, 1999. Housing and health in older people: ageing in place [J]. Social policy journal of New Zealand, 13(13): 14-30.

INGLEHART R, 1997. Modernization and postmodernization: cultural, economic, and political change in 43 societies [M]. Princeton: Princeton University Press.

KENDIG H, CLEMSON L, MACKENZIE L, 2012. Older people: well-being, housing and neighbourhoods [M]//SMITH S J. International encyclopedia of housing and home. Amsterdam: Elsevier: 150-155.

KOSELLECK R, 1985. The historical-political semantics of asymmetric counter-concepts [M]//Futures past: on the semantics of historical time. Cambridge, Mass: MIT Press: 159-197.

KREKULA C, 2007. The intersection of age and gender: reworking gender theory and social gerontology [J]. Current sociology, 55(2): 155-171.

KREKULA C, NIKANDER P, WILI-SKA M, 2018. Multiple marginalizations based on age: gendered ageism and beyond [M]//AYALON L, TESCH-RÖMER C. Contemporary perspectives on ageism. Cham: Springer International Publishing: 33-50.

LIN N, DEAN A, ENSEL W M, 1981. Social support scales: a methodological note [J]. Schizophrenia bulletin, 7(1): 73-89.

LITWAK E, LONGINO C F, 1987. Migration patterns among the elderly: a developmental perspective [J]. The gerontologist, 27(3): 266-272.

LITWIN H, 1995. The social networks of elderly immigrants: an analytic typology [J]. Journal of aging studies, 9(2): 155-174.

LONGINO C F, BRADLEY D E, 2003. A first look at retirement migration trends in 2000 [J]. The gerontologist, 43(6): 904-907.

LORBER J, 2008. Paradoxes of gender [M]. New Haven, CT: Yale University

Press.

LUO B, ZHAN H, 2012. Filial piety and functional support: understanding intergeneratinal solidarity among families with migrated children in rural China[J]. Ageing international, 37(1): 69-92.

MELLOR D, FIRTH L, MOORE K, 2008. Can the Internet improve the well-being of the elderly? [J]. Ageing international, 32(1): 25-42.

MICHALOS A C, 1985. Multiple discrepancy theory[J]. Social indicators research, 16(4): 347-413.

MOLLENKOPF H, WALKER A, 2007. Quality of life in old age: international and multi-disciplinary perspectives[M]. Dordrecht: Springer.

MYERS D G, 2000. The funds, friends, and faith of happy people[J]. American psychologist, 55(1): 56.

NEDELCU M, 2017. Transnational grandparenting in the digital age: mediated co-presence and childcare in the case of Romanian migrants in Switzerland and Canada[J]. European journal of ageing, 14(4): 375-383.

NYLAND B, ZENG X, NYLAND C, et al. 2009. Grandparents as educators and carers in China[J]. Journal of early childhood research, 7(1): 46-57.

OECD, 2001. Understanding the digital divide[EB/OL]. [2020-07-30]. http://www.oecd.org/sti/1888451.pdf.

OKUN M A, GEORGE L K, 1984. Physician-and self-ratings of health, neuroticism and subjective well-being among men and women [J]. Personality and individual differences, 5(5): 533-539.

OUWENEEL P, VEENHOVEN R, 1991. Cross-national differences in happiness: cultural bias or societal quality? [M]//BLEICHRODT N, DRENTH P J D. Contemporary issues in cross-cultural psychology. Amsterdam: Swets & Zeitlinger: 168-184.

PEACE S M, HOLLAND C, KELLAHER L, 2006. Environment and identity in later life[M]. New York: New York Open University Press.

Pew Internet and American Life Project, 2004. Older Americans and the Internet [EB/OL]. [2020-08-04]. http://www.pewInternet.org/2004/03/28/older-americans-and-the-Internet/.

PHILLIPSON C, WALKER A, 1986. Ageing and social policy: a critical assessment [M]. Gower, Aldershot: Gower Publishing Ltd.

PIH K K, HIROSE A, MAO K R, 2012. The invisible unattended: low-wage Chinese immigrant workers, health care, and social capital in southern California's San

Gabriel Valley[J]. Sociological inquiry, 82(2): 236-256.

POWELL J L, HENDRICKS J, 2009. The sociological construction of ageing: lessons for theorising[J]. International journal of sociology and social policy, 29(1/2): 84-94.

RENWICK R, BROWN I, NAGLER M, 1996. Quality of life in health promotion and rehabilitation: conceptual approaches, issues, and applications[M]. London: SAGE Publications.

RING L, GROSS C R, MCCOLL E, 2010. Putting the text back into context: toward increased use of mixed methods for quality of life research[J]. Quality of life research, 19(5): 613-615.

ROOS N P, HAVENS B, 1991. Predictors of successful aging[J]. American journal of public health, 81(1): 63-68.

RYAN R M, DECI E L, 2001. On happiness and human potential: a review of research on hedonic and eudaimonic well-being [J]. Annual review of psychology, 52: 141-166.

RYFF C D. 1989. In the eye of the beholder: vews of psychological well-being among middle-aged and dder adults[J]. Psychology and Aging, 4(2): 195-210.

SAMPAIO D, King R, Walsh K, 2018. Geographies of the ageing-migration nexus: an introduction [J]. Area, 50(4): 440-443.

SCHALOCK R L, SIPERSTEIN G N, 1996. Quality of life: volume I: conceptualization and measurement[C]. Washington, DC: American Association on Mental Retardation.

SCHWALBE M, 2008. Rigging the game: how inequality is reproduced in everyday life[M]. New York: Oxford University Press.

SCHWARZ N, STRACK F, 1991. Evaluating one's life: a judgmental model of subjective well-being[M]//STRACK F, ARGYLE M, SCHWARZ N. Subjective well-being: an interdisciplinary perspective. Oxford: Pergamon Press: 27-48.

SHIANG J, LEE C, CHEN C, HUANG T, 2013. Are elderly netizens unique? A comparison of four different populations[M]//OBI T, AUFFRET J P, IWASAKI N. Aging society and ICT: global silver innovation: vol. 5. Amsterdam: IOS Press: 193-202.

SILVER C B, 2003. Gendered identities in old age: toward (de)gendering? [J]. Journal of aging studies, 17(4): 379-397.

SILVERSTEIN M, CONG Z, LI S, et al. 2007. Grandparents who care for their grandchildren in rural China: benefactors and beneficiaries[M]//POWELL J L, COOK I

G. New perspectives on China and aging. New York: Nova Science Publishers: 49-71.

SIRGY M J, 2012. Effects of personality on subjective QOL[M]//SIRGY M J. The psychology of quality of life: hedonic well-being, life satisfaction, and eudaimonia[M]. 2nd ed. New York: Springer: 141-153.

SONGUR W, 2021. Older migrants' use of elderly care in Sweden: family affects choice between home help services and special housing[J]. European journal of social work, 24(3): 481-491.

SPIVAK G C, 1993. Can the subaltern speak? [M]//WILLIAMS P, CHRISMAN L. Colonial discourse and post-colonial theory: a reader. Prentice Hall: Pearson Education Ltd: 66-111.

SPOONLEY et al, 2005. Social cohesion: a policy and indicator framework for assessing immigrant and host outcomes[J]. Social policy journal of New Zealand, 24: 85-110.

STEINBACH A, 2013. Family structure and parent-child contact: a comparison of native and migrants' families[J]. Journal of migration and family, 75(5): 1114-1129.

STRAUSS A, CORBIN J, 1998. Basics of qualitative research: techniques and procedures for developing grounded theory[M]. 2nd ed. Thousand Oaks, CA: SAGE Publications.

TANNER B, JONGE D, APLIN T, 2012. Meanings of home for older people[M]//SMITH S J international encyclopedia of housing and home. Amsterdam: Elsevier: 246-250.

TREAS J, MARCUM C S, 2011. Diversity and family relations in an aging society [M]//SETTERSTEN R A, ANGEL J L. Handbook of sociology of aging. New York: Springer: 131-141.

TREAS J, MAZUMDAR S, 2002. Older people in America's immigrant families: dilemmas of dependence, integration, and isolation[J]. Journal of aging studies, 16 (3): 243-258.

TREAS J, 2008. Transnational older adults and their families[J]. Family relations, 57(4): 468-478.

TSANG E Y L, LIAMPUTTONG P, PIERSON J, 2004. The views of older Chinese people in Melbourne about their quality of life[J]. Ageing and society, 24 (1): 51-74.

UCHIDA Y, NORASAKKUNIT V, KITAYAMA S, 2004. Cultural constructions of happiness: theory and empirical evidence[J]. Journal of happiness studies, 5(3): 223-239.

UEHARA E S, 1995. Reciprocity reconsidered: Gouldner's moral norm of reciprocity and social support[J]. Journal of social and personal relationships, 12(4): 483-502.

UTRATA J, 2011. Youth privilege: doing age and gender in Russia's single-mother families[J]. Gender & Society, 25(5): 616-641.

VEENHOVEN R, 2007. Quality-of-life research[M]//BRYANT C D, PECCK D L. 21st century sociology: a reference handbook: vol. 2. California, USA: SAGE Publications: 54-62.

VEENHOVEN R, 2008. Sociological theories of subjective well-being[M]//EID M, LARSEN R J. The science of subjective well-being. New York: Guilford Press: 44-61.

VEENHOVEN R, 2000. The four qualities of life: ordering concepts and measures of the good life[J]. Journal of Happiness Studies, 1: 1-39.

VERTOVEC S, 2004. Cheap calls: the social glue of migrant transnationalism[J]. Global networks, 4(2): 219-224.

WALKER A, 2005a. A European perspective on quality of life in old age[J]. European journal of ageing, 2(1): 2-12.

WALKER A, 2005b. Growing older: understanding quality of life in old age[M]. Maidenhead: Open University Press.

WALKER A, 2005c. Growing older in Europe[M]. Maidenhead: Open University Press.

WALKER A J, PRATT C C, 1991. Daughters' help to mothers: intergenerational aid versus caregiving[J]. Journal of marriage and the family, 53(1): 3-12.

WILDING R, 2006. "Virtual" intimacies? Families communicating across transnational contexts[J]. Global networks, 6(2): 125-42.

WORLD HEALTH ORGANIZATION QUALITY OF LIFE GROUP, 1997. WHOQOL: Measuring Quality of Life [EB/OL]. [2015-01-10]. https://www.who.int/tools/whoqol.

ZHANG J J, 2014. Elderly Chinese migrants, intergenerational reciprocity, and quality of life[J]. New Zealand sociology, 29(2): 11-30.

ZHANG J J, 2016. Aging in cyberspace: Internet use and quality of life of older Chinese migrants[J]. The journal of Chinese sociology, 3(1): 1-14.

ZHANG J J, LIU X T, 2021. Media representation of older people's vulnerability during the COVID-19 pandemic in China[J]. European journal of ageing, 18(2): 149-158.

ZIMMER Z, KWONG J, 2003. Family size and support of older adults in urban and rural China: current effects and future implications[J]. Demography, 40(1): 23-44.

附录一

调查问卷、访谈提纲及样本概况

(一) 调查问卷

老年生活质量调查

您好!

  我们是_____大学的学生,正在进行一项调研,想了解您的生活满意度和对养老的看法。您的合作对于我们了解有关情况和制定社会政策有十分重要的意义。因此,请您根据实际情况,回答相关问题。所有答案没有对错优劣之分,您只需按照真实想法和实际情况回答就行。对于您的回答,我们将按照《中华人民共和国统计法》的规定,严格保密,相关信息只用于统计分析,不涉及个人信息。

  非常感谢您的合作!

....

填答说明:除特殊说明外,所有题目皆为单选题,请在选中的选项上画"O"。

A. 个人基本信息

A1. 您的性别是(请访问员记录):   1. 男   2. 女
A2. 您的出生年份是:__|__|__|__|年|__|__|月

A3. 您目前的婚姻状况是：
   1. 未婚　　　　2. 已婚　　　　3. 离婚　　　　4. 丧偶
A4. 您有_____个子女,其中_____个儿子,_____个女儿。
A5. 您目前的最高教育程度是：
   1. 没上过学　　2. 小学　　　　3. 初中　　　　4. 高中、中专和职高
   5. 大专　　　　6. 本科　　　　7. 研究生及以上
A6. 您目前或退休前的工作是_____(请访问员写明)；
   工作单位或公司的类型是(请访问员标注)：
   1. 党政机关　　2. 事业单位　　3. 国有企业　　4. 私营企业
   5. 外商独资或中外合资企业　　6. 民间团体　　7. 自雇/个体户
   8. 军队　　　　9. 其他(请注明_____)
A7. 您的户口在什么地方：
   1. 本区/县　　2. 本市其他区县　　3. 本省其他县市　　4. 外省(请说明_____省)
A8. 您在现居住地生活的原因：
   1. 曾经在这里工作或生活过　　　　2. 想和子女一起住或给子女帮忙
   3. 想靠近子女或其他家人居住　　　4. 这里居住条件或环境比以前好
   5. 喜欢这个地方　　　　　　　　　6. 旅游养老
   7. 其他(请注明_____)
A9. 您最近一年来的月平均收入属于下面哪个范围？（包括养老金、工资、奖金、房租、股票等各种收入）
   1. 无收入　　　　　　　2. 1—999元　　　　　　3. 1 000—1 999元
   4. 2 000—3 999元　　　5. 4 000—5 999元　　　6. 6 000—8 999元
   7. 9 000—12 999元　　 8. 13 000—20 000元　　9. 20 000元以上
A10. 您的收入来源是：
   1. 个人劳动所得　　2. 子女、家人或亲戚供养　　3. 房租、股票、银行利息等财产性收入　　4. 离退休金、救济金等政府转移性收入　　5. 其他(请注明_____)
A11. 您享受医疗保险的类型是(可多选)：
   1. 城镇居民基本医保　　2. 商业医保　　3. 新型农村合作医疗(新农合)
   4. 城镇职工医疗保险　　5. 其他　　　　6. 没有保障
   7. 不知道　　　　　　　8. 公费医疗

B. 家庭及日常生活

B1. 您的家庭(包括配偶和共同生活的子女)2016年全年总收入属于下面哪个范围?(包括工资、奖金、房租、股票等各种收入)

    1. 20 000元及以下   2. 20 001—39 999元

    3. 40 000—59 999元   4. 60 000—79 999元

    5. 80 000—99 999万元   6. 100 000—199 999元

    7. 200 000—299 999元   8. 300 000元及以上

B2. 您现在的居住安排是:

    1. 自己在家住   2. 仅与老伴单独居住   3. 与儿子一起住

    4. 与女儿一起住   5. 与老伴、儿子同住   6. 与老伴、女儿同住

    7. 子女家里轮着住   8. 只和孙辈同住   9. 在养老院居住

    10. 其他

B3. 您现在居住的房子的所有权是谁的?

    1. 本人(和配偶)   2. 子女   3. 租赁(个人)   4. 政府

B4. 您觉得您目前的身体健康状况如何?

    1. 很健康   2. 比较健康   3. 不太健康   4. 很不健康

B5. 您觉得您的健康状况和一年前比较起来如何?

    1. 更好   2. 没有变化   3. 更差

B6. 您现在的生活主要是由谁来照料?

    1. 自我照料   2. 老伴   3. 儿子   4. 女儿   5. 孙子女

    6. 亲戚   7. 保姆或钟点工   8. 社区、养老院等

    9. 其他(请注明_____)

B7. 在过去的一周里,您的子女为您做过以下哪些事情?(可多选)

    1. 看望   2. 打电话问候   3. 买东西   4. 陪看病   5. 护理

    6. 做家务   7. 谈心聊天   8. 给钱   9. 带我出去旅游

    10. 无

B8. 在过去的一周里,您为您的子女做过以下哪些事情?(可多选)

    1. 带孩子,接送上学   2. 做家务   3. 看望   4. 打电话问候

    5. 买东西   6. 陪看病   7. 护理   8. 谈心聊天   9. 给钱

    10. 无

B9. 您在日常生活中觉得最不顺心的是：(限选两项)

　　1. 受疾病困扰　　2. 生活单调无聊,没有社交　　3. 有家庭矛盾

　　4. 生活习惯不一样　　5. 听不懂方言,有语言障碍

　　6. 交通不方便,生活配套条件差　　7. 外地人受歧视

　　8. 异地享受社会保障受约束　　9. 其他(请注明＿＿＿＿)

B10. 日常生活中,您与亲戚朋友保持联系的主要方式有(限选两项)：

　　1. 见面　　2. 写信　　3. 打电话　　4. 微信、QQ、Email 等网络联系

　　5. 其他(请注明＿＿＿＿)

C. 生活满意度

C1. 您选择目前这种生活方式的原因是：

　　1. 满足个人心愿　　　　2. 家庭需要,对家人有益

　　3. 由个人身体状况决定　　4. 由经济条件决定

　　5. 其他(请注明＿＿＿＿)

C2. 您觉得最理想,或者说,您最希望的养老方式是哪一种？

　　1. 养老院等专业养老机构　　2. 与子女一起,住在家里养老

　　3. 与子女分居,住在家里养老　　4. 搬到其他地方独居养老

　　5. 回到老家养老　　6. 旅游养老　　7. 其他(请注明＿＿＿＿)

C3. 请仔细阅读下列五项,根据实际情况,圈上适当的数字,表达你对各项的同意程度。

	非常同意	同意	少许不同意	不同意
A. 我的生活大致符合我的理想	1	2	3	4
B. 我的生活状况非常好	1	2	3	4
C. 我对自己的生活很满意	1	2	3	4
D. 到目前为止,我生活中重要的东西都得到了	1	2	3	4
E. 如果我能重新活一遍,我也不会想对生活做出什么改变	1	2	3	4

C4. 总体来说,您对自己生活的以下方面满意吗?

	非常满意	比较满意	不太满意	不满意
A. 身心健康状况	1	2	3	4
B. 整体收入水平	1	2	3	4
C. 家庭成员关系	1	2	3	4
D. 邻里关系	1	2	3	4
E. 社会保障水平	1	2	3	4
F. 社会养老服务	1	2	3	4
G. 社区生活环境	1	2	3	4
H. 医疗服务水平	1	2	3	4
I. 社会人际交往	1	2	3	4

C5. 总体来说,您对自己目前的生活满意吗?

  1. 非常满意 2. 比较满意 3. 说不清 4. 不太满意 5. 不满意

D. 联 系 方 式

  谢谢您参与我们的调查,我们诚挚地希望您能告诉我们您的联系方式,以便我们日后跟您联系(请放心,该联系方式不会被用于其他任何用途)

手机号:|＿＿|＿＿|＿＿|＿＿|＿＿|＿＿|＿＿|＿＿|＿＿|＿＿|＿＿|

....

  问卷到此结束,非常感谢您的配合!

（二）访谈提纲

访 谈 提 纲

访谈时间：_____ 访谈地点：_____

访 问 员：_____ 访谈对象：_____

您好！

  我是_____，正在研究外地老人在_____生活的情况和满意度，按照我的研究设计选中了您参与我的调查，希望您能配合我们完成调研。您提供的信息和观点将对我们研究异地养老问题和完善适合老年人的社会保障和服务提供重要的参考依据。

  访谈需要录音，大约持续一小时，请您按照真实情况和想法表述。我保证对您提供的观点进行保密，并且仅供学术目的使用。

  衷心感谢您的支持与配合！

  首先，请问您当初来_____的原因是什么？

一、日常生活与安排

  1. 自从您来到本地，您觉得生活总体上怎么样？

  2. 目前在本地的生活适应吗？有什么困难吗？（如果有，追问是哪些？且如何调整和解决的？）

  3. 您现在每天的生活安排是怎样的？

  4. 您现在的生活方式与之前（在原居住地）一样吗？（如果表示不一样，追问是哪些不同？）

二、家庭关系

  1. 您目前的家庭结构和家庭成员组成情况怎样？

  2. 您觉得自己和家人相处得怎么样（如和子女的关系，和媳妇/女婿的关系，和老伴儿的关系）？

  3. 您来了本地之后，觉得自己的家庭关系和以前相比有什么变化？您是怎么应对的？

  4. 您的老家还有什么重要的亲人和朋友吗？和他们怎么联系？目前的关系怎么样？

三、社会关系和社交

1. 您现在和邻里之间打交道吗?和周围人交往的情况怎么样?
2. 和以前相比,您在本地的社交情况怎么样?和以前有什么不同?

四、社会保障和福利

1. (我在之前的调查里了解到,您拿的是_____医保和养老金),您觉得现在领养老金、看病用医保的时候方便吗?遇到过什么困难,或您认为有什么可以再改进的地方吗?
2. 在本地生活的时候,您还能享受到老家的一些福利吗?有没有享受到哪些本地的福利?(可以提示免费交通、老人卡等)

五、其他

1. 您最理想的晚年生活是什么样的?
2. 总体来说,您对自己目前的生活满意吗?

访谈对象信息采集表

1) 性别:1. 男　　2. 女
2) 所属的年龄段是:(出生年份是_____)
   1. 60—69岁　　2. 70—79岁　　3. 80—89岁　　4. 90岁以上
3) 您目前的婚姻状况是:1. 未婚　　2. 已婚　　3. 离婚　　4. 丧偶
4) 在本地生活的大致时长:_____
5) 户籍所在地是_____;户籍类型是:1. 城镇　　2. 农村
6) 受教育程度是:
   1. 没上过学　　2. 小学　　3. 初中　　4. 高中、中专和职高
   5. 大专　　6. 本科　　7. 研究生及以上

(三)访谈样本概况

访谈对象的基本情况表(N=43)

序号	编号	性别	年龄/岁	户籍	婚姻状况	受教育程度	子女数/个	迁移原因	访谈地点
1	BJ01	女	70—79	非农	已婚	高中	1	候鸟	北京
2	GZ01	女	≥80	非农	丧偶	初中	3	安养	广州
3	HS01	女	60—69	非农	丧偶	中专	1	安养	黄山
4	HS02	男	60—69	非农	已婚	高中	2	安养	黄山
5	NJ01	女	60—69	农村	已婚	小学	3	安养	南京

续表

序号	编号	性别	年龄/岁	户籍	婚姻状况	受教育程度	子女数/个	迁移原因	访谈地点
6	NJ02	女	60—69	非农	已婚	高中	1	育童	南京
7	NJ03	男	60—69	农村	已婚	小学	2	育童	南京
8	NJ04	男	60—69	农村	已婚	高中	2	育童	南京
9	NJ05	女	60—69	农村	已婚	没上过学	4	育童	南京
10	NJ06	女	60—69	农村	已婚	小学	3	工作	南京
11	NJ07	女	60—69	非农	离异	初中	2	随迁	南京
12	NJ08	男	70—79	非农	已婚	初中	2	育童	南京
13	NJ09	男	60—69	非农	已婚	初中	2	工作	南京
14	NJ10	女	60—69	农村	已婚	小学	2	工作	南京
15	NJ11	男	60—69	非农	已婚	研究生	1	工作	南京
16	NJ12	女	60—69	农村	已婚	没上过学	1	随迁	南京
17	NJ13	女	60—69	农村	已婚	没上过学	1	育童	南京
18	NJ14	男	60—69	农村	已婚	初中	2	育童	南京
19	NJ15	男	60—69	农村	已婚	初中	2	随迁	南京
20	NJ16	女	60—69	农村	已婚	没上过学	3	工作	南京
21	NJ17	女	60—69	农村	已婚	小学	2	工作	南京
22	NJ18	男	70—79	农村	已婚	初中	2	随迁	南京
23	NJ19	女	60—69	农村	已婚	初中	1	育童	南京
24	NJ20	男	60—69	农村	已婚	初中	2	育童	南京
25	NJ21	女	60—69	农村	已婚	初中	2	育童	南京
26	NJ22	男	60—69	非农	已婚	小学	1	育童	南京
27	NJ23	女	60—69	农村	已婚	没上过学	3	工作	南京
28	NJ24	女	60—69	农村	缺失	没上过学	3	育童	南京
29	NJ25	男	60—69	非农	已婚	高中	1	随迁	南京
30	SY01	女	60—69	非农	已婚	大专	1	候鸟	三亚
31	SY02	男	60—69	非农	已婚	高中	1	候鸟	三亚
32	SY03	男	60—69	非农	已婚	大专	1	候鸟	三亚
33	SZ01	男	60—69	非农	已婚	本科	1	育童	深圳
34	ZZ01	女	60—69	农村	已婚	没上过学	2	育童	郑州
35	ZZ02	女	60—69	农村	丧偶	没上过学	3	育童	郑州
36	ZZ03	男	≥80	农村	丧偶	小学	3	随迁	郑州
37	ZZ04	女	60—69	农村	已婚	初中	2	育童	郑州
38	ZZ05	男	60—69	农村	已婚	高中	3	育童	郑州
39	ZZ06	男	70—79	非农	已婚	初中	4	育童	郑州
40	ZZ07	男	60—69	非农	已婚	高中	1	育童	郑州
41	ZZ08	女	60—69	农村	丧偶	高中	2	育童	郑州
42	ZZ09	女	60—69	农村	已婚	没上过学	3	育童	郑州
43	ZZ10	女	60—69	农村	丧偶	没上过学	2	育童	郑州

附录二

我国主要养老政策汇总(2011—2020)

序号	时间	政策	要点
1	2011年9月	《国务院关于印发中国老龄事业发展"十二五"规划的通知》(国发〔2011〕28号)	制定实施老龄事业中长期发展规划,从社保、医疗、服务、文化等方面全面发展老龄事业。
2	2011年12月	《国务院办公厅关于印发〈社会养老服务体系建设规划(2011—2015年)〉的通知》(国办发〔2011〕60号)	建立起与人口老龄化进程相适应、与经济社会发展水平相协调的社会养老服务体系,构建以居家为基础、社区为依托、机构为支撑的社会养老服务体系,让老年人安享晚年,共享经济社会发展成果。
3	2011年12月	《卫生部关于印发〈中国护理事业发展规划纲要(2011—2015年)〉的通知》(卫医政发〔2011〕第96号)	探索建立针对老年、慢性病、临终关怀患者的长期医疗护理服务模式,大力发展老年护理、临终关怀等服务,扩大护理服务领域,加快护理产业发展,提高医疗护理服务的连续性、协调性、整体性,面向社会提供高质量的护理服务。
4	2012年7月	《民政部关于鼓励和引导民间资本进入养老服务领域的实施意见》(民发〔2012〕129号)	鼓励民间资本参与居家和社区养老服务,举办养老机构或提供服务设施,参与提供基本养老服务,参与养老产业发展,政府部门要落实优惠政策,加大资金支持,加强指导规范。

续表

序号	时间	政策	要点
5	2012年9月	《关于进一步加强老年文化建设的意见》(全国老龄办发〔2012〕60号)	首次创新整合、推广落实老年文化具体内容：树立积极老龄化理念，充分发挥公共文化为老服务功能，加快城乡老年文化建设一体化发展，切实保障老年人基本文化权益，广泛开展群众性老年文化活动，大力发展老年教育，丰富老年人精神文化生活，推动老年文化产品的创作生产。
6	2013年9月	《国务院关于加快发展养老服务业的若干意见》(国发〔2013〕35号)	完善市场机制，充分发挥市场在资源配置中的基础性作用，逐步使社会力量成为发展养老服务业的主体，营造平等参与、公平竞争的市场环境，大力发展养老服务业，提供方便可及、价格合理的各类养老服务和产品，满足养老服务多样化、多层次需求。
7	2013年9月	《国务院关于促进健康服务业发展的若干意见》(国发〔2013〕40号)	推进医疗机构与养老机构等加强合作；发展社区健康养老服务；积极开发养老服务相关的商业健康保险产品。
8	2014年1月	《民政部 国家标准化管理委员会 商务部 国家质量监督检验检疫总局 全国老龄工作委员会办公室 关于加强养老服务标准化工作的指导意见》(民发〔2014〕17号)	到2020年，基本建成涵盖养老服务各领域的标准体系，并推进标准化管理，健全规范养老服务市场秩序。
9	2014年8月	《国务院关于加快发展现代保险服务业的若干意见》(国发〔2014〕29号)	充分发挥商业保险对基本养老、医疗保险的补充作用；创新养老保险产品服务；为不同群体提供个性化、差异化的养老保障。
10	2014年8月	《财政部 国家发展和改革委员会 民政部 全国老龄工作委员会办公室关于做好政府购买养老服务工作的通知》(财社〔2014〕105号)	坚持需求导向，注重创新机制；坚持政府引导，培育市场主体；坚持规范操作，注重绩效评估；坚持体制创新，完善政策体系；到2020年，基本建立比较完善的政府购买养老服务制度。
11	2014年9月	《国家卫生和计划生育委员会办公厅关于开展计划生育家庭养老照护试点工作的通知》(国卫办家庭函〔2014〕834号)	探索政府主导、社会力量参与、满足计划生育家庭养老照护多样化需求的措施和模式。

续表

序号	时间	政策	要点
12	2014年11月	《商务部关于推动养老服务产业发展的指导意见》（商服贸函〔2014〕899号）	加快推动居家养老服务的多元化发展、社区养老服务的便利化发展、集中养老服务的特色化发展、养老服务的信息化发展，以及养老服务的融合发展。鼓励外国投资者在华独立或与中国公司、企业和其他经济组织合资、合作举办营利性养老机构。
13	2015年1月	《国家发展改革委 民政部关于规范养老机构服务收费管理促进养老服务业健康发展的指导意见》（发改价格〔2015〕129号）	建立市场形成价格为主的养老机构服务收费管理机制；科学合理制定政府投资兴办养老机构服务收费标准；进一步规范养老机构服务收费行为；切实落实相关收费和价格减免政策；加快推进完善相关配套政策措施。
14	2015年2月	民政部、国家发展改革委等十部门《关于鼓励民间资本参与养老服务业发展的实施意见》（民发〔2015〕33号）	鼓励民间资本参与居家和社区养老服务、机构养老服务、养老产业发展、医养融合发展。通过完善投融资政策，落实税费优惠政策，加强人才保障，保障用地需求等措施，促进民间资本规范有序参与。
15	2015年3月	《国务院办公厅关于印发全国医疗卫生服务体系规划纲要（2015—2020年）的通知》（国办发〔2015〕14号）	推进医疗机构与养老机构等加强合作；发展社区健康养老服务。首次在国家层面制定医疗卫生服务体系规划，促进我国医疗卫生资源进一步优化配置，提高服务可及性、能力和资源利用效率，指导各地科学、合理地制定实施区域卫生规划和医疗机构设置规划。
16	2015年4月	《国务院办公厅关于印发中医药健康服务发展规划（2015—2020年）的通知》（国办发〔2015〕32号）	积极发展中医药健康养老服务；发展中医特色突出的康复医院、老年病医院、护理院、临终关怀医院等医疗机构。
17	2015年11月	《国务院办公厅转发卫计生委等部门关于推进医疗卫生与养老服务相结合指导意见的通知》（国办发〔2015〕84号）	建立健全医疗卫生机构与养老机构合作机制；支持养老机构开展医疗服务；推动医疗卫生服务延伸至社区、家庭；鼓励社会力量兴办医养结合机构；鼓励医疗卫生机构与养老服务融合发展。

续表

序号	时间	政策	要点
18	2016年2月	《国务院关于印发中医药发展战略规划纲要（2016—2030年）的通知》（国发〔2016〕15号）	发展中医药健康养老服务；推动中医药与养老融合发展，促进中医医疗资源进入养老机构、社区和居民家庭；支持养老机构与中医医疗机构合作，建立快速就诊绿色通道，鼓励中医医疗机构面向老年人群开展上门诊视、健康查体、保健咨询等服务。
19	2016年3月	《国务院批转国家发展改革委关于2016年深化经济体制改革重点工作意见的通知》（国发〔2016〕21号）	深化养老服务业综合改革试点，全面放开养老服务市场，鼓励民间资本、外商投资进入养老健康领域，提高养老服务质量，推进多种形式的医养结合，增加有效供给。推进个人税收递延型商业养老保险试点、住房反向抵押养老保险试点，出台加快发展现代商业养老保险的若干意见。
20	2016年4月	《民政部 卫生计生委关于做好医养结合服务机构许可工作的通知》（民发〔2016〕52号）	支持医疗机构设立养老机构；支持养老机构设立医疗机构。
21	2016年10月	《国务院办公厅关于印发老年教育发展规划（2016—2020年）的通知》（国办发〔2016〕74号）	扩大老年教育资源供给；拓展老年教育发展路径；加强老年教育支持服务；创新老年教育发展机制；促进老年教育可持续发展。
22	2016年11月	《国务院办公厅关于进一步扩大旅游文化体育健康养老教育培训等领域消费的意见》（国办发〔2016〕85号）	抓紧落实全面放开养老服务市场、提升养老服务质量的政策性文件，全面清理、取消申办养老服务机构不合理的前置审批事项，进一步降低养老服务机构准入门槛，增加适合老年人吃住行等日常需要的优质产品和服务供给。支持整合改造闲置社会资源发展养老服务机构。
23	2016年10月	全国老龄办、国家发展改革委等二十五部门《关于推进老年宜居环境建设的指导意见》（全国老龄办发〔2016〕73号）	谋划适老居住环境、适老出行环境、适老健康支持环境、适老生活服务环境、敬老社会文化环境等五大老年宜居环境建设板块，17个子项重点建设任务。

续表

序号	时间	政策	要点
24	2016年12月	《国务院办公厅关于全面放开养老服务市场提升养老服务质量的若干意见》(国办发〔2016〕91号)	深化改革,放开市场;进一步降低准入门槛,营造公平竞争环境,积极引导社会资本进入养老服务业,推动公办养老机构改革,充分激发各类市场主体活力。
25	2017年2月	《国务院关于印发"十三五"国家老龄事业发展和养老体系建设规划的通知》(国发〔2017〕13号)	到2020年,多支柱、全覆盖、更加公平、更可持续的社会保障体系更加完善,以居家为基础、社区为依托、机构为补充、医养相结合的养老服务体系更加健全,有利于政府和市场作用充分发挥的制度体系更加完备,支持老龄事业发展和养老体系建设的社会环境更加友好,及时应对、科学应对、综合应对人口老龄化的社会基础更加牢固。
26	2017年2月	《工业和信息化部 民政部 国家卫生计生委关于印发〈智慧健康养老产业发展行动计划(2017—2020年)〉的通知》(工信部联电子〔2017〕25号)	丰富智能健康养老服务产品供给:健康管理类可穿戴设备、便携式健康监测设备、自助式健康检测设备、智能养老监护设备、家庭服务机器人。推广智慧健康养老服务:慢性病管理、居家健康养老、个性化健康管理、互联网健康咨询、生活照护、养老机构信息化服务。
27	2017年6月	《发展改革委关于印发〈服务业创新发展大纲(2017—2025年)〉的通知》(发改规划〔2017〕1116号)	全面放开养老服务市场,丰富养老服务和产品供给,加快发展居家和社区养老服务,建立以企业和机构为主体、社区为纽带的养老服务网络。支持社会力量举办养老服务机构,鼓励发展智慧养老。
28	2017年6月	《国务院办公厅关于制定和实施老年人照顾服务项目的意见》(国办发〔2017〕52号)	明确提出20项老年人照顾服务重点任务,涵盖了老年人医、食、住、用、行、娱等各方面,考虑到老年人多层次、多样化需求;鼓励社会参与。
29	2017年8月	《财政部 民政部 人力资源社会保障部关于运用政府和社会资本合作模式支持养老服务业发展的实施意见》(财金〔2017〕86号)	鼓励运用政府和社会资本合作(PPP)模式推进养老服务业供给侧结构性改革,加快养老服务业培育与发展。

续表

序号	时间	政策	要点
30	2017年12月	民政部、全国老龄办等九部门《关于加强农村留守老年人关爱服务工作的意见》(民发〔2017〕193号)	强化家庭在农村留守老年人赡养与关爱服务中的主体责任;发挥村民委员会在农村留守老年人关爱服务中的权益保障作用;发挥为老组织和设施在农村留守老年人关爱服务中的独特作用;促进社会力量广泛参与农村留守老年人关爱服务;加强政府对农村留守老年人关爱服务的支持保障。
31	2018年4月	《国务院办公厅关于促进"互联网+医疗健康"发展的意见》(国办发〔2018〕26号)	加强老年慢性病在线服务管理。
32	2018年6月	国家卫健委、国家发改委等十一部委《关于印发促进护理服务业改革与发展指导意见的通知》(国卫医发〔2018〕20号)	鼓励和推动社会力量参与,激发市场活力,扩大服务供给。
33	2018年1月	交通运输部、住房建设部等七部委《关于进一步加强和改善老年人残疾人出行服务的实施意见》(交运发〔2018〕8号)	各级交通运输主管部门要充分考虑人口老龄化发展因素,根据人口老龄化发展趋势、老年人口和残疾人口分布特点,加强无障碍建设和适老化改造,在综合交通运输体系规划及各专项规划中,明确铁路、公路、水路(含港口)、民航、邮政、城市客运等领域无障碍交通基础设施建设和改造的重点任务和配套政策。
34	2019年4月	《国务院办公厅关于推进养老服务发展的意见》(国办发〔2019〕5号)	健全市场机制,持续完善以居家为基础、社区为依托、机构为补充、医养相结合的养老服务体系,建立健全高龄、失能老年人长期照护服务体系,强化以信用为核心、质量为保障、放权与监管并重的服务管理体系,大力推动养老服务供给结构不断优化、社会有效投资明显扩大、养老服务质量持续改善。
35	2019年09月	《民政部关于进一步扩大养老服务供给 促进养老服务消费的实施意见》(民发〔2019〕88号)	全方位优化养老服务有效供给;繁荣老年用品市场;加强养老服务消费支撑保障;培育养老服务消费新业态;提高老年人消费支付能力;优化养老服务营商和消费环境。

续表

序号	时间	政策	要点
36	2019年10月	国家卫生健康委、民政部、国家发展改革委等十二部门《关于深入推进医养结合发展的若干意见》(国卫老龄发〔2019〕60号)	深入推进医养结合发展,更好满足老年人健康养老服务需求,进一步完善以居家为基础、社区为依托、机构为补充、医养相结合的养老服务体系;强化医疗卫生与养老服务的衔接;推进医养结合机构"放管服"改革;加大政府支持力度;优化保障政策;加强队伍建设。
37	2019年10月	国家卫生健康委、国家发改委、教育部等八部门《关于建立完善老年健康服务体系的指导意见》(国卫老龄发〔2019〕61号)	加强健康教育;加强预防保健;加强疾病诊治;加强康复和护理服务;加强长期照护服务;加强安宁疗护服务。强化标准建设、政策支持、学科发展、队伍建设、信息支撑和组织保障。
38	2019年11月	中共中央、国务院印发《国家积极应对人口老龄化中长期规划》	夯实应对人口老龄化的社会财富储备;改善人口老龄化背景下的劳动力有效供给;打造高质量的为老服务和产品供给体系;强化应对人口老龄化的科技创新能力;构建养老、孝老、敬老的社会环境。
39	2019年12月	《工业和信息化部 民政部 国家卫生健康委员会 国家市场监督管理总局 全国老龄工作委员会办公室印发〈关于促进老年用品产业发展的指导意见〉的通知》(工信部联消费〔2019〕292号)	首次明确了老年用品产业重点领域;深化供给侧结构性改革,实施创新驱动发展战略,培育龙头骨干企业,激发产业发展内生动力,丰富产品品种、提升产品品质、创建产品品牌,深化信息技术与老年用品产业融合发展,逐步构建完善的老年用品产业体系,增强适应老龄化社会的产业供给能力,不断满足老年人多样化、多层次消费需求。
40	2020年3月	《民政部办公厅关于分区分级精准做好养老服务机构疫情防控与恢复服务秩序工作的指导意见》(民办发〔2020〕6号)	压实疫情防控工作责任;采取有效措施支持养老服务机构渡过难关。
41	2020年3月	《民政部办公厅关于在疫情防控期间加强特殊困难老年人关爱服务的通知》(民办发〔2020〕7号)	全面开展摸底排查;及时做好关爱服务工作;支持养老机构优先保障生活不能自理特殊困难老年人入住需求;落实工作责任,强化监督指导。

附录三

西方福利制度下新西兰华人新移民家庭的代际期待与伦理文化冲突[1]

家庭代际间的交往方式和行为往往受到其所处的政治经济制度、文化和社会环境等结构性因素的影响而呈现出不同的样态。中西方社会对家庭的内涵和对家庭关系的理解也存在巨大差异。西方社会深受理性哲学与基督教思想的影响,强调个体的独立和自由,再加上公民意识和社会福利体系的相对成熟和完善,家庭代际间的伦理意识较弱。而中国受传统伦理型文化的影响,倚重实用精神,亲子关系作为家庭中重要的一"伦",在人们日常生活和社会道德规范中占有重要地位。那么,当中国家庭被置于西方社会环境中,两种思维路径间是否会产生冲突呢?本文聚焦于生活在西方福利体制下的新西兰华人新移民家庭,通过对其移民经历和家庭代际关系的分析,探讨家庭成员间的伦理期待如何受到中西方文化和社会制度的规制,并借此深化对海外华人移民家庭代际关系的理解。

家庭代际关系研究历来是海外华人移民研究的重要领域,其研究旨趣主要指向两方面。其一,家庭内部的代际互动是移民获得经济性、情感性和工具性支持的主要手段,在移民适应新社会环境的过程中发挥积极作用[2]。

---

[1] 本文最初发表于《华侨华人历史研究》2017年第1期,第68-76页。

[2] M. Boyd, "Family and Personal Networks in International Migration: Recent Developments and New Agendas", *International Migration Review*, 1989, vol. 23, no. 2, pp. 638-670. N. L. Chappell, K. Kusch, "The Gendered Nature of Filial Piety—A Study among Chinese Canadians", *Journal of Cross-Cultural Gerontology*, 2007, vol. 22, no. 1, pp. 29-45.

因此，在移民家庭研究中，代际关系已经超出了传统孝道文化的情感性和伦理性解释，更具实用主义价值，对提高新移民生活质量和社会融合有重要贡献。其二，移民家庭的代际关系不仅反映出家庭内部代与代之间的观念差异，更体现出文化冲突和融合问题。例如，有研究者指出在迁入国出生或成长起来的第二代移民更容易接受当地文化价值观和生活方式，逐渐与身为第一代移民的父母分属于不同的文化系统中，进而导致代沟加深[1]。可见，母国与迁入国之间的文化差异可能成为移民家庭关系的消解性力量。新移民对母国文化的认同感和归属感也可能会在家庭代际冲突和社会交往的过程中受到冲击[2]。文化要素因而成为许多学者研究海外华人移民家庭的重要切入点。

大多数移民家庭代际关系研究都把研究主体和视角放在家庭的中间一代，因为年轻人通常是移民的主动发起者，为移民家庭在迁入国的形成和发展确定了基调。与作为移民打拼者的年轻一代及其子女不同，老年父母移民通常是在退休后以"帮助者"的身份进入新移民家庭中。不论其是主动移民还是被动移民，很容易被当作移民家庭的次主体，长者权威下降，居于从属地位[3]。这种带有"时间先后"的"对照"视角，将移民家庭内的代际冲突简化为不同行为主体（即不同代的家庭成员）因文化观念差异而导致的对抗性互动。老年人成为传统和保守的代名词，在与子女和孙辈之间的日常交往中暴露出文化差异，对老年移民的社会适应、养老安排和生活质量产生负面影响[4]。实际上，这种强调家庭内部代际差异的价值取向与中国伦理文化对

---

[1] 周敏著，刘宏译：《美国华人移民家庭的代际关系与跨文化冲突》，《华侨华人历史研究》2006 年第 4 期。

[2] 李其荣、姚照丰：《美国华人新移民第二代及其身份认同》，《世界民族》2012 年第 1 期。D. Ip, C. W. Lui, W. H. Chui, "Veiled Entrapment: A Study of Social Isolation of Older Chinese Migrants in Brisbane, Queensland", *Ageing and Society*, 2007, vol. 27, no. 5, pp. 719 - 738.

[3] J. Treas, S. Mazumdar, "Older People in America's Immigrant Families: Dilemmas of Dependence, Integration and Isolation", *Journal of Aging Studies*, 2002, vol. 16, no. 16, pp. 243 - 258. Y. R. Zhou, "Space, Time and Self: Rethinking Aging in the Contexts of Immigration and Transnationalism", *Journal of Aging Studies*, 2012, vol. 26, no. 26, pp. 232 - 242.

[4] W. W. Da, "Transnational Grandparenting: Child Care Arrangements among Migrants from the People's Republic of China to Australia", *Journal of International Migration and Integration*, 2003, vol. 4, no. 1, pp. 79 - 103. J. Treas, "Transnational Older Adults and Their Families", *Family Relations*, 2008, vol. 57, no. 4, pp. 468 - 478.

家庭共同体的整体定义是有明显区别的。移民家庭在经历了生活环境、社会制度和伦理文化环境的改变后,通常会更加有"策略"地来适应新的环境。因此,在移民代际关系研究中应当强调家庭本身的整体性、主体性和能动性,将宏观的社会变迁过程与微观的家庭成员行为及方式联系起来,考察家庭对社会变迁做出的反应以及对家庭自身的调适[1]。

此外,近几年,随着全球人口老龄化和跨国主义移民方式的盛行,华人老年移民在家庭关系处理中表现出新特征。他们意识到传统孝道观念和家庭纽带正在削弱,因此开始主动地规划自己的养老资源,以调整自己在家庭内外的地位[2]。老年移民在代际关系中不再是被动的应对者,其对家庭关系的主动建构对调整移民家庭的抚育和赡养功能也有重要意义。因此,本文将老年父母置于代际关系讨论的中心位置,强调老年移民在家庭关系中主动建构的力量。笔者以老年移民为研究主体,以代际期待与伦理冲突为主线,试图通过对其移民经历和过程的研究,发掘隐含于其中的伦理文化因素,为理解移民家庭的代际关系和中国式养老方式提供了新的学术视角。透过华人移民家庭的代际关系不仅可以窥探中国家庭文化对移民个体生活的影响,更可以反思文化冲突和交融对移民社群的建构。

一、新西兰华人新移民的年龄构成

自20世纪90年代中期起,受到新西兰优美的自然环境、良好的教育体制和优越的福利制度的吸引,越来越多的中国人开始考虑通过技术移民和投资移民的方式移居至新西兰[3]。新西兰人口普查数据显示,1987年以后,由中国内地迁居至新西兰的人口数量显著增加。出生在中国内地的新西兰居民人口数由1986年的4 944人上升至2013年的89 121人(表1)。目前,中国已成为仅次于英国的新西兰第二大移民来源国。

---

〔1〕 麻国庆:《家庭策略研究与社会转型》,《思想战线》2016年第3期。

〔2〕 N. Newendorp,"Negotiating Family 'Value': Caregiving and Conflict Among Chinese-Born Senior Migrants and Their Families in the U. S.", *Ageing International*, 2017, vol. 42, no. 2, pp. 187 – 204. DOI 10.1007/s12126 – 016 – 9269 – z.

〔3〕 M. Ip,"Returnees and Transnationals: Evolving Identities of Chinese (PRC) Immigrants in New Zealand", *Journal of Population Studies*, 2006, no. 33, pp. 61 – 102.

表1 出生于中国内地的新西兰居民(1986—2013)

年度	1986	1991	1996	2001	2006	2013
中国内地出生人口数/人	4 944	9 222	19 521	38 949	78 114	89 121
新西兰总人口数/人	3 307 084	3 434 950	3 681 546	3 820 749	4 143 279	4 242 048
中国内地出生人口占比/%	0.149	0.268	0.530	1.019	1.885	2.101

数据来源：新西兰人口普查1996,2001,2006,2013。

新西兰华人新移民年龄结构总体较为年轻,留学移民和技术移民是主力军。如图1所示,在2006年人口普查中,20—30岁年龄组出现一个明显的峰值,主要是因为留学生群体规模的迅速增加。到了2013年,20—40岁年龄组整体占有相当大的比例,表明这一群体的规模已趋于稳定。同时,值得关注的是,老年组的数量也在稳步增加,并与中青年移民组相呼应,体现出移民家庭化的特点。

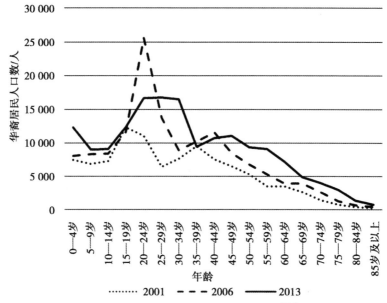

图1 新西兰华裔居民年龄分布变化[1]

数据来源：新西兰人口普查2001,2006,2013。

---

〔1〕受2010年克赖斯特彻奇市(Christchurch)大地震影响,原定于2011年进行的人口普查推迟至2013年进行。

与美国、加拿大和澳大利亚等许多国家类似,新西兰华人新移民在移民前大多属于中产阶层,受教育程度较高,收入稳定,以从事技术类职业为主;跨国迁移不可避免地影响个人和家庭既有的社交关系网。为弥补这一后果,移民对于其家庭内部的相互支持和移民圈子内的社会关系极为重视和倚赖。许多华人移民家庭表现出明显的代际互助的特征,家庭关系成为影响他们移民后生活质量的重要因素。

二、研究方法和样本构成

本文针对新西兰华人新移民家庭代际期待和伦理冲突的分析和探讨主要依据笔者2011年至2014年在新西兰奥克兰市对35位老年移民及其家庭展开的田野调查,以及在新西兰搜集的统计数据、政府工作报告和相关历史文献资料。笔者通过参加当地的华人社区活动和志愿活动,了解新西兰华人移民家庭的生活状况,并采用广告和滚雪球等方法招募老年访谈对象。访谈内容涉及他们的移民原因、移民过程、移民后的生活状况、家庭关系、社会参与以及未来生活规划等主题。

受访的35位老年移民包括19位女性和16位男性,接受访谈时的平均年龄分别为65.2岁和74.2岁。他们在新西兰生活的年数从3年到24年不等,平均为11年。由于中国的退休年龄存在性别差异,女性老年人移民新西兰时的年龄普遍低于男性老年人。此外,无论是与中国老年人,还是新西兰本土老年人相比,受访的中国老年移民的受教育程度明显较高,69%的老人具有大专及以上学历。但他们的英语能力普遍较差,生活中存在语言障碍。

新西兰老年移民及其家庭在移民经历和家庭代际关系上存在很多共性。例如,照顾第三代或为子女帮忙是老年人移民的主要原因;在移民后的居住安排上,普遍经历了从三代同堂到分开居住的变动轨迹;在代际关系上,经受了不同程度的关系冲突、文化反思和价值重塑的过程。下文将围绕这几大核心议题,深入探讨移民家庭中的代际关系及其所隐含的伦理文化冲突。

三、"双赢":新西兰华人跨国迁移的家庭伦理逻辑

与来自欧美国家的移民不同,近二三十年的新西兰华人新移民在迁移意愿和迁移轨迹上均呈现出明显的家庭伦理逻辑。子女教育和父母赡养等因

素在选择移民地和计划移民方式时起到决定性作用。

(一) 子女教育

子女(或未来的子女)教育环境是中国人选择移民目的地时所考虑的重要因素之一。由于中国教育资源有限,高考竞争激烈,巨大的求学压力剥夺了很多孩子的快乐童年和少年。越来越多的中国家长希望有机会移民到西方发达国家,让子女拥有优质轻松的学习环境。作为英联邦国家的新西兰,教育水平先进,且教育成本低于英美,受到中国移民的青睐。2000年至2003年,新西兰就外来移民的迁移原因展开的问卷调查显示,新西兰优质轻松的教育体制是中国内地移民选择新西兰的三大主要原因之一(另外两个是纯净的自然环境和休闲的生活方式)[1]。对子女教育的期盼和要求是来自欧美国家的移民不曾提到过的,却是中国家庭在移民选择中的重要考量因素,这在暴露中西教育体制差异的同时,也足以显示中国家庭对子女教育的重视程度。

《国际人才蓝皮书：中国国际移民报告(2014)》[2]调查显示,教育是中国人考虑移民的首要原因。在以儒家文化为重的中国,子女教化向来被认为是父母不可推卸的责任和义务。中国的父母不仅重视家庭教育,而且愿意在学校教育和社会教化中扮演积极角色,不论是物质投入,还是精神关注度。因此,为子女提供或创造良好的学习环境被认为是家庭的一项伦理义务。独生子女家庭数量的增多也使得父母愈加重视教育的质量。有能力为子女创造轻松优秀的成长环境和受教育条件是一件为家族增光的事情。因此,重视子女教育成为海外华人移民家庭的一大特征。

(二) 老年福利

中国人对于移民过程的计划和安排向来不是个体主义的[3]。如同考虑到子女的未来教育一样,家庭迁移的"青年先遣部队"也通常会对父母的养老

---

[1] M. Ip, *Unfolding History, Evolving Identity: The Chinese in New Zealand*. Auckland University Press, 2003, pp. 236-257.

[2] 李莉:《2014中国国际移民报告 国人移民首因是子女教育》,http://www.cssn.cn/dybg/gqdy_gqci/201401/t20140123_951097.shtml,最后访问日期:2021年10月8日。

[3] S. Haug, "Migration Networks and Migration Decision-Making", *Journal of Ethnic and Migration Studies*, 2008, vol. 34, no. 4, pp. 585-605.

问题做详细计划和安排，尤其是独生子女，更是会将父母养老列入移民考虑的因素之内。例如，受访者陈（68 岁，女）在访谈中说道：

> 我就一个儿子，他移民之后坚决要我也过来，我起初不想来，但是他说"你以后想要我照顾你，你只能过来，你要是待在国内，我对你没办法，我就什么都不管你了"。那怎么能行呢？我给他逼得没办法，我只能过来。

其实，陈女士向儿子的"妥协"不仅是受到中国传统"养儿防老"观念的影响，担心自己晚年身边无子女依靠，也受到新西兰优厚的老年社会福利的吸引。尽管 20 世纪 70 年代末掀起的新自由主义（neoliberalism）浪潮使得新西兰政府逐步削减家庭福利，颠覆了新西兰高福利国家的形象，然而，与老年相关的各项福利政策却没有受到太多影响[1]。其中，全民普惠养老金制度（universal New Zealand superannuation）和公费医疗制度（public healthcare system）对于中国移民颇具吸引力。

与世界上大多数国家不同，在新西兰，公民退休前的职业、收入和经济贡献与其之后的退休金没有关联。所有年满 65 岁以上的公民均有权利享受由国家中央财政统一支出、数量同等的养老金。对于年老的国际移民而言，只要在新西兰居住满 10 年（其中 5 年在 55 岁之后），也可与土生土长的新西兰人一样，在年满 65 岁之后领取全额的全民养老金。养老金的具体金额设定为新西兰全国家庭平均收入的 50%，并根据国家财政和市场物价情况每年进行相应调整。这种平均的且数量充足的养老金制度不仅保证新西兰拥有几乎全世界最低的老年人口贫困率，而且在老年群体内部缩小了贫富差距[2]。

与养老金制度类似，新西兰公民和永久居民可无差别地在公立医院享受免费住院和急诊服务，同时，国家财政对由家庭医生提供的药品和健康服务项目也提供补贴，以保障公民有病可医。此外，老年公民还可根据需要享受免费的居家照顾和社工服务，以确保老年人尽可能地、独立地在自己家中养老，进而减少公民对机构养老的需求和依赖。

受中国传统孝道文化的影响和伦理规范，大多数中国老人希望靠近子女

---

[1] [丹麦]戈斯塔·埃斯平-安德森编，杨刚译：《转型中的福利国家——全球经济中的国家调整》，商务印书馆，2010 年，第 137-178 页。

[2] OECD, *Pensions at a Glance 2011: Retirement-income Systems in OECD and G20 Countries*. OECD Publishing, 2011, pp. 145-159

居住,以求安心;而子女也认为自己有责任和义务赡养父母。对于许多青年华人移民而言,新西兰相对丰厚且平等的养老金制度和医疗福利无疑为其履行赡养义务提供了实惠,或者说减轻了负担。因此,以家庭团聚为缘由随子女迁居,成为中国老人移居新西兰的主要途径。换言之,新西兰优厚的老龄福利政策为保证中国移民家庭更好地履行代际间伦理义务提供了可能和政策便利。

(三) 孙辈照料

在中国移民家庭的伦理逻辑中,赡养父母与照料孙辈实际上是一体两面的。笔者在新西兰移民家庭中搜集到的访谈资料显示,家庭团聚移民往往被视作惠及三代人的安排。年迈的父母得以与子孙亲近,享受天伦之乐,养老更有保障;成年子女得以尽孝,在生活中与父母相互扶持;而孙辈则能受到祖父母更悉心的照顾和文化传承。正如受访者黎(71岁,男)所述:

> 我儿子夫妻两人移民新西兰以后不久就有了孩子,他们要上班,这里请保姆又很贵。我儿子说这里气候很好,环境好,绿化也很好,水也好,没有污染,天气不冷不热,很适合老年人生活,很希望我们过来。有了这种对老年人的好处,又为了带孙子,我们就来了。对我们也有好处,对他们也有好处,这是双赢的。

在这种"双赢"的家庭观念的主导作用下,许多中国技术新移民通过新西兰移民局提供的家庭团聚政策担保父母成功移民。新西兰官方统计数据显示(表2),自2004年起,每年受子女担保获得新西兰永久居住权的中国父母数量快速且稳步增长。与其他国家的移民相比,中国的父母和子女更愿意或期望家庭团聚。

表2 2004/2005—2012/2013年度受子女担保获得新西兰永久居住权的父母数量

年度	2004/2005	2005/2006	2006/2007	2007/2008	2008/2009	2009/2010	2010/2011	2011/2012	2012/2013
总数/人	2 776	4 400	4 194	3 723	3 570	3 423	4 036	4 601	4 401
中国籍/人	583	1 232	1 168	940	1 099	1 264	1 843	2 553	1 839
中国籍占比/%	21	28	28	25	31	37	46	55	42
排名	1	1	2	1	1	1	1	1	1

数据来源:新西兰劳动部《移民趋势和概况 2005/2006—2012/2013》。

在受访的 35 个中国移民家庭中,有 30 个家庭中的老人明确表示照顾孙子女是他们移居到新西兰的最直接原因。其中,女性由于退休年龄较早(50 或 55 岁),更是会在子女的请求下移居到新西兰帮忙照看孙子女。在所有的受访家庭中,祖父母照料孙辈的平均年数是 6 年,有的长达 10 年。这种隔代照顾模式的背后有着强烈的伦理推动力,老人常将此看作不可推卸的责任。然而,这种"自上而下"责任感也隐藏着父母对子女赡养的期待。既然是"双赢",照顾孙子女是自己义不容辞的责任,也是对家庭的巨大付出,其隐含的期望便是未来能够与子女生活在一起,或靠近子女养老,当自己逐渐丧失自理能力的时候,能有子女经常关心照料。这种跨时的代际互惠"契约",成为内嵌于中国移民家庭中的伦理逻辑。

四、一个屋檐下的冲突:文化与制度

海外华人移民家庭中"双赢"的代际互惠逻辑是中国移民家庭的文化理想在跨国移民情境中的表达。移民家庭中的主体(年轻父母)与次主体(老年父母)通过互惠合作的模式在新的移民社会环境中对家庭功能和意义进行新的建构。然而,随着移居时间的推进,中国家庭的伦理情感逻辑和西方社会福利体制的理性逻辑终究会爆发冲突,从而影响移民家庭的代际关系。老年人用强烈的"责任伦理"规范自己在家庭中的行为、义务和地位,进而形成自己对子女赡养的新的期待;而青年人在主流文化价值的介入下开始对自己的孝道行为有新的界定和表达方式。其最终结果是将养老置于一个介于社会和家庭之间的模糊场域。

(一) 代际间权力关系的嬗变

"三代同堂"对于中国人来说并不陌生。在大规模人口流动和住房商品化之前,三代人共同居住是中国家庭的主流居住模式,子女成家后依然与父母(主要是男方的父母)共同生活,既是为了满足住房需求,也为履行孝道义务。在这样的家庭中,父母往往保持着一定的权威,在家庭决策和生活安排上居于主导地位,以均衡其他家庭成员间的关系[1]。然而,新移民家庭中的

---

[1] B. Luo, H. Zhan, "Filial Piety and Functional Support: Understanding Intergenerational Solidarity among Families with Migrated Children in Rural China", *Ageing International*, 2012, vol. 37, no. 1, pp. 69–92.

代际权力关系却明显有别于传统的三代同堂关系。

随子女迁居国外的老年人,大多对迁入国的政治经济和文化环境缺乏了解,外语能力也非常有限,与当地社会的接触和融入程度极低[1]。老年人基本不具备在家庭外部建立社会关系,发挥自我价值的途径和能力。而在家庭内部,他们对当地文化不了解,以往的生活经验和人生阅历在迁入国也不再具备实用性价值。如此一来,老年人在家庭中的角色由主导彻底沦为服务与服从。尽管许多老年人在移民去新西兰之前,卖掉了中国的房产,带着很大一笔资金和积蓄去"投奔"子女,自认为没有为子女增加经济负担,然而,财富"自上而下"的流动已被合理化,老年人在家庭决策、孙子女的教育等方面依然没有话语权,处于从属地位。受访者李(66岁,女)很生动地描述道:

> 我在机场等飞机来新西兰的时候,同机的一个老太太告诉我,到了新西兰,出钱,出力,别出声。我当时没懂什么意思,后来明白了。来了以后,把钱给儿女,你给儿女带孩子,嘴闭上,少说话。你说话,谁都不爱听。

与她的经历和感受相似,许多老年受访者都谈及自己在移民后所经历的家庭角色和生活重心的转变,"做家务很辛苦,孩子还不体谅我们"(王,76岁,男),"别的我没什么要求,只要求儿子媳妇尊重我"(马,67岁,女)。他们中的大多数以身为父母或祖父母的职责来调整自我的心态,尽量体谅子女,降低自己的生活要求。这种关系看似不平等,却又恰恰说明了"代际互助模式"对于移民家庭的重要意义——子女主外,父母主内,进而体现出传统的家庭"共同体关系"的回归[2],赋予家庭实体更多的神圣性。然而,下文即将谈到的父母的责任伦理感和子女对孝的新诠释却又暴露出父母在理想的"代际互惠模式"中的弱势地位。从长远来看,代际间权力关系的不对等,让老年人缺乏安全感,对未来的赡养存有担忧。

(二) 责任伦理与赡养期待

在积极老龄化浪潮的推动下,以单独居住为主的居家养老是包括新西兰

---

[1] J. J. Zhang, "Elderly Chinese Migrants, Intergenerational Reciprocity, and Quality of Life", *New Zealand Sociology*, 2014, vol. 29, no. 2, pp. 11-30.

[2] [德]马克斯·韦伯著,顾忠华、康乐、简惠美译:《社会学的基本概念 经济行动与社会团体》,广西师范大学出版社,2011年,第77页。

在内的许多西方发达国家积极鼓励的养老方式。因此,新西兰政府和非政府组织提供很多专门针对老龄群体的住房补贴、社区照料和医疗保障项目,鼓励老年人尽量独立生活,在提高个人生活质量的同时,减少政府在机构养老上的投入。根据新西兰相关政策的规定,老年移民有条件申请老年公寓或住房补贴,搬离子女的房子,单独居住。对于许多对家庭关系不满或担负沉重家务的中国老人来说,这是将自己从家庭责任的负担中解放出来的契机。然而,许多中国老人却没有"转身离开"的决心。不论代际关系多么复杂,大多数老年人也会"不负使命"把孙辈照顾到进小学。或者说,完成照顾孙辈的使命是老年移民考虑分户独居的前提。在访谈中,受访者李(66岁,女)无奈地谈道:

> 我们和女婿有矛盾,毕竟生活方式不一样,我老伴特别看不惯他,看不惯就要发生矛盾,但是,我没办法,我不能走啊,我走了,她的小孩没人看,她的家没人管。我什么都可以容忍,毕竟我是当妈的。

老年人的这种对下一代付出精神,被一些学者概括成为"责任伦理"[1],即老年人对待子女的一种责任义务观。其特征是老年人只强调自己对后代的责任和义务,从而在各方面对子女和孙子女不计回报地付出,而对子女的赡养能力给予宽容。

在众多的新移民家庭中,老年人的付出的确大大减轻了子女的经济和精神负担,将年轻父母从照料幼子和家务的负担中解脱出来,挣得两份薪水养家,从而更快更好地在迁入国积累经济和社会资本,融入当地社会。这种"责任伦理"在很大程度上增强了老年人对于移民家庭的"工具性"价值。也正是这种工具性价值,会增强老年人在代际交往中的不平衡感——亲代的付出远远超过子代的反哺,二者之间明显不对等。但是,不对等并不意味着亲代对于子代的赡养没有要求。上文已经谈到的代际间"双赢"的理念,就直白地表明父母对于子女未来赡养的期待。这种期待随着老年人年岁的增加和生活能力的下降,由想法而逐渐转变为现实需求。那么,在新移民家庭中,两代人对于尽孝和赡养究竟是如何理解的?

---

[1] 杨善华、贺常梅:《责任伦理与城市居民的家庭养老——以"北京市老年人需求调查"为例》,《北京大学学报(哲学社会科学版)》,2004年第1期。

(三)"孝"的再界定

孝是一个主观评价。其标准,既是基于中国传统的文化考量,也是基于现状的实际比较。跨国迁移在改变中国家庭所面临的社会和文化环境的同时,也解构了能够对家庭成员的行为加以规范的"伦理场"。在这个过程中,两代人对"孝"行为的理解既有融合,也有偏差。新西兰一项针对华人移民家庭孝观念的比较研究表明,青年一代普遍认为父母对子女尽孝有很高期望,因而拥有强烈的孝道责任感,但是,对于如何尽孝却很模糊。中青年一代在更深刻地体会到中西方两种家庭文化和社会价值观差异后,在"孝道"实践上处于夹心状态[1]。

以担保父母移民为例,尽管两代人都将此看作子女尽孝的表现,然而背后却体现出他们截然不同的理解。在父母眼中,晚年移民是因为"自己培养出了好子女",子女懂得尽孝,不会抛下父母不管,让父母老有所依,显示了自己"教养子女的成就和成功"。从子女的角度来看,担保父母移民是他们"靠个人努力"为父母养老争取丰富的资源和福利保障,是借助社会养老资源为其个人赡养父母提供更多的物质和制度保证。尽管事情的结果是父母可以享受新西兰的老年福利,物质生活得到更充分的保障,但是问题在于,当中国的亲子赡养关系被置于西方福利制度框架中,对子代"孝"行为的诠释和理解存在明显的代际差异。在父母眼中,"孝"的基本前提是子女的"在场性",需要主体在养老实践中凸显其角色和作用;而在子女眼中,"尽孝"的根本是确保父母的养老保障,"结果"的意义大于"过程"。

在被访的35个新移民家庭中,有18户老人在孙子女上小学之后,决定搬入新西兰政府提供的老年公寓或公租房内独立居住。他们以当地华人社区为依托,依靠政府提供的养老金、医疗补贴、住房补贴和居家照顾服务,像当地老人一样,独立地安度晚年。子女则转变成为潜在的应急性求助资源。许多子女定期给父母打电话或小聚,在父母生病或生活遇到困难时给予帮助;除此之外,多以"隐身"的方式存在。尽管大多数老年移民已经接受(或无奈地接受)这种新型代际关系,但内心却依然留存着各种矛盾的情绪和心理。受访者陈(63岁,男)就在这种矛盾心境中不断地开解自己:

---

[1] J. H. Liu, S. H. Ng, A. Weatherall, et al, "Filial Piety, Acculturation, and Intergenerational Communication Among New Zealand Chinese", *Basic and Applied Social Psychology*, 2000, vol. 22, no. 3, pp. 213-224.

政府,还是很好的,不把养老的压力放在孩子身上,所以呢,我想,既然我从政府那里得到了许多好处,为什么还一定要儿子付出心里才舒服呢?这个好像是不合道理的。所以我就这样安慰自己。

得益于新西兰优厚的老龄福利制度和养老服务体系,受访的老年移民对于其自身生活质量总体评价很高,反而对于中国式家庭本应彰显的代际亲情不敢希冀太多。受访者贾(79岁,男)无奈地说:

我现在和孩子分开住。与孙子分开的时间长了,就有点……以前我不体会,现在感觉到,在中国是代沟,我们这里是情沟,就是感情上有沟。

当老年人放弃对子女在经济支持和生活照料上的要求时,他们对于子女情感和精神赡养的期待则被进一步放大。显然,新移民家庭在为老年人提供他们所必需的亲情环境上有所欠缺。

在西方福利体制下,青年和老年移民对于代际关系和家庭关系的理解都发生了变化。身为移民,他们为在异国他乡立足,需要传统式的代际互助合作。然而,现代的老龄福利政策又鼓励代与代之间的相互独立。相比起老年移民,青年人因为求学和工作,有更多的机会接触和融入本土的文化和价值观中。他们暴露在理性主义和个体主义的环境中,受移民压力和西方家庭文化的冲击,在伦理观念和文化意识形态上显露出更为明显的断裂。身为中国伦理文化主导下的家庭中的成员与西方个体理性主义主导下的公民,他们对于如何赡养父母以及自身在家庭中所承担的伦理义务逐渐模糊。

五、结论与讨论

本文以新西兰华人新移民家庭为例,通过分析其移民经历和代际关系,反映出中国海外移民家庭生活在西方社会文化中所面临的伦理冲突,体现了中国伦理规范与西方福利体制设计间的思维差异。诚然,受中国传统家庭文化的影响,中国人在计划移民和安排移民生活时都将家庭责任作为重要的考量因素。不论是教养子女,还是赡养父母,家庭内部的"双赢"理念体现出亲子关系对于中国人的重要意义。也正因为如此,养老,理所当然地,成为与家庭有必然关联的行为。由跨国迁移所带来的社会文化环境的置换,为处理中国家庭的代际关系加入新的结构性和个体性因素。

不论是青年,还是老年一代,都在中西方两种不同的伦理价值观的交错中经历考验。对于老年人而言,移民国相对优越的老年福利和逐渐弱化的家庭文化氛围鼓励老年人独立生活,摆脱家庭负担,享受晚年;与此同时,却又拉远代际间距离,带来情感脱节的风险。家庭亲情关系的淡化,削弱了中国老人的晚年幸福感,情感养老陷入无根状态。

相比起老年人,青年移民因为与当地政治、经济和文化有更多的接触和融入,在伦理观念和文化意识形态上经历着更为明显的断裂。当年轻人在个人生活和事业中面临更多的压力,当政府和社区能为养老提供更多的资源和服务,子女在赡养父母中的角色悄然发生变化。在社会生活的理性化和个体化进程中,随着子女"不在场"机会的增多,他们在父母养老中不断缺位,家庭的伦理关系和文化理想遭到颠覆。

新西兰移民家庭对于代际关系的理解、调整,以及对养老方式的转变,体现出中国伦理文化在西方理性主义主导的制度环境中的让位。中国海外移民不可逃脱地陷入中国伦理与西方个体理性的夹心状态。个体化进程使个人生活逻辑变得越来越重要,而对自己在家庭生活中扮演的角色产生不确定感。来自结构和个体层面的因素相互聚集、纠结,加剧了海外移民的代际关系矛盾心境[1]。本文的讨论表明:社会化的养老制度保障和家庭式的情感照料对于提升老年移民的生命质量都具有重要的意义;而子女在赡养中的"情感缺位"对老年移民生活满意度所造成的负面影响并不能通过优厚的社会保障来弥补。

随着中国老年海外移民数量的上升,老年父母的养老安排以及晚年生活质量将成为其家庭、华人社区以及迁入国政府共同需要思考和关注的社会问题。近年来跨国移民和生活方式(transnational migration and lifestyle)的盛行更是敦促我们在跨地域、跨文化的语境中思考和研究养老问题[2]。本文

---

[1] 石金群:《当代西方家庭代际关系研究的理论新转向》,《国外社会科学》2015年第2期。

[2] V. E. Dhar, "Transnational Caregiving: Part 1, Caring for Family Relations across Nations", *Care Management Journals*, 2011, vol. 12, no. 2, pp. 60 - 71.

从文化碰撞和制度差异的角度,对移民家庭代际关系和养老观念变迁所做的探索性研究,不仅有助于深入理解海外华人新移民家庭的代际关系,倡导多元文化整合对提升移民家庭生活质量的重要价值,也可以为相关政府部门和社会机构提供政策参考和实践依据,进而探索出更符合移民家庭文化特征的家庭支持和社会服务。

后　记

我对老年移民的关注始于2010年,那时受国家建设高水平大学公派研究生项目的资助,我只身飞往南半球的遥远国度新西兰,在奥克兰大学社会学系开始了我的博士研究项目。在新西兰,我见到不少头发花白但精神抖擞的中国老年人。公园里,公交车上,亚洲超市,社区活动中心……到处都有他们的身影。他们说着各种中国方言,分享家庭食谱,聊生活趣事,传递各种信息。那些中国老人基本不懂英文,和当地居民的交集也很有限,但他们在异国他乡活得独立洒脱,有滋有味。于是,我开始好奇:在老年期移居他乡是一种怎样的经历?是什么吸引他们来到新西兰?这种出国移民的经历对他们的晚年生活质量有怎样的影响?带着这样的疑问,我踏上了老年研究的征途。经过3年4个月,我顺利完成了博士论文,成为奥克兰大学社会学系首位来自中国内地的博士学位获得者。

2014年的10月,我回到东南大学工作,如同我最初在新西兰发现老年移民的身影一样,我又在国内的城市社区里遇到不同口音的老年人。他们中的有些人,白天忙忙碌碌,做饭带娃,晚上挤在广场舞的队伍里,容光满面;也有一些深居简出,不愿与人交流,只做着自己应该做的事情,过着自己的小日子。我再一次意识到,关于老年移民的故事不光发生在像新西兰这样的移民国家,也不仅仅指那些跨越国境线的国际移民,在幅员辽阔的中国,也有很多老年人,有着类似的移民经历,却说着不一样的生活故事。正是在这样的大背景下,我决定继续关注老年移民群体,希望能在博士论文研究积累的基础上,形成学术思考上的延续。

在中国研究老年移民问题,有其独特的困难之处。"老年移民"更多地像是一个学术概念,很多研究对象身处"迁移"和"流动"的生活状态,却对移民的身份没有明确认识,对移民生活状态也没有特别的反思。他们常以父母、祖父母的身份隐藏在家庭里,个性和需要被忽略。他们的生活安排常被视为正常的人生阶段和父母责任,被解释为中国家庭文化传统或中国特色。而我们越是这样解读,就越意味着老年人正在成为被安排的"客体",他们的个体需求也愈加地被压抑或忽视。

在这个流动的时代,我们的生活再不像我们的先辈那样,在一片土地上扎根,年复一年日复一日,过着循规蹈矩的生活。我们越来越适应生活的变化——居住地的迁移、工作的变动、社会网络的多元。和年轻人一样,我们的父辈们也开始意识到流动时代的到来,虽然与他们曾经成长的时代不同,但他们也都以自己的方式应对这种变化为他们生活带来的影响。在和老年人接触、访谈的过程中,我被中国父母的奉献精神不断地触动着,他们大多把子孙们的利益放在自我需求之前。但是我也注意到,他们开始学会在自我和子孙之间建立边界,懂得为自己规划理想的晚年生活。也许,这也是他们在流动时代里的自我成长。

这个研究项目受国家社会科学基金的资助,陆陆续续做了五年,虽然本书用的资料主要都是针对老年父母的调查和访谈,但在实际的调研中,我也和他们的子女聊天。现代生活的快节奏和养育下一代的压力,让很多成年人无暇反思,直到某一天看到父母佝偻的背影,才突然意识到父母是用自己的老去换来子孙的成长。

每时,每刻,生命在延续,每个人都在经历着变老。我们每个人又都在自己成长的过程中感念父母的恩情,感恩爱人和亲友的陪伴,感激师长的教导,感谢同窗和同仁的帮助和鼓励。

我要特别感谢东南大学人文社科资深教授樊和平教授,他曾在指导我完成硕士论文时就提醒我关注中国人口老龄化的文化独特性,这成为我从事老年研究的缘起。得益于他的洞见,东南大学人文学院早在2007年就曾主办"国际生命伦理学论坛暨老年生命伦理与科学会议",邀请多国专家共同探讨与全球人口老龄化相伴生的社会问题及伦理道德困境。我自那次会议起关注"quality of life"这个议题,这为我后面的一系列研究埋下了种子。

我也要感谢奥克兰大学社会学系的荣休教授莫琳·贝克(Maureen Baker)博士、副教授露易丝·汉姆佩奇(Louise Humpage)博士,以及亚洲文化研究学院的荣休教授叶宋曼瑛(Manying Ip)博士,她们作为导师和文化指导顾问在我留学期间给予了巨大的帮助和指导。贝克教授是我至今遇到过的最自律、最擅于管理时间的学者,她如同传奇人物一般,时常出现在系里年轻同事和研究生们的闲谈中。大家共同感慨自己如何在她的感召下治好了"拖延症",按时完成了书稿、论文,或是其他学术任务。汉姆佩奇博士犀利的学术风格打开了我对科研女性的新认知,也在潜移默化中形塑我的学术生活方式。叶宋曼瑛教授和她的先生叶医生(我一直亲切地称他"叶叔叔")更是在我留学期间给我太多如同家人一般的关爱。他们早年的移民经历也给我的"流动"和"移民"研究带来很多灵感。2014年2月,在我提交博士论文的同月,贝克教授决定退休,为她五十年的学术生涯画上一个圆满的句号。如今的她,像很多长者一样,虽受到慢性疾病的困扰,但依然享受退休的闲暇生活——看书、弹琴、旅行。她有时给我发来她在花园里劳作的照片,略显瘦削的她,站在她最爱的百合花丛前,头发花白,却依然眼里有光。

本课题的调查和数据收集工作得益于多位同仁的帮助,广州大学的尹杭博士、三亚学院的黄慧老师和南京普斯康健养老服务中心的贺勤主任为我在这三个城市开展调研提供了很多便利。东南大学人文学院社会学系的多位学生也曾在课题的不同阶段帮助我整理研究资料,校对参考文献,修改文献格式等,使我能够按时完成书稿。本书得以出版还要感谢东南大学出版社的刘庆楚等编辑,他们精细的校对工作令人敬叹,他们严谨的态度及对社会科学知识的丰厚储备保证了书稿的质量。

我还要感谢我的先生对我生活的陪伴和工作的支持,于我而言,他不仅是婚姻里的另一半,更是人生的挚友。我们常常同时坐在书房里各自的书桌前,感受着彼此的精神支持,时而分享工作中的烦恼和喜悦,交流各自的想法和观点。这大概是我日常科研生活中最美好的部分。

最后,特别感谢我的父母在我求学、工作以及生活的方方面面中给我的支持、鼓励和关爱,我常在他们身上找到写作的灵感,找到人生的动力。

谨以此书献给所有像他们一样爱子女、爱生活的中国父母。

张晶晶
江宁九龙湖畔
2021 年 10 月